자체감사론

김명수 · 이영균 · 이희선
장지호 · 정윤수
지음

도서출판 대영문화사

머리말

우리 나라의 감사 체계는 국회에 의한 국정감사와 감사원감사 및 중앙정부 부처와 각급 지방정부에 설치되어 있는 자체감사기구에 의한 자체감사로 구성되어 있다. 특히 자체감사는 국정감사와 감사원감사가 가지고 있는 능력의 한계를 극복할 수 있으며 또한 자발적이고 사전적 자체 통제가 갖는 유효성에 따라 그 의의가 높다고 할 것이다. 이에 이 책은 자체감사에 초점을 두고 있다. 이는 자체감사가 각 기관의 효율성·투명성·신뢰성 등을 제고할 수 있는 1차적 행정관리 도구이며, 이의 바람직한 정립과 활성화가 이루어진다면 기관의 대응성과 책임성을 향상시킬 수 있다는 신념에 기초한다.

이러한 자체감사가 갖는 기능과 역할에도 불구하고, 그동안 자체감사의 효율성과 역할 수행에 대한 문제가 지속적으로 제기되어 왔다. 감사원감사 등 외부감사 위주로 진행되어 온 감사 시스템과 자체감사기구의 역할 수행 미흡이 중요한 원인으로 거론되었다. 내부 부패와 비리 발생에 대한 일차적 통제 책임을 지고 있는 자체감사기구가 독립성 및 전문성 부족으로 그 역할이 유명무실해졌으며, 내부감사 기반의 취약과 감사의 형식적·미온적 수행 등 내부통제 시스템의 부실이 드러났다. 현재 정부와 국회에서는 공공기관 자체감사기구의 독립성 확보 및 전문성 제고를 위한 법적·제도적 방안을 마련하는 데 높은 관심을 보이고 있다.

최근 들어 자체감사기구의 올바른 역할 수행에 대해 관심이 증가하고 있는 것은 다행스러운 일이다. 감사원 평가연구원에서도 자체감사기구의 성과를 높이기 위한 다양한 연구들을 진행하고 있다. 자체감사의 효율성 제고와 정상적인 활동을 보장하기 위해서는 감사의 독립성과 전문성을 제고하기 위한 다양한 노력과 제도적 뒷받침이 함께 이루어져야 한다. 또한 소극적 통제 위주의 전통적 감사 기능이 적극적 컨설팅 기능으로 감사 패러다임이 변화하여야 하며, 자체감사기구가 더욱 활성화되기 위해서는 다른 감사기구와의 협력도 증진되어야 한다.

이 책은 현재 자체감사의 문제점에 적극적으로 대응하고 실질적인 자체감사 체계를 구현하는 데 도움이 될 수 있도록 총 11장으로 나누어 자체감사의 이론과 실제를 다루었다. 각 장별로 자체감사 관련 주제를 한 가지씩 다루면서 이론적 설명과 함께 현황을 분석하였으며, 바람직한 발전 방안을 제시하였다. 현황 분석은 사례분석과 설문조사 분석의 결과를 바탕으로 제시되었다. 설문조사는 공적 기관 60곳, 교육자치단체 16곳, 국가기관 46곳, 정부투자기관 14곳, 지방자치단체 16곳 등 총 152개 공공기관을 대상으로 2006년 9월 말과 10월 초에 실시되었다.

이 책의 구성을 살펴보면, 제1장에서는 자체감사의 본질을 살펴보았다. 자체감사란 무엇인가, 그것은 어떤 법적 근거에 기초하여 운영되는가, 자체감사는 어떤 특징을 가지고 있는가, 그리고 자체감사기구는 어떠한 기능을 수행하여야 하는가 등 자체감사의 본질을 이론적으로 다루었다.

제2장에서는 자체감사의 유형을 살펴보았다. 여러 기준에 따른 자체감사의 유형, 공공기관 내 감사의 실제에서 중시되는 감사의 유형, 공공기관 내 자체감사기구들의 성과감사에 대한 시각, 재무·합법성감사와 성과감사의 균형 유지 등을 주요 내용으로 다루었다.

제3장에서는 자체감사기구의 조직을 살펴보았다. 자체감사기구 조직과 관련 규정, 자체감사기구의 조직 유형과 실태, 자체감사기구의 조직 실태와 바람직한 방향 등을 주요 내용으로 다루었다.

제4장에서는 자체감사기구의 인사관리를 살펴보았다. 자체감사기구의 인사제도, 자체감사인의 인센티브 시스템, 그리고 인사관리상의 독립성을 다루었다.

제5장에서는 자체감사기구의 정보관리를 살펴보았다. 감사정보관리의 의

의, 전자감사, 감사정보의 관리 현황, 그리고 감사정보관리의 바람직한 방향 등을 주요 내용으로 다루었다.

제6장에서는 자체감사기구의 독립성을 살펴보았다. 자체감사기구 독립성의 의의 및 필요성, 자체감사기구의 독립성 연구, 자체감사기구 독립성의 인식, 자체감사기구 독립성의 영향 요인 및 유지 방안, 그리고 자체감사기구의 독립성 확보 방안 등을 주요 내용으로 다루었다.

제7장에서는 자체감사기구의 전문성을 살펴보았다. 전문성 확보의 필요성 논의 및 법·제도적 장치, 전문성 확보의 필요성에 관한 인식, 외부 전문가 및 자체감사위원회의 활용, 그리고 전문성 확보 방안 등을 주요 내용으로 다루었다.

제8장에서는 자체감사의 기획을 감사기획 과정에서 이루어지는 활동들을 중심으로 살펴보았다. 감사반의 구성, 감사 대상 부서의 선정, 감사 대상 업무의 선정, 예비조사, 그리고 감사사업계획의 수립 등을 주요 내용으로 다루었다.

제9장에서는 자체감사 결과의 활용을 살펴보았다. 감사 결과가 어떻게 공개되고 감사 결과가 어떻게 사후관리되어야 하는가에 대해 이론적 논의와 함께 현황 분석을 제시하였다.

제10장에서는 외국의 자체감사를 미국, 영국, 캐나다의 사례를 대상으로 살펴보고 우리 나라에 주는 시사점을 도출하였다.

제11장에서는 자체감사 관련 주요 이슈를 추가적으로 살펴보았다. 여기서는 자체감사인의 윤리, 다른 기관과의 협력: 합동 및 교체감사, 예산관리, 그리고 평가를 통한 감사품질관리를 다루었다.

이 책은 자체감사에 애정을 가진 많은 분들의 지원 및 협조와 저자들의 노력이 어우러져 나온 것이다. 우선 이 책 내용의 바탕이 된 연구 과제를 지원해 준 감사원과 과제의 수행에 적극적으로 참여하고 유익한 조언을 해 주신 감사원의 문호승 국장님께 감사드린다. 관련 자료 협조 및 응답 설문지 검토 및 수거에 기꺼이 협조해 주신 감사원 특별조사본부 총괄팀의 허구 감사관과 최원형 감사관께도 감사드린다. 그리고 설문 응답을 성심껏

해 주신 자체감사기구 장들께도 감사를 드린다.

또한 이 책이 출판될 수 있도록 배려해 주신 대영문화사의 임춘환 사장님을 비롯한 여러분들께 감사드린다. 책의 내용에서 발견되는 미흡한 부분이나 잘못은 전적으로 저자들의 책임임을 밝히며, 이 책이 우리 나라 자체감사의 발전과 방향 정립에 미약하나마 기여할 수 있기를 바란다.

2007년 8월

저자 일동

차 례

제 1 장 자체감사의 본질

자체감사란 무엇인가? 그것은 어떤 법적 근거에 기초하여 설치 · 운영되는가? 자체감사는 어떤 특징을 가지고 있는가? 그것은 왜 필요한가? 이러한 문제들은 자체감사의 본질과 관련되어 있는 문제들로서, 다른 문제들에 관한 논의에 앞서 다루어질 필요가 있다.

제 1 절 자체감사의 의의

1 자체감사의 개념

감사란, 외부감사이든 자체감사이든, ① 정보와 통제 체계의 적정성 및 신빙성, ② 사업과 업무의 경제성, 능률성 및 효과성, ③ 행정이 미리 정해진 법규 및 지침에 충실하였는지의 여부 및 ④ 어느 조직이나 사업 혹은 업무의 현재 상태와 과거 운영의 결과를 나타내는 재무제표와 성과보고서의 정확성에 관한 전문가적 평가나 건의 혹은 의견을 지원할 목적으로 독립적인 권위를 지닌 자가 제반 기록을 검토하거나 증거를 탐색하는 행위라고 규정할 수 있다(Knighton, 1971: 8). 자체감사도 그것이 감사인 한 이러한 개념 규정의 범위 안에 있다고 하겠다.

우리 나라의 행정감사규정에서는 자체감사인 '행정감사'를 "각급 행정기관이 당해 기관 또는 그 하급기관의 업무 운영 실태를 파악하여 정부시책의 모든 단계에서 적정 운영 여부와 공무원의 기강 위배 사항을 검토 분석하고 그에 대한 시정 또는 개선 방안을 마련하는 작용"이라고 규정하고 있다(제2조). 그리고 감사원에서는 자체감사를 법에 의하여 감사원의 감사를 받는 기관·단체의 장(정부투자기관의 경우 감사)이 당해 기관·단체, 그 하급기관·단체 또는 산하기관·단체 등에 대하여 실시하는 감사라고 정의하고 있다(감사원, 공공감사기준 제2조; 감사원규칙 제137호, 1999. 8. 28).

이러한 개념 규정들에서 알 수 있듯이, 자체감사는 각급 행정기관이 당해 기관 또는 그 하급 기관이 수행하는 업무의 운영 상태를 파악하여 그것을 적정한 수준으로 개선시켜 나가려는 자율적 작용이다. 우리 나라의 경우에는 감사의 독립성과 객관성에 관하여 어느 곳에서도 언급하고 있지는 않지만, 그러한 자율적 통제 활동으로서의 자체감사도 그것이 감사인 한 독립적이고 객관적으로 타당성 있게 행하여져야 함은 물론이다. 그리고 이러한 자체감사는 업무의 운영 상태를 파악한 후 그것을 어떤 적절한 기준과 대비시켜 그것의 적정 여부를 가리는 체계적 활동인 것이다. 이러한 자체감사의 목적은 조직 목표의 달성과 업무관리의 경제성, 능률성 및 효과성을 향상시키는 데 있다.

2 자체감사의 법적 근거

우리 나라에서의 자체감사는 1962년 3월 10일 각령 제532호로 행정감사규정'을 제정·시행함으로써 시작되었다. 여기에서는 각 중앙행정기관의 장이 자체감사단을 구성하여 아래 사항에 대한 감사를 시행하도록 하였다.

① 기본운영계획 시행에 관한 사항
② 명령규칙의 적법 여부에 관한 사항
③ 법령 집행에 관한 사항
④ 재정 운영에 관한 사항

⑤ 인사관리에 관한 사항
⑥ 훈령, 지시, 통첩의 시행에 관한 사항
⑦ 문서의 처리 및 보존에 관한 사항
⑧ 사무실과 시설, 비품의 관리에 관한 사항
⑨ 행정 간소화에 관한 사항
⑩ 민원사무 처리에 관한 사항
⑪ 기타 특수행정에 관한 사항

그 후 행정감사규정은 1974년 3월 9일 대통령령 제7082호로 전문을 개정한 바 있으며, 1982년 12월 31일 대통령령 제11013호, 1989년 10월 11일 대통령령 제12814호, 1998년 9월 12일 대통령령 제7082호로 각각 개정되어 현재에 이르고 있다. 1962년의 규정과 그 이후의 규정의 내용에서 가장 큰 차이는 1974년 전문 개정되기 전까지는 자체감사기구가 기관 내에 별도로 구성되어 있지 않았다는 점과, 중앙행정기관의 장이 정하는 바에 따라 감사대상 사무에 대한 감사를 연간 2회로 한정시키고 있다는 점이다. 이는 상시 감사 체제를 배제하고 있었다는 의미이다. 그러나 현재에는 중앙행정기관은 물론 그 산하기관들, 그리고 모든 지방자치단체와 정부투자기관 및 교육자치단체 등 공적 기관들 모두 자체 규정에 의거 자체감사를 수행하고 있다.

위와 같은 자체감사기구의 기능은, 아래 자체감사기구의 기능 부분에서 나타나 있듯, 현재에도 그대로 유지되고 있다. 다만, 우리 나라의 최고감사기구인 감사원에서 성과감사를 감사의 하나의 중요한 큰 축으로 받아들임에 따라, 각급 기관들이 수행하는 업무 등의 성과에 대한 평가를 추가적으로 수행하는 자체감사기구의 수가 점증하는 추세에 있음을 알 수 있다. 이러한 자체감사는 2003년부터 2005년에 걸쳐 마련되고 정부안으로 확정되어 현재 국회에 계류 중인 '공공기관의 감사에 관한 법률(안)'이 통과되면, 이 법률의 지원을 받아 좀더 독립적이며 더욱 강화된 전문성을 가지고 수행되는 계기를 맞이할 것으로 기대된다.

3 자체감사의 특징

공무원들이 수행하는 행정 기능은 여러 가지 장치들에 의하여 통제를 받는다. 그러나 자체감사는 업무평가나 기타 여러 내부통제 장치들과 더불어 행정기관이 스스로 자신을 통제하여 자신이 수행하는 업무를 적정한 수준으로 유지 혹은 개선시키기 위한 여러 제도 중의 하나이다. 이러한 속성으로 말미암아 자체감사는 아래와 같은 특징을 갖는다.

1) 타율적이라기보다는 자율적 기능

자체감사는 감사원감사나 국회에 의한 국정감사 등의 외부감사에 대칭되는 개념인 것은 분명하다. 이것은 외부로부터의 감사가 자신들의 잘못을 지적해 주기를 기다리지 않고 스스로 먼저 자신들이 수행하고 있는 업무를 적정한 수준으로 유지하겠다는 의지를 내포하고 있는 제도이다.

2) 사후적이라기보다는 사전 예방적 기능에 중점

자체감사는 감사대상 사업이나 업무를 시행하기 이전에 수행될 수도 있고 아니면 사후적으로 수행될 수 있다. 자체감사는 사업이나 업무의 기획단계에서부터 개입하여 그것이 잘못된 방향으로 나아는 것을 예방하고, 만일 잘못된 방향으로 나아가고 있을 때에는 바로 이를 바로잡아 사후에 잘못된 결과를 초래하지 않도록 하는 것이 중요하다. 따라서 자체감사는 사후감사보다는 사전감사에 더 많은 비중을 두는 것이 바람직스럽다.

3) 처벌보다는 시정 및 개선에 중점

감사는, 외부감사이든 자체감사이든, 어떤 바람직한 일을 수행하도록 조장해 주는 적극적인 성격을 갖기보다는, 일을 잘못 처리하지 않도록 하고, 만일 잘못 처리한 것이 적발되었을 경우 거기에 대해서는 어떤 형태든 처벌을 내리는 것으로 인식되어 소극적인 성격을 강하게 갖고 있다. 그러나 외부감사가 아닌 자체감사는 처벌에 중점을 둘 것이 아니라, 사전에 또는 시행 과정에서 잘못을 지적하여 너무 늦기 전에 이를 바로잡도록 하는 데 초점을 맞추는 것이 중요하다고 생각된다.

4 자체감사의 필요성

어느 나라 정부를 막론하고 국가 재정의 적정한 운영을 확보하기 위하여 감사기구를 설치하고 있다. 이러한 감사기구에는 우리 나라의 감사원과 같이 헌법에 근거를 두고 설치되어 있는 국가최고감사기구(supreme audit institution)와 우리 나라의 행정 각 부처와 지방정부 그리고 정부투자기관 등 각급 기관 내부에 설치되어 있는 감사관실, 감사담당관실, 혹은 감사실과 같은 자체감사기구가 있다.

역사적으로 보면, 대부분의 국가들은 처음에는 국가최고감사기구만으로 감사 기능을 담당케 했으나, 점차 그것이 가지고 있는 여러 가지 한계와 기관 자체 차원에서의 통제의 필요성에서 자체감사기구가 등장하였던 것이다. 이러한 자체감사기구는 우리 나라뿐만 아니라 세계 거의 모든 나라의 중앙정부와 많은 지방정부에 설치되어 있는 것이 사실이다. 미국은 1950년대에 이미 자체감사제도를 도입하였으며(Sperry, McGraw, & Schmitt, 1981: 56-58), 우리 나라의 경우는 1960년대 초에 이를 도입하였다.

자체감사기구의 필요성은 크게 두 가지로 요약할 수 있다. 하나는 국가최고감사기구가 가지고 있는 능력의 한계를 극복하기 위한 것이며, 둘째는 자체통제의 유효성에 기인한다. 만일 국가의 최고감사기구가 국가의 모든 감사 업무를 전적으로 수행할 수 있다면 아마도 자체감사의 필요성은 제기되지 않았을지도 모른다. 그러나 그것은 현실과 멀다는 것이 일반적인 사실이다. 우리 나라의 경우에도 감사 활동에 직접 투입되는 일반적 감사요원을 포함한 감사원 전 직원의 수에 비하여 감사 대상기관의 수나 감사대상 인원 및 감사대상 예산액의 증가 속도가 빠른 추세를 나타내고 있어, 국가의 감사 업무를 감사원에게만 의존하는 것은 불가능하게 되었다. 이러한 상황에서 생각할 수 있는 방안의 하나가 감사 대상기관 내부의 자체감사 기능을 활성화시켜 감사원에서 관심을 가지고 있는 많은 감사 사항을 자체적으로 감사하게 하는 것이다.

또 한편으로, 자체감사가 필요한 이유는 현대 정부가 수행하는 복잡하고 다양한 많은 업무에 기인한다고 하겠다. 많은 업무를 수행한다는 말은 많은 권한을 향유하고 있다는 말과 같다. 그러나 정부가 이러한 많은 업무를 수행한다는 것이 중요한 것이 아니고, 이러한 일들을 잘 수행하는 것이 더 중요한 것이다. 많은 일을 하면서 많은 것을 그르친다면 처음부터 많은 일을 하지 않고 잘할 수 있는 적은 수의 업무만을 수행하는 편이 훨씬 나을 것이기 때문이다. 여기에서 '잘 수행한다'는 말에는 법규를 지키며 능률적이고 효과적으로 업무를 수행한다는 의미가 함축되어 있다.

많은 행정기관들과 그 구성원들이 다양한 업무를 수행하면서 과대한 권한을 행사하고 있기 때문에 각국에서는 견제와 균형의 견지에서 여기게 대한 통제를 제도화하고 있다. 대통령에 의한 통제라든지, 국회에 의한 통제, 법원에 의한 통제, 국민에 의한 통제, 언론매체에 의한 통제 등이 그것이다. 그러나 이들 가운데에서 가장 실효성이 있는 것으로는 행정기관의 자율적·내부적 통제를 꼽고 있다. 자신에 대하여는 자신이 제일 잘 알기 때문에 자신의 잘못도 제일 잘 알고 있고, 따라서 이를 시정할 수 있는 방안에 대해서도 제일 잘 안다고 보기 때문이다. 자체감사는 바로 이러한 자율적 통제 기능을 수행할 수 있는 주요 장치의 하나인 것이다.

제 2 절 자체감사기구의 기능

1 자체감사기구의 기능: 일반 이론

자체감사기구가 수행하는 많은 업무는 크게 회계검사와 직무감찰 및 평가로 나뉜다. 자체감사기구가 회계검사와 직무감찰을 주요 기능으로 하는 것은 자체감사기구의 설치 근거가 되고 있는 우리 나라가 가지고 있는 '행정감사규정'의 정신에 비추어 당연한 일이라고 하겠다. 다만, 평가 기능은 감사 기능의 진화를 반영한 것이라고 하겠다. 그리고 이러한 발전은 우리 나라의 최고감사기구인 감사원 감사도 헌법과 감사원법에 따라 회계검사와 직무감찰을 수행함과 동시에, 그 기능 수행 과정의 필요에 따라 성과감사를 수행하는 과정에서 평가적 접근을 활용하고 있는 점을 감안할 때 자체감사기구가 추가적으로 평가 기능을 수행하는 것은 자연스러운 추세라고 하겠다.

물론, 이러한 주요 기능의 틀 속에서 각 감사기구가 수행하는 구체적 기능은 차이가 있을 수 있다. 일반적으로는, 자체감사기구의 기능 가운데 특정한 수식어 없이 '감사'라고 하면, 예컨대, "……부와 그 소속기관에 대한 감사"에서 보는 바와 같이, 그것은 회계검사를 뜻한다. 그리고 기강감사라든지, 취약 분야에 대한 특별감사, 진정 및 비위 사항의 조사·처리 등은 직무감찰에 속한다. "주요 정책에 대한 추진 상황 점검 및 문제점의 분석·평가"는 평가 기능에 속한다.

그리고 위와 같은 기능을 수행할 때 감사관은 감사대상기관에 대하여 다음의 사항을 요청할 수 있다(김명수·박준, 1995: 220).

① 관계 서류와 장부 및 물품 등의 제출
② 진술서와 경위서 또는 확인서의 제출
③ 관계 공무원의 출석과 진술
④ 금고·창고·장부 및 물품 등의 봉인 또는 보관
⑤ 기타 감사를 효율적으로 실시하기 위하여 필요하다고 인정되는 조치

또한, 감사관은 감사에 필요한 경우 감사대상기관 외의 관계 기관에 대하여도 필요한 자료의 제출 또는 관계 공무원의 출석과 진술을 요청할 수 있다.

자체감사기구가 수행하는 회계검사, 직무감찰 및 평기 기능은 선진 여러 나라의 자체감사기구가 수행하는 기능과 대체로 일치한다. 예컨대, 미국의 자체감사기구인 감찰관실(Inspector General)은 대체로 회계검사(auditing), 감찰(inspection) 및 조사 기능(investigation)을 수행한다. 다만, 미국의 감찰 기능에서 이루어지는 활동은 주로 우리 나라의 평가 활동이며, 미국의 조사 기능에서 이루어지는 활동은 주로 우리 나라의 직무감찰 활동이라는 점이 다르다고 하겠다. 미국 교육부의 감찰관실이 감사부, 평가·감찰·관리부 및 조사부로 구성되어 있고, 보건부의 감찰관실 역시 감사부, 평가·

감찰부, 조사부로 구성되어 있는 데에서도 감찰관실이 위와 같은 기능을 수행한다고 유추하는 데 어려움이 없다고 하겠다.

특히, 현재 미국 정부에서 사용되는 '감찰 기능'에서는 정책/사업평가와 유사한 기능을 수행한다. 즉, 감찰 기능은 조직의 전반적 임무를 지원하기 위하여 설계되어 관리와 행정에서의 경제성·능률성을 증진하며, 부정·낭비·남용을 탐지하고 방지하는 데 초점을 맞춘다(President's Council on Integrity and Efficiency, 1993: I). 감찰은 회계검사나 수사와 달리, 관리자에게 정보를 제공하고, 사업이나 정책, 절차의 개선을 위한 건의를 하고, 행정적 조치를 취하도록, 기관의 사업과 활동을 평가하고 심사하며, 연구·분석하는 데 초점을 맞추는 과정으로 정의된다. 감찰 활동에서는 사실적 분석적 정보의 출처를 제공하며, 순응 여부를 점검하고, 성과를 측정하며, 운영 활동의 능률성과 효과성을 평가한다. 그 밖에도 부정, 낭비, 남용과 관리상의 과실 혐의 주장을 조사한다.

2 공공기관에서 수행하고 있는 중점 감사 기능

우리 나라의 자체감사기구들은 <표 1-1>에서 보는 바와 같이, 회계검사를 가장 중점적으로 수행하고 있으며, 다음으로 직무감찰을, 그리고 그 다음으로 성과감사·평가를 중점적으로 수행하고 있는 것으로 나타났다. 즉, 설문조사 대상 152개 자체감사기구 가운데 73.7%인 112개 기구가 회계검사를, 다음으로 67.8%인 103개 기구가 직무감찰을, 그리고 39.5%에 해당하는 60개 자체감사기구가 성과감사·평가를 중점적으로 수행하고 있다고 응답하고 있다.

이러한 조사 결과는 자체감사의 수권 법령이라든지 현재 자체감사기구들이 보유하고 있는 감사 역량을 고려할 때 충분히 예상되는 결과라고 하겠다. 그리고 성과감사가 다른 기능에 비해 낮은 우선순위를 갖는 것은 자체감사기구의 역량과 상호 관계가 있는 것으로 보이며, 조사에 나타난 양적 수준도 상당히 높은 수준으로 보인다. 다만, 일정한 양과 수준의 감사 역량을 성과감사에도 투입할 때, 다른 기능에 대한 소홀함이 나타나지 않을까 우려하지 않을 수 없다. 여기에 정책과 사업 등에 대한 성과감사·평

〈표 1-1〉 중점 감사 기능

구 분	빈 도	비율(%)
회계감사	112	73.7
직무감찰	103	67.8
성과감사 · 평가	60	39.5
기타	10	6.6
결측값	3	0.02
합계	152	100.0

가는 주로 감사원에서 담당하고, 자체감사기구는 재무 · 합법성감사를 주로 담당하는 업무상의 분업 방식을 심각하게 검토할 필요가 있다고 하겠다(김명수, 1998). 물론, 자체감사기구의 역량이 충분하여, 자체적으로 성과감사 · 평가를 수행하는 데 아무런 어려움이 없다면 이를 제약할 아무런 이유가 없다고 하겠다.

자체감사기구가 수행하는 이들 감사 기능들이 기관의 유형에 따라 달리 나타나고 있는가의 여부를 알아보기 위하여 수행한 교차분석의 결과는 <표 1-2>에 나타나 있다. 여기에서 우리는 기관의 유형에 따라 약간의 차이가 있다는 것을 발견할 수 있다.

첫째, 다른 기관들과 달리 국가기관들은 회계검사보다 직무감찰에 더 많은 중점을 두고 자체감사를 수행한다는 점이 눈에 띈다. 이러한 분석 결과

〈표 1-2〉 기관 유형별 중점 감사 기능

구 분		중점 감사 기능				결측값(%)	합계
		회계감사(%)	직무감찰(%)	성과감사 · 평가(%)	기타(%)		
기관 유형	공적 단체	43(71.7)	38(63.3)	29(48.3)	3(5.0)	1	60
	교육자치단체	16(100.0)	11(68.8)	4(25.0)	0(0.0)	0	16
	국가기관	32(69.6)	34(73.9)	15(32.6)	3(6.5)	2	46
	정부투자기관	9(64.3)	8(57.1)	7(50.0)	3(21.4)	0	14
	지방자치단체	12(75.0)	12(75.0)	5(31.3)	1(6.25)	0	16

는, 국가기관의 경우 감사원 감사가 회계검사에 더 많은 중점을 두고 이루어지기 때문에, 자체감사기구들은 상대적으로 많은 비중을 직무감찰에 두고 있는 것으로 판단된다.

둘째, 공적 단체들과 정부투자기관들은, 다른 기관들과 달리 상대적으로 성과감사평가에 감사의 역점을 두고 있다는 것을 알 수 있다. 이러한 결과는 공적 단체와 정부투자기관들이 경영을 하는 데 상대적으로 성과(경영이익)를 더 중요시하는 특성을 반영한 것으로 판단된다.

3 자체감사책임자의 역할

1) 자체감사책임자의 역할 : 일반 이론

여기에서 자체감사책임자란 바로 우리 나라의 경우 '감사관'(혹은 '감사담당관' 등)을, 미국의 경우에는 감찰관(Inspector General)이라는 직명을 가진 사람을 가리킨다. 우리 나라의 경우, 감사관은 보통 해당 부처 장관에 의하여 임명되며, 또한 아무런 제한 없이 해당 부처 내의 다른 부서로 전보된다. 그러나 미국의 경우에는, 1978년 제정된 감찰관법에 따라 감찰관은 대통령이 임명하고, 연방의회 상원의 승인을 받아야 한다. 그의 해임도 역시 대통령에 의하여 이루어지며, 그 사유를 상원에 보고하여야 한다.

감사기구의 책임자는 해당 감사기구에 부여된 임무를 가장 효과적이며 능률적으로 수행할 책임이 있다. 이들 감사책임자는 감사기구의 임무를 수행할 때 감사의 목적을 분명히 하고, 감사조직을 어떤 형태로 구성하는 것이 이미 정해진 목적의 달성에 최적인가를 정하여야 하며, 우수한 감사 인력을 확보하고, 이들을 지휘하여 감사를 실시하며, 그 성과를 평가하여 필요에 따라 감사 과정을 수정 · 개선하는 기능을 수행한다. 이러한 기능들이 제대로 수행될 때 감사기구가 추구하는 목표의 달성이 가능하다는 의미에서 이러한 감사기구의 목표 달성 과정에 미치는 자체감사책임자의 역할은 매우 중요하다고 하겠다.

캐나다 정부에서도 앞에서 제시한 바와 비슷하게 감사책임자의 역할을 규정하고 있다(김명수 · 박준, 1995: 239). 즉, 감사부서 책임자는 감사담당

조직의 목표 · 권한 · 책임의 틀 안에서 감사 수행에 필요한 계획을 수립하고, 감사 수행을 담당할 공무원을 선발하고 교육시키며, 최종 감사보고서가 나오기 전에 이를 검토 · 승인하여야 하며, 누구에게 배부할 것인가를 결정하여야 한다. 그리고 외부 감사관들과 업무적으로 좋은 관계를 유지함으로써, 감사 목표의 달성에 도움을 받아야 한다.

2) 공공기관 내 감사책임자의 역할 I : 감사 실시 여부에 관한 결정

금번 시행한 설문조사에 의하면, 자체감사책임자는 감사계획의 수립 과정, 특히 감사의 실시 여부에 대한 결정 과정에서 매우 중요한 역할을 하는 것으로 나타났다. 현재 우리 나라의 경우, 자체감사 실시 여부의 결정에 가장 큰 영향을 미치는 집단은, <표 1-3>에 나타난 바와 같이, 자체감사기구의 장과 감사 부서가 속한 기관의 장이다. 즉, 응답자의 67.1%인 102개 기관이 감사 부서의 장이 가장 큰 영향을 미치며, 54.6%인 83개 기관이 감사 부서가 소속된 기관의 장이 감사의 실시 여부의 결정에 가장 큰 영향을 미치고 있다고 응답하였다. 그리고 30.9%인 47개 기관이 감사 업무를 수행하는 감사요원의 영향력이 가장 크다고 응답하고 있다. 이렇게 보면, 자체감사기구의 장과 자체감사기구가 속한 기관의 장 및 자체감사요원이 감사의

〈표 1-3〉 감사 실시 결정에서의 영향력

구 분	빈도(f)	비율(%)
상급기관	21	13.8
감사 부서가 소속된 기관의 장	83	54.6
감사 부서의 장	102	67.1
실제 감사 업무를 수행하는 감사요원	47	30.9
국회(혹은 지방의회)	5	3.3
감사 청구, 민원	26	17.1
언론기관	4	2.6
기타	9	5.9
결측값	5	3.2
합계	152	

실시 여부를 결정하는 주요 집단이며, 감사 실시의 결정에 감사담당 부서가 비교적 자율성을 가지고 중요한 역할을 수행하고 있다는 결론에 도달한다. 물론, 감사 청구·민원, 상급기관, 국회(지방의회), 언론기관도 그러한 결정에 영향을 미치지만, 앞에서 지적한 세 집단의 영향력에는 미치지 못함을 알 수 있다. 그리고 이 밖에도 법·규정에 따라 정기적으로 감사한다거나, 토론을 통하여 문제 업무를 선정하고 감사를 실시한다고 응답한 경우가 있었다.

그러나 감사의 실시 여부를 결정할 때, 감사 부서의 장과 감사 부서가 속한 기관의 장의 역할은 우리가 조사한 기관의 유형에 따라 약간의 차이를 보인다. 즉 <표 1-4>에서 볼 수 있는 바와 같이, 공적 단체와 정부투자기관의 경우에는 감사 부서의 장이 감사 실시 여부의 결정에 압도적 영향력을 발휘하는 데 비하여, 국가기관과 지방자치단체 및 교육자치단체의 경우에는 기관의 장이 상대적으로 많은 영향력을 발휘하는 것으로 나타났다. 이것은 이들 기관들에서 감사 부서의 장의 독립성이 상대적으로 약하

〈표 1-4〉 각 기관 유형별 감사 실시 결정에서의 영향력

구 분	감사 실시 결정 기관								결측값 (%)
	상급기관 (%)	감사 부서가 소속된 기관의 장(%)	감사 부서의 장(%)	실제 감사 업무를 수행하는 감사요원 (%)	국회 (혹은 지방 의회) (%)	감사 청구, 민원 (%)	언론 기관 (%)	기타 (%)	
공적 단체	8 (13.3)	29 (48.3)	52 (86.7)	22 (36.7)	0 (0.0)	5 (8.3)	0 (0.0)	4 (7.0)	0 (0.0)
교육자치단체	2 (12.5)	10 (62.5)	6 (37.5)	2 (12.5)	2 (12.5)	6 (37.5)	1 (6.3)	1 (6.3)	1 (6.3)
국가기관	8 (17.4)	27 (58.7)	23 (50.0)	14 (30.4)	2 (4.3)	7 (15.2)	2 (4.3)	1 (2.1)	4 (8.7)
정부투자기관	2 (14.3)	6 (42.9)	13 (92.9)	5 (35.7)	0 (0.0)	1 (7.1)	0 (0.0)	1 (7.1)	0 (0.0)
지방자치단체	1 (6.3)	11 (68.8)	8 (50.0)	3 (18.8)	0 (0.0)	7 (43.8)	1 (6.3)	1 (6.3)	0 (0.0)

기 때문으로 해석된다. 다만, 여기에서 고려되어야 할 점은 자체감사기구가 이들 기관에서 차지하고 있는 위치라고 하겠다. 기관장에 대한 견제 장치로서 설치된 감사기구의 장의 역할과 기관장의 직접적 지휘를 받아 기관 내부의 관리의 적정을 기해야 하는 위치에 있는 감사 부서의 장의 역할은 분명 다를 수밖에 없을 것이기 때문이다.

3) 공공기관 내 감사책임자의 역할 II : 감사계획의 최종 결재

감사 부서 책임자는 연간 감사계획 수립과 개별 감사계획을 수립할 때에도 중요한 역할을 수행하고 있다. 이들은 특히 개별 감사계획의 수립 과정에서 매우 중요한 역할을 수행하고 있는 것으로 보인다. 설문조사 결과, <표 1-5>에서 볼 수 있는 바와 같이, 연간 감사계획의 최종 결재권자로 기관의 장을 꼽은 응답자는 97개 기관 63.8%로 나타났고, 부기관장은 4개 기관 2.6%가, 그리고 감사 부서의 장을 꼽은 응답자는 48기관 31.6%인 것으로 나타났다. 반면에 개별 감사계획에 대한 최종 결재권자로는 36기관 23.7%가 기관장을, 22기관 14.5%가 부기관장을, 그리고 90개 기관 59.2%가 감사 부서의 책임자를 꼽고 있다.

〈표 1-5〉 감사계획의 최종 결재권자

구 분	연간 감사계획 수립		개별 감사계획	
	빈도(f)	비율(%)	빈도(f)	비율(%)
기관장	97	63.8	36	23.7
부기관장	4	2.6	22	14.5
감사 부서의 장	48	31.6	90	59.2
결측값	3	2.0	4	2.6
합계	152	100.0	152	100.0

감사계획의 수립 과정에서 감사 부서의 책임자가 수행하는 역할이 기관 유형에 따라 다르게 나타날까? <표 1-6>은 기관 유형별 감사계획의 최종 결재권자를 나타낸 것이다.

〈표 1-6〉 기관 유형별 감사계획의 최종 결재권자

구 분		연간 감사계획			결측값(%)	개별 감사계획			결측값(%)	합계
		기관장(%)	부기관장(%)	감사 부서의 장(%)		기관장(%)	부기관장(%)	감사 부서의 장(%)		
기관 유형	공적 단체	25 (41.7)	0 (0.0)	34 (56.7)	1 (1.7)	13 (21.7)	0 (0.0)	46 (76.7)	1 (1.7)	60
	교육자치 단체	15 (93.8)	0 (0.0)	0 (0.0)	1 (6.3)	4 (25.0)	7 (43.8)	4 (25.0)	1 (6.3)	16
	국가기관	41 (89.1)	2 (4.3)	2 (4.3)	1 (2.2)	17 (37.0)	9 (19.6)	19 (41.3)	1 (2.2)	46
	정부투자 기관	3 (21.4)	0 (0.0)	11 (78.6)	0 (0.0)	1 (7.1)	0 (0.0)	13 (92.9)	0 (0.0)	14
	지방자치 단체	13 (81.3)	2 (12.5)	1 (6.3)	0 (0.0)	1 (6.3)	6 (37.5)	8 (50.0)	1 (6.3)	16

여기에서 알 수 있는 것은 감사 부서의 장은 교육자치단체를 제외한 모든 유형의 기관들에서 개별 감사계획의 최종 결재권자로서 가장 중요한 역할을 수행하고 있다는 사실이다. 다만, 교육자치단체의 경우에는 부기관장이 기관장이나 감사 부서 책임자보다 상대적으로 개별 감사계획의 최종 결재권자의 역할을 많이 수행하는 것으로 나타났다. 주목할 점은, 대체로 연간 감사계획에 대하여는 정부투자기관과 공적 단체를 제외한 국가기관과 지방자치단체 및 교육자치단체의 경우 최종 결재권자로서 기관장의 역할이 압도적으로 중요한 것으로 나타났다는 것이다. 그리고 정부투자기관과 공적 단체의 경우에는 감사 부서의 책임자가 연간 감사계획의 수립 과정에서도 최종 결재권자로서의 역할을 많이 수행하고 있다. 왜 이러한 차이가 나타나게 되었는지, 그리고 어떤 경우가 더 바람직한지에 대해서는 앞으로 깊이 있는 연구가 이루어져야 할 것이다.

제2장 자체감사의 유형

자체감사의 여러 측면에 관한 이해를 도모하기 위하여 여러 가지의 유형화가 시도되었다. 이곳에서는 다양한 기준에 의한 여러 유형의 자체감사의 의미를 간략히 제시한 후, 자체감사의 논의에 중요한 의미를 가지는 유형에 관해서는 좀더 자세하게 언급할 것이다. 그 다음으로 현재 우리 정부 내에서 중요하게 수행하는 자체감사의 유형을 살펴보고자 한다. 그리고 그 중요성이 점점 더해가고 있는 성과감사가 자체감사기구에 의하여 현재 어떻게 받아들여지고 있는가를 검토하고, 마지막으로 전통적 감사와 현대적 감사의 균형 유지의 필요성을 제시하고자 한다.

제1절 여러 기준에 따른 자체감사의 유형

자체감사는 그 분류 기준에 따라 여러 가지 유형으로 구분할 수 있다. 먼저, 우리 나라 감사원법에 따른 것으로(감사원법 제26조), 감사 방법을 기준으로 서면감사와 실지감사로 구분한다(김명수 · 박준, 1995: 42). 서면감사는 서류감사라고도 불리는 것으로, 감사자가 감사 대상 부서나 그 직원으로부터 업무 상황을 서면으로 제출받아 감사자의 사무실에서 수행하는 감사이다. 실지감사는 현장감사라고도 하며, 감사자가 감사대상기관에 출장하여 실시하는 감사이다. 실지감사는 서면감사보다 감사의 신뢰성이 강한 장점이 있으나, 감사자와 감사대상기관 혹은 부서에 부담을 안겨 주는 단점이 있다.

자체감사는 또한 감사 실시의 주기를 기준으로 정기감사와 수시감사로 구분할 수 있다. 정기감사는 일반감사라고도 하며, 일정한 주기에 따라 수행하는 감사이다. 수시감사는 필요에 따라, 감사주기에 관계 없이 실시하는 감사를 말한다.

자체감사는 감사 대상의 범위를 기준으로 종합감사와 부분감사로 나눌 수 있다. 전자는 감사대상기관이나 부서의 업무 전반을 대상으로 실시하는 감사를 가리키며, 후자는 감사대상기관 혹은 부서의 업무 중 감사가 필요한 일부 분야를 선정하여 중점적으로 실시하는 감사이다.

우리 정부의 행정감사규정과 서울특별시와 부산광역시 등 자치단체의 행정감사규칙을 살펴보면, 자체감사기구들이 수행하는 감사는 종합감사와 부분감사 및 기강감사로 구분되고 있음을 알 수 있다. 종합감사는 감사대상기관의 업무 전반에 대하여 실시하는 감사를 가리키며, 부분감사는 감사대상기관의 업무 중 일부인 특정 업무 및 취약 분야의 업무에 대하여 정기 또는 수시로 실시하는 회계검사, 특별감사 및 일상감사를 말한다. 그리고 기강감사는 감사대상기관 및 그 소속 직원의 복무 의무 위반이나 비위 사실 또는 부조리 요인이 발생하거나 발생할 우려가 있는 경우에 실시하는 감사를 가리킨다.

또 한편으로는 감사의 측면, 즉 감사가 중점을 두어 검토하는 측면을 기준으로 하여, 감사는 재무·합법성감사와 성과감사로 구분되기도 한다. 전자는 간단히 합법성감사라고도 불리기도 한다. 그리고 후자는 효과성감사와 경제성감사 및 능률성감사를 포괄하는 개념으로서 사용된다. 이러한 구분은 세계감사원장회의(International Organization of Supreme Audit Institutions)의 감사표준위원회(Auditing Standards Committee)의 감사분류와 일치한다 (INTOSAI Auditing Standards Commitee, 1991: 32-33). 재무·합법성감사는 재무적·비재무적 행정행위가 정해진 법규와 지침에 따라 이루어졌는지의 여부를 검토하는 감사 활동을 가리킨다. 성과감사는 관리감사(Hedderich, 1981) 혹은 업무감사라고 불리는 것으로, 재무적·비재무적 행정행위의 경제성, 능률성 및 효과성을 검토하는 활동으로 정의할 수 있다. 이와 같은 여러 유형의 감사에서 검토되는 사항들은 대체로 아래와 같다.

1 재무·합법성감사에서의 검토 초점

① 수입, 지출, 자산 및 부채에 대한 적절한 통제 장치의 유지 여부
② 제반 자원, 부채 및 운영 상황을 회계 기록에 적절히 나타내고 있는지 여부
③ 회계보고서는 정확하고 신빙성이 있으며, 유익한 재무자료를 담고 있는지 여부
④ 관계 법령, 규정 및 지침 등에 따라 운영되고 있는지 여부
⑤ 집행이 공정하게 이루어졌는지 여부
⑥ 집행 과정에의 부정 개입 여부

2 경제성감사에서의 검토 초점

① 필요 이상으로 비용이 많이 드는 절차
② 직원 사이에나 부서 사이의 업무 중복
③ 과업에 비하여 인원이 과다하게 배정되어 있는지 여부
④ 잘못된 구매행위나 필요 이상으로 많은 재산이나 물자·물품을 축적해 두고 있는지 여부
⑤ 자원을 남용하고 있는지 여부

3 능률성감사에서의 검토 초점

① 투입(예컨대, 사용된 예산)과 비교해 본 산출의 적정성 여부

② 투입과 비교해 본 효과의 적정성 여부
③ 일정한 효과를 얻는 데 투입된 자원의 과다 여부

4 효과성감사에서의 검토 초점

① 감사대상 사업이 의도하였던 목적을 달성하는 데 효과적이었는지 여부
② 감사대상 사업이나 활동의 의도하지 않은 부정적 효과 야기 여부
③ 사업이나 활동이 성공적이거나 실패한 것으로 판명된 경우, 그 원인의 소재

제 2 절 공공기관 내 감사의 실제에서 중시되는 자체감사의 유형

우리 나라 정부를 포함한 공공 부문에서 수행되고 있는 감사의 실제에 관한 설문조사에서 나타난 바를 살펴보면, 우리 나라의 자체감사기구들은, <표 2-1>에서 보는 바와 같이, 성과감사보다는 재무·합법성감사에 압도적으로 많은 비중을 두고 있는 것으로 파악되었다. 즉, 우리 나라의 자체감사기구들은 전체 업무에서 73.69%를 재무·합법성감사에 치중하고 있는 반면, 26.31%만을 성과감사에 투입하고 있는 것으로 나타나고 있다. 좀더 구체적으로 보면, 재무·합법성감사에 투입되는 업무량의 비율은 최저 20%, 최고 100%로 나타난 반면, 성과감사에는 최저 0%에서 최고 80%로 나타나고 있다. 여기에서 알 수 있는 것은, 성과감사를 전혀 실시하지 않는 자체감사기구가 있는 반면, 재무합법성감사는 모든 자체감사기구가 수행하

〈표 2-1〉 감사 담당기구의 재무·합법성감사와 성과감사의 비중

구 분	최저(%)	최고(%)	평균
재무·합법성감사	20	100	73.69
성과감사	0	80	26.31

는 감사의 유형이라는 것이다.

자체감사기구가 수행하는 이들 감사 유형이 기관의 유형에 따라 달리 나타나고 있는가의 여부를 알아보기 위하여 수행한 교차분석의 결과는 <표 2-2>에 나타나 있다. 여기에서 우리는 기관의 유형에 따라 약간의 차이가 있음을 발견할 수 있다. 첫째는 교육자치단체의 경우 재무합법성감사의 비중이 다른 기관들에 비하여 상대적으로 높게 나타나는 반면, 성과감사의 비중이 상대적으로 낮게 나타나고 있다는 점이다. 둘째는 정부투자기관의 경우가 다른 기관들에 비하여 상대적으로 성과감사에 많은 업무 비중을 두고 있다는 점이다.

〈표 2-2〉 기관 유형별 합법성감사와 성과 감사의 업무 비중

구 분		재무 · 합법성감사(%)	성과감사(%)
기관 유형	공적 단체	73.75	26.25
	교육자치단체	80.31	19.69
	국가기관	72.56	27.44
	정부투자기관	67.64	32.36
	지방자치단체	75.31	24.69

제 3 절 공공기관 내 자체감사기구들의 성과감사에 대한 시각

1 성과감사 기능의 적절성에 대한 인식

이 책에서의 분석과 같이, 많은 자체감사기구들이 성과감사를 실시하고 있으나, 상당수의 기구들은 성과감사를 실시하지 않고 있는 것 또한 사실이다. 그렇다면, 성과감사 기능이 자체감사기구가 수행할 적절한 기능인가의 여부를 알아볼 필요가 있다. 자체감사기구를 대상으로 한 설문조사 결과, <표 2-3>에서 보는 바와 같이, 긍정적으로 응답한 자체감사기구가 92

개 기관, 60.5%로 나타났으며, 부정적인 견해를 밝힌 기구가 48개 기관, 31.6%로 나타났다.[1] 이러한 결과는 상당히 많은 감사담당기구가 자체감사 시 성과감사를 실시할 필요성이 있다고 인식하고 있음을 말해 준다.

〈표 2-3〉 성과감사 기능의 적절성 인식 여부

구 분	빈도(f)	비율(%)
적절함	92	60.5
적절하지 않음	48	31.6
결측값	12	7.9
합계	152	

그렇다면 기관 유형별로 성과감사 기능에 대한 시각이 다를까? 설문조사 결과, <표 2-4>에서 볼 수 있는 바와 같이, 교육자치단체를 제외한 대부분 기관의 자체감사기구들이 성과감사의 수행에 호의적인 반응을 보이고 있다. 다만, 교육자치단체에 속한 자체감사기구들이 성과감사 기능의 수행에 부정적인 견해를 많이 가지고 있다는 것을 알 수 있다. 또한 국가기관의 자체감사기구 상당수도 성과감사의 수행에 부정적인 견해를 가지고 있는 것으로 나타났다. 이러한 조사 결과는 기관 유형별 재무・합법성감사와 성과감사의 업무 비중의 결과와 유사하다.

〈표 2-4〉 기관 유형별 성과감사 기능의 적절성 인식 여부

구 분		성과감사 기능 적절 여부		결측값(%)	합계
		적절(%)	부적절(%)		
기관 유형	공적 단체	41(68.3%)	12(20.0)	7(11.7)	60
	교육자치단체	5(31.3)	9(56.3)	2(12.5)	16
	국가기관	26(56.5)	20(43.5)	0(0.0)	46
	정부투자기관	10(71.4)	3(21.4)	1(7.1)	14
	지방자치단체	10(83.3)	4(33.3)	2(16.7)	12
합 계		92(60.5)	48(31.6)	12(7.9)	152

1) '그렇다'와 '그렇지 않다'는 응답 양쪽에 그 이유를 제시한 기관이 다수 있다.

2 성과감사를 실시하지 않는 이유와 실시하는 이유

앞에서 언급했듯이, 성과감사를 수행하지 않는 자체감사기구가 있으므로, 그 이유를 규명하기 위하여 왜 성과감사가 자체감사기구의 기능으로서 적절하지 않은 것으로 생각하는지를 물었다. 그 결과 아래와 같은 이유들이 제시되었다.

① 조직 편제상 감사를 담당하는 기관이 실행하기에는 어울리지 않으므로 다른 부서(예: 경영관리부 혹은 리스크 관리부) 등에서 맡음.
② 감사기구의 전문성 부족
③ 감사 인원의 부족
④ 성과감사의 객관성 확보 및 개량화의 어려움이 있으므로 외부(예: 감사원 등)에서 담당하여야 함.
⑤ 적극적 업무 수행 실패시 처벌 가능성이 불분명
⑥ 제도상 합법성감사에 머무를 수밖에 없음.

반면, 자체감사기구가 성과감사를 수행하는 것이 적절하다고 생각하는 응답자들은 아래와 같은 이유를 제시하였다.

① 성과감사는 감사 목적에 부합하는 것으로서, 조직의 성과를 향상시킬 수 있음.
② 감사의 패러다임이 적발과 처벌에서 지원으로 변화하고 있음.
③ 자체감사기구는 각 기관의 내부 업무에 정통하여 성과감사가 용이하며, 대안 제시나 피드백이 용이하므로 감사의 효과나 효율성의 극대화 가능
④ 긍정적 마인드가 확산되어 제도 개선을 통한 환경적 변화 가능
⑤ 새로이 등장하는 현안 이슈 발굴 및 선정 용이
⑥ 주민의 알 권리 충족 및 권익 향상 도모
⑦ 성과주의 예산의 도입에 도움
⑧ 공무원들의 무사안일 행정행위에 경종
⑨ 민선자치단체 출범 이후 성과와 관계 없이 추진하는 선심성 사업에 대한 견제 필요

조사 결과가 말해 주는 것은, 감사원과 더불어 자체감사기구들도 현대적 감사의 경향을 반영하여 상당수의 기구들이 성과감사를 수행하고 있으나, 또한 그렇지 않는 기구들도 있음을 알 수 있다. 나아가 성과감사를 수행하건 수행하지 않건, 나름대로의 이유를 가지고 있음도 알 수 있다. 자체감사기구가 성과감사를 실시하여야 하느냐에 대해서는 어떤 규범적 강제는 적절치 않으며, 기구의 역량에 따른 자체적 결정이 존중되어야 할 것이다. 다만, 감사 역량의 분산으로 말미암아 합법성감사가 소홀히 되어서는 안 된다는 점이 강조될 필요가 있다. 여기에 감사원과 자체감사기구 사이의 업무 분담에 관한 심도 있는 논의의 필요성이 제기된다고 하겠다.

제 4 절 재무 · 합법성감사와 성과감사의 균형 유지

일반론적 입장에서 '감사'를 이야기할 때, 그것은 과거에는 재무 · 합법성 감사를 염두에 둔 것이었다. 그러나 시간의 흐름에 따라 그것을 둘러싼 환경이 변함에 따라 감사 또한 변화를 모색하지 않을 수 없었다. 여기에 새로이 등장한 것이 성과감사라고 할 수 있다. 그러므로 현대에 와서는 이들 양 유형 중 어느 한쪽에 크게 치우침이 없이 상호 균형을 맞추는 감사 운영이 바람직하다고 하겠다. 이들 환경적 요소를 나열하면 아래와 같다.

1 행정에서 추구하는 가치의 변화

현대 행정에서 중요시되는 가치는 단지 합법성에 그치지 않고 있다. 예산의 운용과 관련하여 경제성과 능률성이 강조되고 있으며, 나아가 정부 업무의 목표 달성과 관련 있는 효과성이 중요시되고 있다. 민의에 따른 정책 결정 여부를 가리키는 대응성(responsiveness)도 중요하며, 약자를 배려하는 사회적 형평성의 문제도 중요시되고 있다.[2] 감사가 이러한 행정의

2) 다만, 현재까지는 방법론상의 어려움 등으로 대응성과 형평성의 문제는 감사에서 중요하

변화를 도외시한다면, 감사는 행정의 발목을 잡는다는 비판을 면할 수 없을 것이다.

2 국민 관심의 변화

정부의 운영은 기본적으로 국민들이 낸 세금에 의존한다. 따라서 정부가 주어진 자원을 능률적으로 활용하는 것은 당연하며, 그것이 또한 국민이 바라는 것도 사실이다. 행정 운영의 적정을 기하는 데 관심을 가져야 하는 감사기구가 이러한 국민의 희망과 기대에 부응하여 정부 운영의 능률성 여부에 관심을 갖는 것은 당연하고 필요한 일이라 하겠다.

3 목표 달성의 중요성

정부가 추진하는 업무(정책, 사업 등)는 모두 특정한 목표를 지향한다. 즉, 목표가 없이 추진되는 업무를 우리는 상상할 수 없다. 그렇다면 여기에서 중요한 것은 설정된 목표를 달성하는 것이다. 목표가 달성되었다는 것은 기대하였던 효과가 나타났다는 것을 의미하며, 그러한 업무는 '성공'한 것으로 판정된다. 반면, 목표를 달성하지 못하는 정책은 '실패'로 규정된다. 업무의 성공 여부는 '체계적 평가(systematic evaluation)'를 통하여 결정된다. 감사기구가 정부 업무의 성공적 수행 여부에 관심을 갖는 것 또한 필요하고 당연한 일이라 하겠다.

4 선진국 감사의 변화

현재 선진국들에서 이루어지고 있는 공공감사를 살펴보면, 가장 두드러진 특징 중의 하나는 전통적인 재무·합법성감사와 현대적인 성과감사를 균형 있게 수행하고 있다는 점이다. 캐나다 연방감사원의 경우에는 전자에 약 38%, 후자에 약 52%, 그리고 특별연구에 약 10%의 감사 자원을 배분하

게 다루어지지 못하고 있는 실정이다.

고 있다.[3] 그러나 우리 나라 감사기관의 감사 관행은 재무・합법성감사를 상대적으로 훨씬 많이 강조하고 있는 것이 사실이다. 재무・합법성감사의 중요성은 분명하다. 다만, 감사기구의 업무가 여기에서 그친다면, 감사기구는 그 대상기관인 행정기관의 업무상의 변화를 따라가지 못하는 잘못을 저지를 수 있다는 점을 명심할 필요가 있다.

3) 1998년 7월 캐나다 연방감사원 배러도스(Maria Barrados) 원장보, 메인(John Mayne) 과장 및 모엔팅(Henno Moenting) 과장과의 면담에서 확인됨.

제 3 장 자체감사기구의 조직

제 1 절 자체감사기구의 조직

1 자체감사기구 조직의 의의와 특징

조직에서 구조(structure)는 조직의 구성 요소(components) 사이에 관한 설정된 관계 유형(established patterns of relationships)이다. 이 점에서 조직구조를 통하여 조직의 실제적인 운영과 행태를 추론할 수 있고, 조직구조가 지위 관계를 설정하는 데 관련되기 때문에 구조는 권위(authority)의 틀을 제공하며, 그리고 여러 가지 조직 단위에 결부된 책무성과 책임성을 할당하는 데 관련되어 있다(Kast & Rosenzweig, 1985: 234). 즉 조직구조는 목적 성취를 위한 기본적인 수단(basic means)이며, 지위 관계를 규정하고, 의사소통의 채널을 유지하게 하며, 그리고 외부적 환경의 관계에 영향을 미치는 메커니즘이다. 이리하여 조직구조는 조직의 업무 분업(work division)과 조정(coordination)의 과정을 반영하며, 또한 조직구성원의 직무 만족에 직접적인 영향을 미친다(Heffron, 1989: 18-19).

이런 의미에서 자체감사기구의 조직은 자체감사가 지향하는 목표와 목적(aims & objectives)을 효과적으로 수행할 수 있도록 설계되어야 할 것이다. 이를 위하여, 먼저 자체감사기구는 감사성과를 적절하게 표출할 수 있도록 지원할 수 있는 예산 지원 체계, 자원회계와 예산(resource accounting & budgeting)에 관한 재무관리정보를 처리할 수 있는 체계, 비용·효과분석으로 기관의 성과와 결과를 평가할 수 있는 전문적 인력 체계, 감사요원의 건전성과 윤리성을 제고할 수 있는 윤리성 체계, 감사 결과를 직접 기관의 장에게 보고할 수 있는 보고 체계 등을 갖추어야 할 것이다. 나아가 감사는 조직의 최고책임자를 지원하는 역할이며, 또한 최고책임자는 조직의 목적을 달성하는 과정에서 조정 기능에 손상을 주지 않으면서 자체감사기구의 전문적 지식을 활용하여야 할 것이다. 이와같이 자체감사기구는 자체감사의 기능을 효과적으로 발휘하고, 조직의 최고책임자에게 조직 목표 달성에 관련된 좀더 객관적이고 가치 있는 정보를 직접 보고할 수 있는 조직 체계가 되기 위해서는 계선(line)이 아닌 참모(staff)라는 조직상의 특성을 가져야 할 것이다. 이 점에서 자체감사기구의 조직은 기관장 직속기구로 위치하는 것이 더욱 합리적이라 할 것이다.

2 자체감사기구의 관련 규정

1) 자체감사기구의 소속 및 감사 전담기구

공공감사기준은 자체감사기구에 대한 정의와 설치에 대하여, 공공감사기준 제2조 제6호 "자체감사기구라 함은 감사대상기관의 직제에 관한 법령, 조례, 규칙 등에 의하여 제4호의 자체감사 업무를 관장하는 부서를 말한다"고 규정하고 있다. 제8조 7항 제1호에 "자체감사기구는 감사대상기관의 의결기관과 집행 부서로부터 분리된 별도의 조직으로 설치되어야 한다"고 규정하고 있다.

자체감사의지원및협의등에관한규칙(감사원규칙 제110호) 제2조 2항에서도 자체감사기구에 대한 정의에 대하여 "자체감사기구라 함은 각 감사대상기관의 직제에 관한 법령 등에 의하여 자체감사 업무를 관장하는 부서를 말한다"고 규정하고 있다.

정부투자기관관리기본법 제29조 2항은 정부투자기관의 자체감사에 대하여 "내부감사는 재정경제부장관이 정하는 바에 따라 당해 투자기관의 감사가 이를 시행한다"라고 규정하고 있다.

2) 감사책임자

행정감사규정(대통령령 15879호)은 제32조의2 1항에서 감사 담당공무원의 자격 기준에서 감사 부서의 장은 "① 각 행정기관의 장이 감사 업무를 전담할 공무원(이하 '감사 담당공무원'이라 한다)을 임용 또는 임용 제청할 때에는 중앙행정기관의 감사 부서의 장은 당해 계급(2급 내지 3급으로 보하게 되어 있는 직위의 경우에는 3급)에서 1년 이상 근무한 자 중에서, 기타의 감사 담당공무원은 3년 이상 근속한 자 중에서 각각 다음 각 호의 1에 해당하는 자를 우선하여 선발하여야 한다"고 규정하고 있다.

자체감사의지원및협의등에관한규칙(감사원규칙 제110호)은 감사책임자의 정의와 감사책임자 교체 권고에 대하여 규정하고 있다. 즉, '감사책임자'라 함은 동 규칙 제2조 제2호의 규정에 의한 "자체감사기구의 장인 '감사관'(감사관이 없는 기관은 기획관리실장이나 감사담당관 등을 말한다) 또는 감사(監事)를 말한다"고 감사책임자를 정의하고 있다. 또한 동 규칙 제12조에 감사책임자 교체 권고로 ① 감사원은 제9조(자체감사 결과의 심사 사항) 및 제10조(자체감사기구 운영의 평가 기준)의 규정에 의한 심사 및 평가 결과를 종합하여 자체 감사 활동 실적이 부진한 경우에는 재감사를 요구하거나 직접 감사를 실시할 수 있다. 이 경우 감사책임자가 감사 업무를 현저하게 태만히 하고 있다고 인정되는 때에는 징계 또는 문책을 요구하거나 당해 임용권자 또는 임용제청권자에게 그 교체를 권고할 수 있다. ② 제1항의 규정에 의하여 교체 권고를 받은 당해 임용권자 또는 임용제청권자에게 그 처리 결과를 감사원에 통보하여야 한다.

정부투자기관관리기본법 제13조의2 3항에 정부투자기관 자체감사기구 책임자에 대한 임명을 규정하고 있다. 즉 "감사는 정부투자기관운영위원회의 의결을 거쳐 기획예산처장의 제청으로 대통령이 임면한다. 이 경우 기획예산처장관은 재정경제부장관과 협의하여야 한다"라고 규정하고 있다. 이에 따라 한국토지공사 정관에 의하면, 정관 제3장(임원과 직원) 제8조(임원의 임면) 4항에 규정하고 있다. 또한 제9조 1항에 "임원(감사)의 임기는 3년으로 한다"라고 규정하고 있다. 제10조(임원의 직무) 5항에 "감사는 공사의 업무와 회계를 감사하고, 그 의견을 이사회에 제출한다"라고 규정하고 있다. 제25조(감사의 출석 및 감사 요청) 1항에 "감사는 이사회에 출석하여 의견을 진술할 수 있다. 다만, 표결권은 가지지 아니한다." 그리고 2항에 "이사회는 특히 필요하다고 인정하는 경우에는 감사에게 공사의 감사를 요청할 수 있다"라고 규정하고 있다. 또한 정부투자기관의 내부감사에 대하여 동법 제29조 제2항에 "내부감사는 재정경제부장관이 정하는 바에 따라 당해 투자기관의 감사가 이를 실시한다"고 규정하고 있다.

제 2 절 자체감사기구의 조직 유형과 실태

1 자체감사기구의 조직 유형

첫째, 우리 나라 국가기관과 지방자치단체의 자체감사기구는 조직의 직제상 위치에 따라 기관장 직속기관의 유형과 부기관장 직속기관의 유형으로 대별할 수 있을 것이다. 반면에 정부투자기관의 자체감사기구는 사장과 병렬적으로 조직되어 있다. 즉 정부투자기관관리기본법 제13조의2 3항에서와 같이 대통령이 사장과 감사를 임면하기 때문에 자체감사기구는 기관장으로부터 독립성이 매우 높은 조직구조를 갖추고 있다.

<표 3-1>과 같이 자체감사기구가 기관장 직속기관으로 소속하는 정부부처는 재정경제부, 외교통상부, 행정자치부, 산업자원부이다. 반면에 자체감사기구가 부기관장 직속기관으로 소속하는 정부 부처가 다수를 차지하고 있고, 특히 기획예산처는 정책홍보관리실 재정감사기획관, 여성가족부는 정책홍보관리본부 재정기획관, 소방방재청은 법무감사팀이, 기상청은 재정기획관이 자체감사 업무를 수행하고 있는 실정이다. 즉 자체감사기구가 부기관장 직속기관으로 소속하는 것이 아니라 정책홍보관리실에 하나의 과

단위로 존재하고 있다.

시·도의 경우는 제주특별자치도가 도지사 직속기관으로 감사위원회를 운영하고 있다. 반면에, 제주특별자치도를 제외한 모든 광역시·도의 자체감사기구는 부기관장인 행정부지사 직속기관에 소속되어 있다.

〈표 3-1〉 자체감사기구의 직제상 위치

구 분		부 처
기관장 직속기관형	정부 부처	재정경제부, 외교통상부*, 행정자치부*, 산업자원부*
	시·도	제주특별자치도(감사위원회)
부기관장 직속기관형	정부 부처	교육인적자원부, 과학기술부, 통일부, 국방부, 법무부, 농림부, 해양수산부, 정보통신부, 문화관광부*, 건설교통부*, 노동부*, 환경부*, 보건복지부*, 기획예산처(정책홍보관리실 재정감사기획관), 여성가족부(정책홍보관리본부 재정기획관), 국세청*, 관세청*, 병무청, 경찰청, 소방방재청(법무감사팀), 기상청(재정기획관)
	시·도	서울특별시, 부산광역시, 대구광역시, 인천광역시, 광주광역시, 대전광역시, 울산광역시, 경기도, 강원도, 충청북도, 충청남도, 전라북도, 전라남도, 경상북도, 경상남도

* 개방형 직위
자료: 2006년도 각 부처 홈페이지 참조.

둘째, 우리 나라 중앙부처 자체감사기구의 장에 대한 임명 방식에 대한 것이다. 자체감사기구의 장의 임명 방식은 ① 자체감사기구의 장을 개방형 직위로 공모하여 임명하는 유형과 ② 다른 국장 직위(고위공무원단)와 같이 자체 기관의 승진 혹은 순환보직 체계에 의하여 임명되는 유형이 있다. 2007년 현재 중앙부처의 개방형 직위로 감사관을 공모하는 부처로는 건설교통부, 국방부, 노동부, 문화관광부, 보건복지부, 산업자원부, 외교통상부, 정보통신부, 행정자치부, 환경부, 관세청, 국세청 등이다. 중앙인사위원회는 고위공무원단 개방형 직위 공모에 관하여 대상 직종, 직위 지정 기준, 직무 수행 요건, 임용 기간 등을 구체화하고 있다.

2 자체감사기구의 조직 실태

1) 행정자치부 자체감사기구 : 기관장 직속 개방형(직위공모형)

행정자치부 자체감사기구는 장관 직속기관으로 소속되어 있으며, 자체감사기구의 장은 국장급(고위공무원단) 감사관이다. [그림 3-1]과 같이 행정자치부 자체감사기구는 감사관 아래에 3개의 팀인 감사총괄팀(본부, 소속기관 및 산하단체 감사 및 소속 공무원의 재산등록 사항 등), 지방감사팀(지방자치단체에 대한 감사 및 개선 대상 업무 발굴, 주민감사청구제도 운영 등), 조사팀(기강감사 및 특별감사, 기동감찰반 운영 등)으로 구성되어 있고, 각각의 담당 업무는 <표 3-2>와 같다.

[그림 3-1] 행정자치부 자체감사기구도

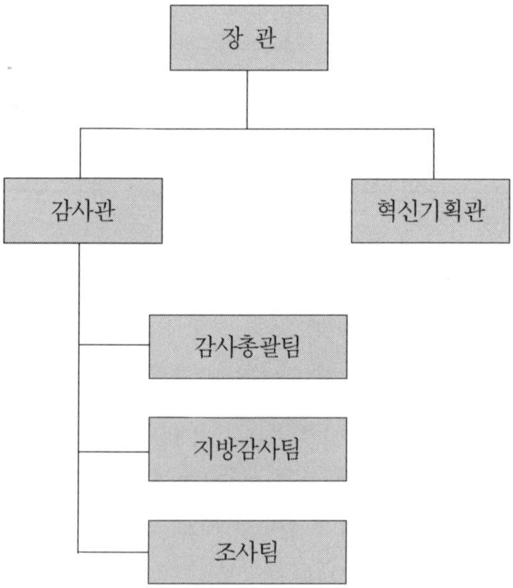

〈표 3-2〉 행정자치부 자체감사기구 담당 업무

기 관	담당 업무
감사총괄팀	• 행정감사제도의 운영 및 행정감사계획의 수립·조정 • 행정자치부 및 그 소속기관에 대한 감사 • 산하단체에 대한 감사 • 소속 공무원의 재산등록·선물 신고 및 취업 제한에 관한 업무 • 중앙징계위원회에 대한 징계의결 요구 및 소청과 관련된 업무 • 다른 기관에 의한 행정자치부 및 소속기관에 대한 감사 결과의 처리 감사 결과에 대한 재심의 처리 및 감사에 관한 사후관리 • 사정 업무의 종합계획·조정 및 추진 • 부내 부패방지종합대책의 수립 및 추진 • 그 밖에 감사관 내 다른 팀의 주관에 속하지 아니하는 사항
지방감사팀	• 지방자치단체에 대한 종합감사 및 부분감사 • 부내 주요 정책에 대한 추진 상황 점검 및 문제점의 분석·평가 • 지방행정제도 개선 대상 업무 발굴, 통보 및 개선 권고 • 주민감사청구제도의 운영 및 실지 감사
조사팀	• 본부·소속기관·지방자치단체에 대한 기강감사 및 취약 분야에 대한 특별감사 • 공무원의 비위와 관련된 진정민원 및 장·차관 지시 사항의 조사·처리 • 직무감찰을 위한 기동감찰반의 운영 • 공무원 비리와 관련된 언론 보도 및 사정기관의 첩보 사항에 대한 조사·처리 • 민원부조리 고발창구의 운영 및 처리 상황 분석 진정민원의 조사·처리

2) 건설교통부 자체감사기구: 부기관장 직속 개방형(직위공모형)

건설교통부 자체감사기구의 장인 감사관은 [그림 3-2]와 같이 부기관장인 차관 산하에 위치하며, 감사관에는 감사팀(기획감사, 일상감사, 자체감사, u-감사시스템 운영 등)과 감찰팀(공직기강 및 부실공사 상시감사, 부패방지, 부조리 신고센터 운영, 주민의 감사청구에 관한 사항, 진정 및 비위사항의 조사, 청렴도 향상 대책 추진 관련 업무 수행 등)을 두고 있다. 감사

[그림 3-2] 건설교통부 자체감사기구도

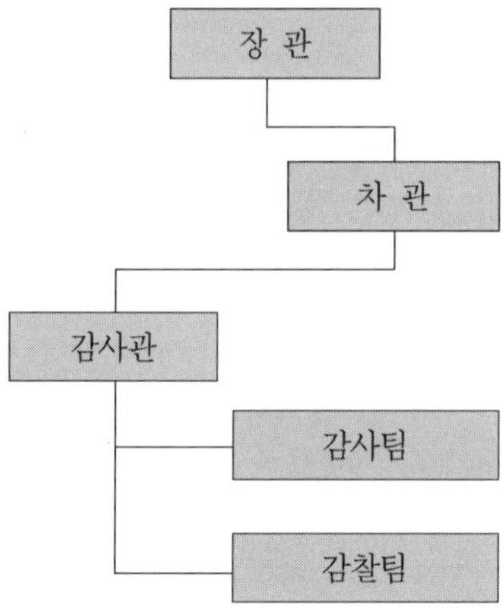

관(이사관)은 개방형 직위 공모를 통하여 충원하고 있다. 또한 감사관의 임기는 2년이며, 3년까지 연장할 수 있다고 규정하고 있다.

3) 서울특별시 자체감사기구

서울특별시 자체감사기구인 감사관은 [그림 3-3]과 같이 행정1부시장 산하에 위치하며, 감사관에는 감사담당관(반부패 시책 및 국가청렴위원회 업무 총괄, 공직자 비위 사실, 민원처리 온라인 공개 시스템 운영, 지하철·도시계획·주택 관련 업무, 소규모 건설공사, 안전 및 기강감사 등), 조사담당관(소청 및 소송 업무 총괄, 공직자 비리신고센터 운영, 특명 사항 조사 및 시책 점검, 기술심사 및 상수도사업본부 감사, 재산등록심사, 퇴직자 관리 등), 민원담당관(민원제도 개선 및 규제개혁, 고충민원 점검·분석, 국민고충처리위 소관 업무, 서울신문고 및 120 민원총괄, 시민·주민감사 수행 등), 시민감사관으로 구성되어 있다. <표 3-3>과 같이 2006년 현재 서울특별시 자체감사관실에는 감사담당관실에 63명, 조사담당관실에 37명, 민원담당관실에 31명으로 총 131명의 감사요원이 근무하고 있다.

[그림 3-3] 서울특별시 자체감사기구도

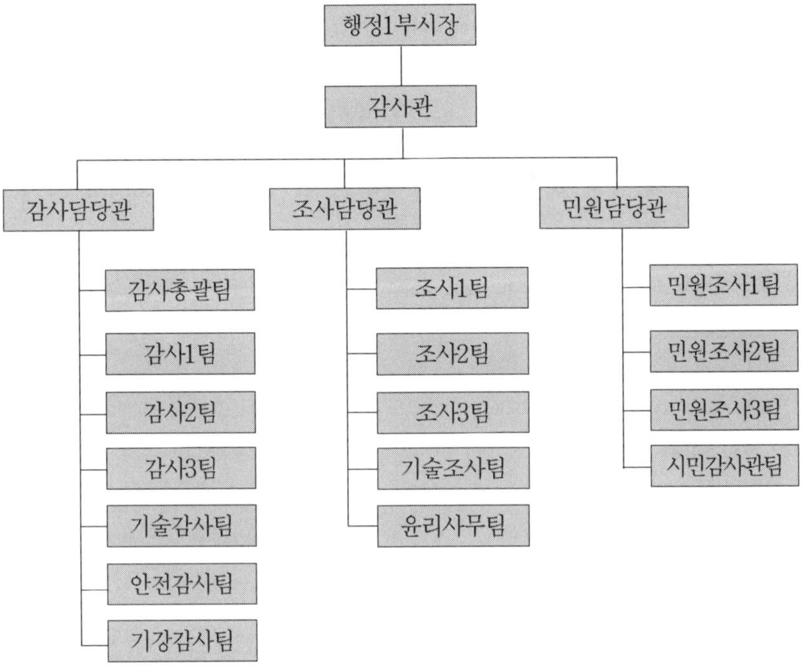

〈표 3-3〉 서울특별시 자체감사기구 인원

계 급	총 계			감사담당관			조사담당관			민원담당관		
	정원	현원	±	정원	현원	±	정원	현원	±	정원	현원	±
총계	132	131	△1	63	63		37	37		32	31	△1
2급	1	1		1	1							
4급	3	3		1	1		1	1		1	1	
5급	16	16		7	7		5	5		4	4	
6급	69	66	△3	33	33		20	17	△3	16	16	
7급	33	30	△3	15	13	△2	9	10	1	9	7	△2
8~9급		2	2					1	1	1		1
계약직	1	1		1	1							
기능직	9	12	3	5	7	2	2	3	1	2	2	2

자료: www.seoul.go.kr

4) 제주특별자치도 자체감사기구

제주특별자치도 자체감사기구인 감사위원회는 [그림 3-4]와 같이 도지사 직속기관으로 위치하고 있다. 제주특별자치도 감사위원회는 위원장 1인을 포함한 7인 이내로 구성되며, 위원장은 정무직 지방공무원으로 보한다(제2조). 감사위원회가 의결하는 사항으로는 ① 감사위원회의 감사정책 및 주요 감사계획에 관한 사항, ② 변상 책임의 판정에 관한 사항, ③ 징계 및 문책 처분의 요구에 관한 사항, ④ 개선 요구 등에 관한 사항, ⑤ 시정 등의 요구 및 권고 등에 관한 사항, ⑥ 변상 판정의 재심의에 관한 사항, ⑦ 심사청구 결정에 관한 사항, ⑧ 감사위원회의 규정의 제정 및 개폐에 관한 사항, ⑨ 감사위원회의 정원에 관한 사항, ⑩ 감사위원회의 예산 요구 및 결산에 관한 사항, ⑪ 감사의 생략에 관한 사항, ⑫ 감사사무의 대행에 관한 사항, ⑬ 기타 위원장이 부의한 사항 등이다(제6조). 감사위원회의 업무를 지원하기 위하여 사무국을 두며(제11조), 사무국에는 감사팀과 조사팀을 운영하고 있다. 사무국 소속 직원은 감사위원장의 추천을 받아 도지사가 임명한다(제12조). 감사팀의 주요 업무는 감사 업무 총괄, 도교육청 및 소속기관, 사업소 소관에 대한 감사 및 이의 신청 처리 등이며, 조사팀의 주요 업무는 조사 업무 총괄, 다수인 민원처리 및 관리, 중앙부처 이송 민원처리, 국민고충처리위원회 소관 사항 등이다(www.jeju.go.kr).

[그림 3-4] 제주특별자치도 자체감사기구도

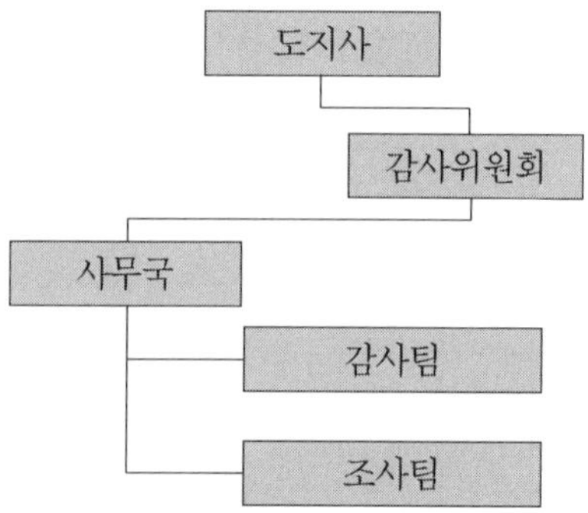

자료: www.jeju.go.kr/contents/.

5) 한국토지공사 자체감사기구

한국토지공사 자체감사기구의 장인 감사는 [그림 3-5]와 같이 사장과 병렬적으로 위치하고 있다. 한국토지공사 감사 산하에 감사실이 있으며, 감사실에는 <표 3-4>와 같이 3개의 팀으로 구성되어 있다. 감사1팀은 감사 실적 관리 및 사례연구, 감사제도 및 감사과제의 연구개발, 외부감사를 총괄

[그림 3-5] 한국토지공사 자체감사기구도

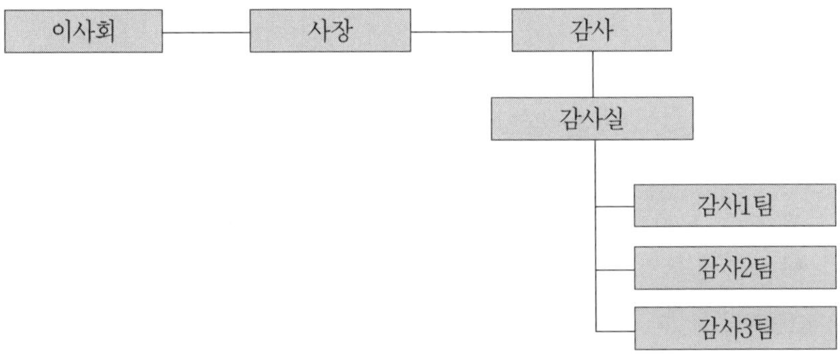

자료: www.iklc.co.kr/B-about/d.branch

〈표 3-4〉 한국토지공사 감사실의 담당 업무 분장

감사실	담당 업무	
감사1팀	• 감사 실적 관리 및 사례연구 · 발간 • 감사제도 및 감사과제의 연구 · 개발 • 감사 결과 심의위원회 운영	• 일반 · 특별감사 • 외부감사기관 감사 업무 협조 • 외부감사 총괄
감사2팀	• 일반 · 특별감사 • 기술감사에 관한 업무	• 기술감사 관련 대외 협조
감사3팀	• 일반 · 특별감사 • 재무 및 회계감사	• 사정 및 공직 기강 업무 • 민원 업무

자료: www.iklc.co.kr/B_about/d.branch

하며, 감사2팀에서는 기술감사의 업무를 수행하고, 감사3팀은 재무 및 회계감사, 사정 및 공직 기강 업무를 수행한다.

제 3 절 자체감사기구 조직설계의 방향

1 자체감사기구의 조직설계

자체감사기구의 장으로서, 감사기구를 신설하거나 개편할 경우, "자체감사기구의 업무 내용으로 포함되어야 할 것으로 생각되는 분야는 무엇이라고 생각하십니까?"라는 물음에 대하여 <표 3-5>와 같이 자체감사기구의 장들은 중앙부처에 대해서 감사 분야와 성과・평가 분야(각 25.5%), 감찰・조사 분야(24.5%), 민원・윤리 분야(13.6%), 기술 분야(10.9%) 순으로 필요한 감사 업무 내용으로 보고 있다. 광역자치단체에 대해서는 감찰・조사 분야(24.7%), 감사 분야(24.1%), 기술 분야(18.5%), 성과・평가 분야(17.9%), 민원・윤리 분야(14.8%) 순으로 필요한 감사 업무 내용을 보고 있다. 공기업에 대해서는 성과・평가 분야(26%), 감사 분야(24%), 감찰・조사 분야(23.2%), 민원・윤리 분야(14.2%), 기술 분야(12.6%) 순으로 필요한 감사 업무 내용으로 보고 있는 것으로 나타났다. 이를 총체적으로 본다면, 자체감사기구의 장들은 자체감사기구를 신설 혹은 개편할 경우 감사기구의 업무 내용을 감사 분야(24.5%), 감찰・조사 분야(24%), 성과・평가 분야(23.7%), 민원・윤리 분야(14.2%), 기술 분야(13.7%) 순으로 고려하고 있는 것으로 나타났다.

또한 자체감사기구를 신설 혹은 개편할 경우, 바람직한 자체감사기구의 조직구조 방향은 캐나다의 자체감사기구와 같이 조직의 인적 자원 규모와 예산 및 수행하는 업무의 성격에 따라 설정할 필요가 있을 것이다.[1]

---

1) 이러한 점에서 볼 때, 일본의 지방자치단체에 속하는 감사위원은 자치단체장이 의회의

〈표 3-5〉 감사기구를 신설하거나 개편할 경우, 감사기구의 업무 내용으로 포함되어야 할 것으로 생각되는 분야

구 분	감사 분야 -회계감사총괄 -예 · 결산 사항	감찰 · 조사 분야 -직무감찰총괄 -부패방지업무	기술 분야 - 건설, 건축, 환경분야 -도시기초시설물	민원 · 윤리 분야 -민원통제 처리	성과 · 평가 분야 -기획 · 특별감사	총 계
중앙부처	47 (25.5)	45 (24.5)	20 (10.9)	25 (13.6)	47 (25.5)	184 (100)
광역 자치단체	39 (24.1)	40 (24.7)	30 (18.5)	24 (14.8)	29 (17.9)	162 (100)
공기업	61 (24.0)	59 (23.2)	32 (12.6)	36 (14.2)	66 (26.0)	254 (100)
총계	147(24.5%)	144(24.0%)	82(13.7%)	85(14.2%)	142(23.7%)	600(100%)

2 자체감사기구의 소속

자체감사기구의 소속에 대하여 설문한 결과, 자체감사기구의 장들은 감사 업무 수행시 기관장으로부터의 독립성이 자체감사기구의 독립성에 중요하게 영향을 미치는 것으로 인식하고 있다(평균=4.18). 이 분석 결과처럼, 각 기관의 장은 자체감사기구를 기관장으로부터 최대한 독립성을 보장하고, 감사 업무 수행에 자율권을 부여하는 적극적 노력이 요구된다. 이에 설문분석 결과를 토대로, 자체감사기구가 독립성을 갖추기 위하여 각 기관의 어디에 위치하는 것이 바람직한가 하는 것은 매우 중요한 과제라 할 것이다. 이러한 맥락에서 조사한 결과, 자체감사기구의 장은 <표 3-6>과 같이 자체감사기구를 각 기관의 장 직속기관으로 위치할 것을 주장하고 있다. 또한 자체감사기구가 조직상 집행 부서와 별도의 기능과 역할을 수행할 것을 요구하고 있다. 특히 우리 나라 행정문화의 특성을 고려해 볼 때, 자체

동의를 얻어 선임한다. 감사위원의 정수는 도도부현(都道府縣) 및 인구 25만 이상의 시는 2인, 기타의 시는 2인 또는 3인, 정촌(町村)은 2인으로 되어 있다(안영훈, 2005: 170).

감사기구를 부기관장 직속으로 두는 것보다는 기관장 직속에 위치하는 것이 자체감사기구의 독립성을 향상시킬 수 있다. 나아가 자체감사기구를 몇몇 기관처럼 집행 부서에 두는 것(예를 들면, 기획예산처 등)보다는 감사의 기능에 부합되게 집행기관으로부터 독립성을 유지할 수 있도록 조직 체계가 갖추어져야 할 것이다.

둘째는 자체감사기구의 장에 대한 독립성 여건을 조성하는 방안이다. 이를 위하여 자체감사기구의 장을 어떻게 임명하는가 하는 문제와 자체감사기구 장의 임기 보장에 관한 문제로 이해할 수 있을 것이다. 이 점에서 박재완(1998)은 지방자치단체의 경우 합의제 기구의 외부감사기구를 설치할 경우 감사원장의 동의를 얻어 자치단체장이 임명하거나, 임기를 단체장의 임기보다 장기간으로 설정하여 독립성을 확보하자는 안을 제시하고 있다. 또한 오영균 · 김용훈(2006)은 현재 감사원의 감사 업무 부담을 경감시키고, 지방의 감사 역량의 발전을 근본적으로 제고하기 위한 방안으로 지방감사원의 설립을 주장한다. 지방감사원은 현재의 다양한 기관에 의한 중복감사, 비전문성에 의한 비효율성 감사 등의 문제점을 해소하고, 지방자치단체의 특수성과 다양성을 반영하면서 실질적인 책임성을 확보하는 수단이 될 수 있다는 것이다. 지방감사원이 기존의 행정자치부감사, 각 중앙부처의 감사, 광역자치단체의 기초자치단체에 대한 감사 등을 통합하는 감사 기능을 담당하자는 것이다. 지방감사원장은 독립성 확보를 위하여 시도지사협의회와 시장군수구청장협의회에서 공동으로 추천한 복수의 후보자 중에서 대통령이 임명하고, 자치단체장의 임기보다는 긴 임기를 보장하자는 것이다.2)

이에 이 책에서는 기관의 특성에 따라 자체감사기구 장의 임용 방식을 달리 규정할 수 있을 것이다. 즉 중앙부처 등 국가기관은 가능한 자체감사기구의 장을 개방형 직위 공모로 임용하는 방안을 적극 확대하는 방안을 제안하고자 한다. 또는 서울특별시, 광역시 및 도의 경우, 제주특별자치도와 같이 도지사 직속기관으로 감사위원회(Audit Commission)를 설치하고, 위원장은 시 · 도의회의 승인을 받아 임명하는 방안을 제안한다. 반면에 기

2) 오영균 · 김용훈(2006: 205)은 분권적 감사 체제가 정착하기 위해서는 장기적으로 헌법적 근거를 마련할 필요가 있고, 단기적으로 지방감사원법에 조직 구성, 원장을 포함한 감사 인력의 운영, 그리고 예산상의 자율성이 인정되어야 한다고 주장하고 있다.

초자치단체의 경우, 자체감사기구의 독립성을 제고하기 위하여 자체감사기구 장의 임용 방식에서 직위 공모를 통하여 임명하는 방안을 제안하고자 한다. 이 방법은 공직의 경쟁력을 높이고 우수한 인재를 범정부적 차원에서 활용할 수 있는 장점이 있을 것이다.

나아가 자체감사기구 장을 임기제로 임용한다면 분명 자체감사기구의 독립성은 제고될 것이다. 이에 자체감사기구 장의 임기는 기관의 독립성과

〈표 3-6〉 감사 업무의 독립성을 유지하기 위한 특별한 방침 혹은 제도

1) 자체감사기구에 대한 독립성 여건 조성
- 자체감사기구를 기관장 직속으로 위치함.
- 조직상 집행 부서와 별도 기능과 역할을 하도록 위치함.

2) 자체감사기구의 장에 대한 독립성 여건 조성
- 자체감사기구의 장을 상급(감독)기관장이 인사 발령
- 자체감사기구 장의 임기제
- 감사요원 인사 전보권 행사시 자체감사기구 장의 의견 청취

3) 자체감사요원에 대한 독립성 여건 조성
- 감사요원의 보직 및 전보를 자체감사기구 장의 의견을 청취 존중함.
- 감사의 감사요원에 대한 선발권 존중
- 감사요원에 대한 근무평정 우대(가점 부여, 월 .05점), 전출시 감사요원의 희망 부서 우선 배치
- 특별한 사유가 없는 한 감사요원을 2년 이상 근무함을 원칙으로 함.
- 감사수당 지급(월 50,000원)
- 감사요원에 대한 근무평정 기준은 자체감사기구 장이 별도로 운영함.
- 담당 업무의 전문성을 근거로 감사요원 임명(회계 업무에 2년 이상 경험이 있는 자, 기술직 업무에 3년 이상 종사한 경력이 있는 자)

4) 기타 독립성 여건 조성
- 감사결과보고서를 감사의 결재로 최종 확정한 이후 경영진에게 통보함.
- 감사 결과를 최고의사결정기구에서 보고하고 기관장에게 통보함.
- 감사계획 및 결과보고시 감사 전결 사항으로 내규 명문화함.
- 별도의 감사규정에 따른 업무 집행, 예산 독립성 유지
- 자체감사기구의 적정 규모로 조직과 인원을 확보하도록 하는 것을 제도화함.

전문적 업무 수행을 위하여 정부투자기관과 같이 최소한 3년의 임기를 보장하는 방안과 기관장의 임기보다 긴 임기를 보장하는 방안을 고려할 수 있을 것이다. 또한 INTOSAI의 감사기준(2.2.21)처럼 자체감사기구의 장에 대한 해임이나 면직은 특별한 절차를 통하여 이루어질 수 있도록 규정하는 방안을 적극 도입할 필요가 있다.

제 4 장 자체감사기구의 인사관리

제 1 절 자체감사기구의 인사제도

이 장에서는 자체감사기구의 인력자원에 대한 인사제도 가운데 주요 특징으로 들 수 있는 순환보직, 전보제한, 다면평가제 등에 관하여 검토하고자 한다.

1 자체감사인의 순환보직

1) 감사직렬별 순환보직의 필요성

자체감사인 각자의 특성상 직업적 한계는 궁극적으로 인사교류의 한계가 된다. 자체감사 부서가 피감사 부서인 내부집행기관과 동일한 기관에 속해 있어서, 자체감사인이 피감사기관으로부터 교류되고 일정 기간을 근무한 후 다시 피감사기관인 일반 부서로의 순환보직이 이루어진다면, 자체감사요원과 피감사자 사이에 긴밀한 유대 관계가 형성되거나 또는 타부서로의 전보시 인사상 불이익이 우려되어 소신 있는 감사가 어려울 수 있게 된다. 그뿐만 아니라 감사요원은 결과적으로 자체감사에 관한 전문적 지식도 부족하게 되고, 집합적으로도 모든 감사 업무에 관한 지식이 결여된 상태에서 감사 업무를 수행하게 된다는 문제점을 지니게 된다. 따라서 자체감사요원의 독립성과 전문성 등의 실효성 측면에서 볼 때, 이들의 경력 발전 직렬을 감사직렬화하여 일반 부서와는 가급적 순환보직이 이루어지 않는 비교류형의 신분 보장을 위한 제도적 장치가 필요하다.

2) 감사직렬별 순환보직에 관한 문제 인식의 실태 및 시사점

(1) 독립성 보장을 위한 감사직렬화에 관한 설문조사 결과

자체감사인의 순환보직과 관련하여 “감사기구 업무의 독립성을 확보하기 위하여 가장 바람직한 감사요원의 충원 방식”을 묻는 질문에 대하여, <표 4-1>과 같이 감사직렬화하여야 한다는 인식이 전체의 68.7%로 일반 부서와의 교류 24.5% 및 기타 6.8%의 응답에 비하여 훨씬 우위를 차지하고 있는 것으로 나타났다.

이와 같은 조사 결과는 자체감사인 순환보직에서 감사의 독립성 보장을 위하여 장차 감사직렬화하여 가급적 일반 부서와 순환보직이 이루어지지 않는 비교류형의 신분 보장이 더욱 바람직하다는 점을 시사한다고 볼 수 있다.

〈표 4-1〉 독립성 확보와 감사요원 충원 방식

		빈도(f)	백분율(%)	유효 백분율(%)	누적 백분율(%)
유효	일반 부서와 교류	36	23.7	24.5	24.5
	감사직렬화	101	66.4	68.7	93.2
	기타	10	6.6	6.8	100
	총계	147	96.7	100	
결손		5	3.3		
총계		152	100		

(2) 전문성 확보를 위한 감사직렬화에 관한 설문조사 결과

자체감사인의 순환보직과 관련하여 “감사기구 업무의 전문성을 확보하기 위하여 가장 바람직한 감사요원의 충원 방식”을 묻는 질문에 대하여,

<표 4-2>와 같이 감사직렬화하여야 한다는 인식이 48.6%로 일반 부서와의 교류 45.8%에 비하여 상대적으로 웃도는 것으로 나타났다.

이와 같은 조사 결과도 자체감사인의 순환보직에서 감사의 전문성 확보를 위하여 장차 감사직렬화하는 것이 더욱 바람직하다고 인식하는 것으로 볼 수 있다.

〈표 4-2〉 전문성 확보와 감사요원 충원 방식

		빈도(f)	백분율(%)	유효 백분율(%)	누적 백분율(%)
유효	일반 부서와 교류	66	43.4	45.8	45.8
	감사직렬화	70	46.1	48.6	94.4
	기타	8	5.3	5.6	100
	총계	144	94.7	100	
결손		8	5.3		
총계		152	100		

3) 감사직렬별 순환보직을 위한 발전 방향

현재 자체감사인은 내부 충원 방식이 압도적이며, 2년 정도의 기간이 경과하면 일반 부서로 순환보직이 이루어지는 것이 일반적인 실태이다. 이러한 상황 아래서는 자체감사인의 독립성과 전문성 등의 실효성이 확보되기가 대단히 어렵다고 볼 수 있다. 따라서 설문조사의 결과에서와 같이, 자체감사요원의 독립성 보장과 전문성 확보 등의 실효성을 거두기 위해서는 이들의 경력 발전 직렬을 전문직렬로 독립시켜 자체감사직렬 내에서의 순환보직이 이루어질 수 있도록 하는 신분보장제도의 도입이 바람직하다고 본다.

이와 같은 감사직렬의 도입을 전제로 하여 국가기관, 지방자치단체, 교육자치단체, 정부투자기관 및 공적 단체 등 각 기관·단체 내에서의 상호간 교류가 가능한 분야에서부터 먼저 감사직렬별 순환보직이 적정하게 이루어지는 방안 마련도 고려해 볼 수 있을 것이다.

2 자체감사인의 전보제한

1) 전보제한 관리의 제도적 필요성

전보는 조직 내에서의 인사이동을 관리하는 내부임용 방법의 하나인 배치전환 방법으로서 직무 성격이 같은 동일 직급 내의 수평적 이동을 의미한다. 이와 같은 의미의 전보는 인적 자원의 효율적 활용을 통한 조직목표를 성취하는 데 불가결한 수단이지만, 이것이 정당한 용도를 뛰어넘어서 지나치게 남용될 경우에는 인사행정이 혼란에 빠지게 된다(오석홍, 2004: 609-621).

한편 자체감사의 경우에는 특별한 사유가 없는 한 직무 특성상 자체감사인의 전문적 자질 및 사기가 저하될 수 있는 인사권자의 부당한 전보를 방지하기 위하여 제도적 장치가 필요하다. 특히 자체감사인의 전문성 제고 및 책임성 확보를 위하여 일정 기간의 전보제한을 두어야 하며, 제한 기간 내의 조기전보도 극히 제한적으로 정당한 필요성에 의해서만 운영되도록 신분 보장을 강화시켜야 할 것이다. 아울러 전보는 자체감사인의 경력 발전에 직결되는 것으로서, 개인 차원의 노력뿐만 아니라 조직 차원의 의식적인 노력까지도 포괄한다.

2) 전보제한 관리에 관한 문제 인식의 실태

(1) 전보제한의 규정에 관한 설문조사 결과

먼저 전보제한의 규정 여부와 관련하여 "귀 감사기구는 감사요원의 전문

〈표 4-3〉 전보제한의 규정 여부

		빈도(f)	백분율(%)	유효 백분율(%)	누적 백분율(%)
유효	그렇다	101	66.4	70.1	70.1
	그렇지 않다	43	28.3	29.9	100
	총계	144	94.7	100	
결손		8	5.3		
총계		152	100		

성 제고를 위하여 전보제한의 규정을 두어 운영하고 있습니까?"라는 질문에, <표 4-3>과 같이 그렇다는 응답이 70.1%를 차지하고 있으며, 그렇지 않다는 응답도 전체의 29.9%나 차지하고 있는 것으로 나타났다.

(2) 전보제한의 기간에 관한 설문조사 결과

그리고 전보제한의 기간과 관련하여 "감사요원의 전문성 제고를 위한 전보제한의 기간으로 적정하다고 생각하는 기간"을 묻는 질문에 대하여, <표 4-4>와 같이 전체 의견 중 2~3년 정도가 56%이고, 4~5년 정도가 40.7%를 차지하고 있어서 지배적이며, 그 밖에 6년 이상의 견해도 2%로 나타난 반면에, 2년 미만은 1.3%의 의견에 그치고 있다.

〈표 4-4〉 전보제한의 기간

		빈도(f)	백분율(%)	유효 백분율(%)	누적 백분율(%)
유효	2년 미만	2	1.3	1.3	1.3
	2~3년 정도	84	55.3	56	57.3
	4~5년 정도	61	40.1	40.7	98
	6년 이상	3	2	2	100
	총계	150	98.7	100	
결손		2	1.3		
총계		152	100		

3) 전보제한의 관리를 위한 발전 방향

현재 전보제한의 규정을 두어 운영하고 있는 경우에도 감사요원의 자질이 저하되는 것을 방지하고자 전보제한의 기간을 2년 정도로 규정하고 있는 것이 일반적이다. 그러나 위의 조사 결과에서도 나타난 바와 같이 대다수의 감사기구가 자체감사인의 전문성 제고 및 책임성을 확보하여 감사 활동을 수행할 수 있도록 조기전보를 제한하고 대체적으로 2~5년 정도의 전보제한의 기간 연장을 적정 수준으로 제시하는 만큼, 적정 임기의 근속제를 명문화하여 신분 보장을 강화하는 방향으로 나아가는 것이 직무 특성상 바람직할 것으로 보인다. 특히, 만약에 감사직렬화의 신설이 이러저러한 이유로 인한 제약이 따를 경우, 적어도 적정 수준의 전보제한 기간의 연장을 위한 제도 도입을 우선적인 방안으로 고려해 볼 수도 있을 것이다.

3 자체감사인의 다면평가제

1) 다면평가제의 필요성 여부

다면평가제(360-Degree Appraisal)란 피평가자의 능력과 직무 수행을 관찰할 기회가 있는 여러 방면의 사람들(즉, 동료·하급자·민원인 등)이 평정에 가담한다는 의미의 집단평정 방법을 의미한다(오석홍, 2004: 642-43). 이와 같은 의미의 다면평가제는 일정 조건들이 갖추어져 있을 경우에는 다분히 긍정적인 측면이 있음에도 불구하고, 현재 자체감사 부서 직원에 대한 이 제도의 적용은 직무 특성상 자체감사인의 심리적 손상, 근무 의욕 저하, 감사 부서 기피 경향, 신분상의 불이익 등 우려되는 역기능으로 인하여 그 도입 및 실시의 필요성에 신중을 기하여야 한다.

2) 다면평가제 실시 여부 및 효용가치에 관한 문제 인식의 실태

(1) 다면평가제의 실시 여부에 관한 설문조사 결과

먼저 다면평가제의 도입·실시 여부에 관하여 "귀 감사기구는 현재 감사요원에 대해 다면평가제를 실시하고 있습니까?"라는 질문에 대하여, <표 4-5>와 같이 그렇다는 응답이 61.1%로 그렇지 않다고 응답한 38.9%보다 우위를 차지하는 것으로 나타나고 있다.

〈표 4-5〉 다면평가제의 실시 여부

		빈도(f)	백분율(%)	유효 백분율(%)	누적 백분율(%)
유효	그렇다	91	59.9	61.1	61.1
	그렇지 않다	58	38.2	38.9	100
	총계	149	98	100	
결손		3	2		
총계		152	100		

(2) **다면평가제 실시의 효용가치에 관한 설문조사 결과**

반면에 "감사요원에 대한 다면평가제의 도입 · 실시가 바람직한가의 여부"를 묻는 질문에 대해서는, <표 4-6>과 같이 그렇지 않다는 인식이 전체의 78.6%를 차지하여 그렇다는 의견 21.4%에 비해서 상대적으로 훨씬 더 우세한 것을 알 수 있다.

〈표 4-6〉 다면평가제의 가치 여부

		빈도(f)	백분율(%)	유효 백분율(%)	누적 백분율(%)
유효	그렇다	31	20.4	21.4	21.4
	그렇지 않다	114	75	78.6	100
	총계	145	95.4	100	
결손		7	4.6		
총계		152	100		

(3) **다면평가제 도입 · 실시의 부정적 이유에 관한 설문조사 결과**

좀더 구체적으로 "다면평가제의 도입 · 실시가 바람직하지 않다고 보는 이유"를 묻는 질문에 대해서는, <표 4-7>과 같이 총 139명의 응답 가운데 감사 부서의 기피 경향이 48.20%로 가장 많고, 신분상의 불이익이 28.10%, 근무 의욕 저하가 9.40%, 심리적 스트레스가 7.90%, 그리고 기타 6.50%의 순서로 나타났다.

〈표 4-7〉 다면평가제도 도입 · 실시가 바람직하지 않은 이유

		빈도(f)	백분율(%)
이유	심리적 스트레스	11	7.90
	근무 의욕 저하	13	9.40
	감사 부서 기피 경향	67	48.20
	신분상 불이익	39	28.10
	기타	9	6.50
총계		139	100.00

(4) 다면평가제 도입 · 실시의 긍정적 이유에 관한 설문조사 결과

이와는 반대로 다면평가제의 도입 · 실시가 바람직하다고 생각하는 이유를 묻는 질문에 대해서는, <표 4-8>과 같이 총 30명의 응답자 가운데 18명(60%)은 공정한 평정을, 7명(23.30%)은 자기 개발의 동기 유발을, 4명(13.30%)은 작업집단의 팀워크 발전을, 그리고 1명(3.30%)은 관료적 병폐의 시정을 각각 들고 있는 것으로 나타났다.

〈표 4-8〉 다면평가제 도입 · 실시가 바람직한 이유

		빈도(f)	백분율(%)
이유	공정한 평정	18	60.00
	관료적 병폐 시정	1	3.30
	자기 개발 동기 유발	7	23.30
	작업집단의 팀워크 발전	4	13.30
총계		30	100.00

3) 다면평가제 도입 여부를 둘러싼 발전 방향

이상의 조사 결과를 토대로 볼 때, 다면평가제의 도입 · 실시는 부정적 측면과 긍정적 측면을 동시에 지니고 있음에도 불구하고 자체감사기구의 대다수가 자체감사요원에 대한 다면평가제 적용의 효용가치를 직무 특성상의 조건으로 인하여 아직은 시기상조인 것으로서 긍정적 측면보다는 부정적인 측면의 역기능이 강하게 나타나는 것으로 인식하고 있음을 알 수 있다.

따라서 자체감사기구는 감사기구 자체의 조직상 독립성 확보나 또는 감사요원에 대한 신분상의 우대 조치 등 일정 조건들이 갖추어져 있을 때까지는 다면평가제도의 본격적인 도입 · 적용에는 다소 신중한 접근이 있어야 할 것으로 사료된다.

제 2 절 자체감사인의 인센티브 시스템

1 인센티브 시스템의 논의와 관련 법규

자체감사인이 갖는 불만 요인들은 이들의 사기를 저하시킨다. 사기 저하는 행동규범 위반 사례의 증가, 피동적이고 무사안일적인 행동, 잦은 자체감사 품질관리의 실패, 갈등과 협조의 부진, 업무생산성의 저하, 개혁에 대한 저항 등 다양한 병리 현상의 원인이 되기도 한다. 자체감사인의 인센티브 시스템(incentive system), 즉 유인 체계는 사기 진작 방안의 탐색에 필요한 기본적인 가이드라인을 제공하며 또 그 한계를 설정하게 한다. 이러한 유인 체계에는 소극적 유인인 처벌과 적극적인 유인, 즉 승진과 보수 등이 포함된다(오석홍, 2004: 730-31). 그 중 자체감사인을 위한 사기관리의 개혁은 소극적 유인의 대책 마련보다는, 좀더 적극적인 유인책 마련을 통한 동기 유발의 대책을 개선하려는 데 역점을 두어야 한다.

또한 공공감사기준 제8조 제7항 제3호는 “자체감사인의 임용, 교육훈련, 승진, 보수 등에 관해 실적에 입각한 인사제도의 확립”을 자체감사기구의 조직상 독립성 확보를 위한 규정으로 두고 있다.

2 인센티브 시스템의 문제 인식 및 시사점

(1) 근무성적평정의 가산점 부여에 관한 설문조사 결과

“감사요원 근무성적평정에 있어서, 비감사 요원과 비교해 가산점을 부여하고 있는지”에 관한 질문에, <표 4-9>와 같이 그렇다는 응답이 전체의 52.3%를 보이는 것으로 나타났으나 비감사 요원과 동일하다는 인식이 41.6%나 차지하고 있고 그리고 오히려 역차별받는다는 인식도 6%를 보이는 것으로 나타났다.

〈표 4-9〉 근무성적평정의 가산점 부여 여부

		빈도(f)	백분율(%)	유효 백분율(%)	누적 백분율(%)
유효	그렇다	78	51.3	52.3	52.3
	비감사 요원과 동일하다	62	40.8	41.6	94
	오히려 역차별받는다	9	5.9	6	100
		149	98	100	
결손	총계	3	2		
총계		152	100		

(2) **희망 근무 부서의 선택권 부여에 관한 설문조사 결과**

그뿐만 아니라 "비감사 요원과 비교해 근무 희망 부서 선택권을 부여하고 있는지"를 묻는 질문에 대해서, <표 4-10>과 같이 그렇다는 의견이 45%의 수준에 머무르는 것으로 나타난 반면에 비감사 요원과 동일하다는 인식은 전체의 53%로 절반을 웃도는 것으로 나타났으며, 오히려 역차별받는다는 인식도 2%를 보이는 것으로 나타났다.

〈표 4-10〉 희망 근무 부서의 선택권 부여 여부

		빈도(f)	백분율(%)	유효 백분율(%)	누적 백분율(%)
유효	그렇다	67	44.1	45	45
	비감사 요원과 동일하다	79	52	53	98
	오히려 역차별받는다	3	2	2	100
	총계	149	98	100	
결손		3	2		
총계		152	100		

(3) **사기 진작 방안에 관한 설문조사 결과**

한편 "귀 감사기구 감사요원의 사기 진작을 위하여 가장 필요한 것 하나만 선택"하라는 질문에 대해서는, <표 4-11>과 같이 근무성적평정시 가산점 부여가 전체의 56.6%로 가장 높게 나타났으며, 그 다음으로 전보시 희망 부서 우선 배치가 20%, 감사정보수집비의 신설(혹은 적정화)이 15.9%,

〈표 4-11〉 가장 필요한 사기 진작 방안

		빈도(f)	백분율(%)	유효 백분율(%)	누적 백분율(%)
유효	근무성적평 정시 가산점 부여	82	53.9	56.6	56.6
	전보시 희망 부서 우선 배치	29	19.1	20	76.6
	감사여비 인상	2	1.3	1.4	77.9
	감사정보수집비의 신설(혹은 적정화)	23	15.1	15.9	93.8
	기타	9	5.9	6.2	100
	총계	145	95.4	100	
결손		7	4.6		
총계		152	100		

감사여비 인상이 1.4% 등의 순서로 나타났으며, 기타도 6.2%를 보이고 있다.

이상과 같은 조사 결과는 자체감사인의 사기 진작과 관련하여 특히 무엇보다도 가산점 부여, 전보시 희망 부서 우선 배치 등 인사상의 우대 조치가 기대 수준에 못 미치고 있음을 알 수 있으며, 감사여비의 인상과 비교해 볼 때 사기 진작을 위해서는 감사활동비의 인상보다 인사상의 우대 조치가 상대적으로 더욱 효과적인 수단임을 시사한다고 볼 수 있다.

3 인센티브 시스템을 위한 발전 방향

자체감사인의 사기 진작을 위한 관리개혁과 관련하여 근무성적평정시 가산점 부여, 전보시 희망 부서 선택권 등 인사상의 우대 조치를 통한 적극적인 유인 체계의 방안 마련에 우선적으로 역점을 두어야 할 것이다. 물론 이러한 방안 마련에는 우대 근거의 규정 및 세부 기준의 마련 등을 토대로 하여, 실적에 입각한 인사제도의 확립을 전제로 하여야 할 것이다.

그리고 또한 자체감사요원들은 현재 감사정보수집비 및 감사여비 등 포괄적 감사활동비의 수준이 필요 경비 수준에 못 미치고 있는 것으로 인식하고 있는 바, 좀더 내실 있는 감사 활동을 위해서는 감사 활동에 소요되는 적정 경비를 지급하여 감사 업무 수행에 지장을 초래하지 않도록 현행 감사활동비를 적정한 수준으로 인상 조정함으로써 현실화하여야 할 것이다.

제 3 절 인사관리상의 독립성

1 독립성 보장의 이론적 배경 및 법·제도적 장치

감사의 독립성(audit independence)은 임명된 감사인이 주어진 감사의 권한과 범위 내에서 공정하고, 객관적이며, 신뢰성이 있는 조사 및 처리를 할 수 있도록 하는 실질적인 내용과 제도적 장치를 의미한다(감사원, 2007). 이처럼 감사의 독립성은 업무 수행시에 공정성(fairness), 객관성(objectivity), 신뢰성(reliability) 등의 본질적 목적 달성을 위한 실질적인 내용과 제도적 장치라는 수단의 확보를 필수적인 요소로 간주하고 있다. 좀더 실제적으로 감사의 독립성을 결정하는 주요 요인으로는 감사기구의 장을 포함한 감사인 및 그의 스태프들에 대한 임면과 임기 보장, 기관의 자금, 감사의 개시·수행 및 보고 권한, 그리고 특히 감사기구가 그 운영에 자율성을 확보하는 것을 내용으로 하는 법·제도적인 체제라고도 볼 수 있다(감사원, 2007). 이와같이 감사의 독립성은 그 내용 및 형식에 따라서 신분상의 독립성, 재정상의 독립성, 업무상의 독립성 등으로 분류할 수 있으며, 이들은 상호간에 유기적으로 밀접한 관련성을 갖고 있다.

감사의 독립성에 관련된 일반적 기준으로서, 개별 감사요원은 감사 업무와 관련된 모든 문제에서 개인적으로나 조직 내·외부적인 독립성의 결합으로부터 사실상 또는 외형상으로 자유로워야 한다는 것이다(U.S. GAO, 2003). 즉, 감사인은 개인적으로 독립성을 유지할 수 있어야 할 뿐만 아니라 조직 내·외부적 압력이나 간섭으로부터도 자유로워야 한다는 것이다. 우선, 감사인은 개인적인 독립성을 저해할 수 있는 감사 사항에 관여하여서는 안 된다. 예를 들면, 감사인이 수감기관이나 또는 감사 대상 업무 관련자와 혈연 등 개인적인 연고나 경제적 이해 관계로 인하여 감사계획, 감사 실시 및 감사 결과의 처리 과정에 영향을 미칠 우려가 있는 경우나, 감사인이 감사 대상 업무나 수감기관 등의 의사결정 과정에 직·간접으로 관여한 경우에 그는 개인적으로 독립적일 수 없다는 것이다.

또한 감사인이 조직 내·외부로부터의 독립성을 저해하는 요인을 받은 경우에는 이를 거부하여야 하거나 소속 감사기관에 보고하도록 하고 있다. 예를 들면, 외부로부터의 독립성을 저해받는 요인으로서 감사 범위, 감사 절차와 방법, 감사 시기와 기간, 감사 증거 수집, 감사 결과 처리 등을 제한하는 외부의 청탁·압력·유혹이나 간섭이 있는 경우, 감사인의 업무 분장과 임명·승진·전보·보수 등 인사 조치에 영향을 미칠 우려가 있는 외부의 청탁·압력·유혹이나 간섭이 있는 경우, 기타 감사인의 업무 수행 능력을 제약할 수 있는 인력·예산·정보 등 감사자원에 관한 외부의 부당한 관여가 있는 경우 등의 상황 아래서는 독립적인 감사를 수행할 수 없다는 것이다. 그러나 만약 감사인의 위와 같은 독립성 저해 요인을 보고하였음에도 불구하고 독립성이 침해될 우려가 있는 경우에는 감사를 거부할 수 있으며, 거부할 수 없는 상황이라면 감사보고서에 이러한 내용을 기술하도록 하고 있다(공공감사기준 제8조 참조). 이상과 같은 감사인이 감사 업무를 수행하면서 지켜야 할 독립성은 실질적인 독립성뿐만 아니라 아울러 독립성을 의심받을 수 있는 상황의 배제 등을 포함하는, 즉 외관상의 독립성까지 모두를 포괄하고 있다고 볼 수 있다.

외부 전문가를 활용하는 경우에도 감사인은 해당 감사 활동의 전문가를 감사팀의 일원으로서 간주하여, 전문가가 공정하게 업무를 수행하고 또한 그 결과를 보고할 능력이 있는지를 평가할 필요가 있다. 이러한 평가를 수행할 때, 감사인은 전문가에게 독립성의 요구 사항을 주지시켜야 하고, 전문가로부터 감사 중에 있는 활동이나 사업으로부터 독립되어 있다는 설명을 들어야 한다(U.S. Generally Accepted Government Auditing Standards, 2003). 이와 같은 외부 전문가의 독립성을 바탕으로 자기 기관의 주요 업무에 대한 자체통제 기능을 더욱 효율적으로 수행함으로써 궁극적으로는 공정성, 객관성, 신뢰성 제고 등의 목적 달성에도 기여할 수 있는 것이다.

2 독립성 보장에 관한 인식

1) 자체감사인의 임용 관련

(1) 자체감사인 임용 절차의 적절성

감사의 독립성 보장을 결정하는 주요 요인의 하나로 "귀 감사기구의 감사요원을 선발·배치할 때, 감사기구 장의 의견 반영 정도"를 묻는 질문에 대하여, <표 4-12>와 같이 매우 잘된다(21.7%)거나 잘되고 있다(45.4%)는 견해가 전체의 67.1%를 차지하고는 있으나, 보통(24.2%) 이하 전혀 안 된다(3.4%)와 안 되고 있다(4%)는 감사요원의 문제 인식도 전체의 31.5%를 차지하고 있다.

앞에서 밝힌 바와 같이 자체감사의 독립성 보장을 위한 이론적인 배경이나 또는 현행 공감법 제10조 제1항에 기관 및 단체의 장이 감사요원을 임용하는 때에는 해당 감사기구의 장의 의견을 듣도록 규정하고 있는 법규정상의 당위성에 비추어 볼 때, 이에 부응하기 위해서라도 기관·단체의 장은 자체감사인의 선발 및 배치시 실제 감사기구 장의 의견 청취와 그 반영 정도를 좀더 확충해 나갈 필요가 있음을 시사한다고 볼 수 있다.

〈표 4-12〉 감사기구 장의 의견 반영 여부

		빈도(f)	백분율(%)	유효 백분율(%)	누적 백분율(%)
유효	전혀 안 됨	5	3.3	3.4	3.4
	안 됨	6	3.9	4	7.4
	보통	36	23.7	24.2	31.5
	잘됨	69	45.4	46.3	77.9
	매우 잘됨	33	21.7	22.1	100
	총계	149	98	100	
결손		3	2		
총계		152	100		

(2) 자체감사인의 충원 방식

한편 "귀 감사기구의 감사요원 충원 방식"에 관한 질문에 대하여, <표 4-13>과 같이 현재 순수 내부 충원 방식이 92.1%로 내・외부 절충식 충원 방식 5.9% 및 기타 0.7%에 비하여 지나치게 압도적으로 많은 것으로 인식되고 있다.

이와 같은 조사 결과는 자체감사인 충원 방식에서 자체감사의 독립성 보장과 더불어 자체감사인의 전문적 자질 확보를 위한 각 직급의 직위 개방 확대 적용의 요구 조건에도 역행하는 것으로서, 외부인과의 경쟁 공모를 통하여 충원하고자 하는 내・외부 절충식 충원 방식이 더욱 확충되어야 할 필요성이 있다는 점을 시사한다.

〈표 4-13〉 충원 방식

		빈도(f)	백분율(%)	유효 백분율(%)	누적 백분율(%)
유효	내부 충원	140	92.1	93.3	93.3
	내외부 절충식 충원	9	5.9	6	99.3
	기타	1	0.7	0.7	100
	총계	150	98.7	100	
결손		2	1.3		
총계		152	100		

2) 외부 전문가의 활용 및 독립성 관련

(1) 외부 전문가의 독립성 인정 여부

외부 전문가를 활용하는 경우 "외부 전문가가 감사팀의 일원으로 감사 업무를 수행할 때, 감사 업무 수행의 독립성 인정 정도"를 묻는 질문에 대하여, <표 4-14>와 같이 보통(39.1%) 이하 인정 않는다(3.9%)와 전혀 인정 않는다(4.7%)라는 문제 인식이 전체의 47.7% 수준으로, 인정한다(44.5%)와 매우 인정한다(7.0%)는 51.5%의 의견을 약간 밑도는 수준에 있는 것으로 나타났다.

이와 같은 조사 결과는 외부 전문가의 독립성을 바탕으로 자기 기관·단체의 주요 해당 업무에 대한 자체 통제 기능을 좀더 효율적으로 수행하고자 하는 당초의 취지에 반하는 운영 실태로서, 외부 전문가의 독립성 보장을 위한 법·제도적 장치가 더욱 굳건히 마련되어야 할 필요성이 있다는 점을 시사한다.

〈표 4-14〉 외부 전문가의 독립성 인정 여부 정도

		빈도(f)	백분율(%)	유효 백분율(%)	누적 백분율(%)
유효	전혀 인정 않는다	6	3.9	4.7	4.7
	인정 않는다	5	3.3	3.9	8.6
	보통이다	50	32.9	39.1	47.7
	인정한다	57	37.5	44.5	92.2
	매우 인정한다	9	5.9	7.8	100
	총계	127	83.6	100	
결손		25	16.4		
총계		152	100		

3 독립성 보장을 위한 발전 방향

각급 행정기관·단체가 당해 기관·단체 및 하급 기관·단체가 수행하는 업무의 운영 상태를 자체적으로 파악하여 이를 적정 수준으로 개선시켜 나가려는 자체감사의 특성상 독립성 보장은 가장 중요한 관건의 하나이다. 자체감사의 독립성을 보장하기 위한 바람직한 방향으로서 첫째, 자체감사인의 임용 및 배치시 감사기구의 장의 의견을 최대한 청취 및 반영하고자 하는 기관·단체장의 의식 전환 및 의지가 선행되어야 하며, 또한 구체적인 제도적 장치 마련(예를 들면, 감사기구의 장에게 감사인의 선발권·추천권 부여 등)도 있어야 할 것이다. 이와같이 기관·단체장의 의식 전환이 선행되어야 하는 이유는 자체감사기구가 기관·단체장의 관리 능력을 제고시켜 주는 하나의 주요 행정 개선 수단으로서, 감사기구의 장이 감사 업무를 전담하여 수행할 수 있도록 해야 하기 때문이다. 즉, 자체감사는 행정기관・단체 자체 내의 내부통제 체제의 하나로서 자율적 시정 기능의 특성을 갖고 있으며 또한 사후 예방적인 기능을 수행하며 시정 및 개선에 역점을 두고 있는 제도이기 때문이다(부정방지대책위원회, 1993: 111).

둘째, 감사인의 충원 방식에서도 반드시 당해 기관・단체 내부에서 충원되고 또 순환보직되어야 한다는 인식에서 탈피하여 경쟁 공모에 의한 내・외부 충원 방식에 더욱 역점을 두어야 할 것이다. 그 이유로서 이는 최근 정부의 각 직급에 대한 직위개방형 공모의 확대 방침에 부응하며, 공직사회를 민간에게 개방하여 좀더 우수한 민간 전문가를 영입함으로써 자체감사의 전문성 신장은 물론 독립성 확보도 동시에 추구할 수 있기 때문이다. 또한 내부 충원 방식의 경우에도 내부 경험자를 대상으로 가급적 경쟁 공모를 통해 선발하며 교육훈련을 실시한 후 활용하는 방안을 고려해 볼 수 있을 것이다.

셋째, 외부 전문가(자체감사인 이외의 소속 직원 포함) 또는 기관의 독립성이 법・제도적으로 명문화되고 보장되어야 할 것이다. 미국의 경우 감사 업무의 독립성은 가장 기본적인 감사 표준의 하나로 규정되어 있으며, 이러한 감사 표준은 감사 업무에 참여하는 외부 전문가에게도 해당된다는 점을 명기하고 있다. 이러한 이유는 당해 감사 활동의 외부 전문가를 감사팀의 일원으로 간주하여 독립성을 보장해 주어야만, 이를 토대로 자기 기관・단체의 주요 업무에 대한 내부통제 기능을 한 차원 더 효율적으로 수행할 수 있을 것이며, 이는 결국 공정성, 객관성, 신뢰성 및 투명성 등의 제고에도 크게 이바지할 수 있기 때문이다.

제 5 장 자체감사기구의 정보관리

제 1 절 감사정보관리의 의의

1 감사정보관리의 개념과 필요성

자체감사가 효율적으로 수행되기 위해서는 감사에 필요한 정보들이 체계적으로 축적·관리되어야 한다. 관리되어야 할 기본적인 자료들로는 감사대상 업무 관련 법령·지침·편람을 비롯하여 감사결과보고서, 감사대상기관 현황 및 예산서·결산서, 내부수집 정보자료, 언론 보도 사항 등을 들 수 있다. 따라서 감사정보관리란 자체감사기구가 좀더 효율적인 감사 수행을 위하여 감사에 필요한 기본 자료 및 감사 결과 등을 체계적으로 관리하는 것이라고 정의할 수 있다.

최근 공공 부문에서 전자정부의 구현을 위하여 최신 정보기술을 채택한 정보 시스템의 구축과 인터넷을 이용한 네트워크화가 급속히 진행되면서 감사대상 업무의 많은 부분이 정보 시스템에 의하여 처리되고 있다. 이에 따라 감사 업무에 활용할 수 있는 정보의 종류도 다양해지고 정보량도 대폭적으로 증가하는 등 감사환경이 크게 변화하고 있다. 이러한 변화는 감사정보관리에서 전자감사 시스템 구축과 활용의 필요성을 높여 주고 있다.

그러나 지금까지의 감사정보처리는 감사에 필요한 데이터를 필요할 때마다 대상기관에 요구하여 제출받은 다음 이를 전산 시스템에 입력·축적하였다가 정해진 검색 양식에 따라 자료를 단순 검색하는 수준에 머물고 있다는 평가를 받고 있다. 다시 말해서 빠르게 변화하는 감사환경 하에서 감사에 필요한 정보를 제때 찾아내어 쓸모있는 감사정보를 제공하지 못하고 있는 문제점을 가지고 있다.

또한 감사자가 갖고 있는 각종 감사 노하우 등 지식정보를 모든 감사자가 공유할 수 있는 지식 공유 체계도 미흡할 뿐만 아니라[1] 감사 현장과 감사대상기관에서 정보 시스템에 접속할 수 없어 정보의 활용도가 낮고, 감사 현장에서 감사사무를 바로 처리하지 못하여 업무 처리의 지연과 비효율이 발생하고 있기도 하다.

2 감사정보관리 관련 법규정

'자체감사의심사및평가등에관한규정' 제6조(자체감사계획의 전산관리)에서는 "① 총괄과장은 각 담당과장으로부터 제출받은 자체감사계획을 전산화하여 집중관리하고 감사 중복 및 특정 기관에 대한 감사 편중 여부 등을 검토한다"고 함으로써 감사정보 시스템에 의한 감사정보관리를 규정하고 있다.

'공공감사기준' 제20조(전산화된 환경에서의 감사)에서는 "감사대상기관의 업무처리가 전산화되어 있는 경우에는 그 수준과 특성을 충분히 고려하여 감사를 계획하고 그에 적합한 감사절차를 적용한다"고 규정하고 있다.[2]

---

1) 행정자치부는 16개 시·도 감사 관련 부서에 대해 시·도별 감사 결과 자료를 DB화하여 사용할 수 있도록 하는 감사정보 시스템을 개발하여 보급할 예정이다. 서울특별시의 경우 행정자치부 감사정보 시스템에 감사지식 정보 제공 기능을 추가한 감사지식관리 시스템 개발을 추진하고 있다.

2) 또한 현재 국회에 상정되어 있는 '공공기관의 감사에 관한 법률(안)' 제29조(감사정보시스템의 운영)에 보면, "① 감사원은 감사의 중복을 방지하고 감사원과 감사기구가 서로 감사 활동 정보 및 감사자료를 원활하게 공유할 수 있도록 하기 위하여 감사정보 시스템을 구축·운영할 수 있다. ② 감사원 및 감사기구의 장은 감사 활동 정보 및 감사자료를 제1항의 규정에 의한 감사정보 시스템에 상시적으로 입력·관리하여 이를 활용하도록 노력

제 2 절 전자감사

공공 부문에서 전자정부의 구현을 위하여 최신 정보기술을 채택한 정보 시스템의 구축과 인터넷을 이용한 네트워크화가 급속히 진행되면서 감사대상 업무의 대부분이 정보 시스템에 의하여 처리되고 있다. 이에 따라 감사 업무에 활용할 수 있는 정보의 종류도 다양해지고 정보량도 대폭적으로 증가하는 등 감사환경이 크게 변화하고 있다. 이러한 변화는 전자감사 시스템 구축과 활용의 필요성을 높여 주고 있다.

1 전자감사의 개념과 목적

전자감사[3]는 아직까지 명확한 정의가 내려지고 있지 않다. 여기서는 기존의 연구 문헌과 현재 감사원에서 추진하고 있는 전자감사 체계를 토대로 전자감사를 정의하고자 한다.

먼저 기존 연구 문헌에서 나타난 전자감사의 정의를 살펴보면 크게 감사 대상 측면과 감사 방법 측면으로 구분하여 볼 수 있다.[4] 먼저 감사 대상의 측면에서의 전자감사는 감사의 대상이 감사대상기관 정보 시스템이라는 것을 의미한다. 그렇기 때문에 정보 시스템의 개발에서부터 운영・처분에 이르는 과정까지 합법성, 효과성, 효율성, 안전성, 사용 자료의 무결성을 달성하였는가를 평가하고 개선 대안을 제시하는 전산 시스템 또는 정보 시스템

하여야 한다"고 감사정보 시스템 구축과 활용을 통한 감사정보관리의 중요성을 규정하고 있다.

3) 용어 또한 전자감사에 더하여 전산감사, IT 감사, e-감사라는 용어가 유사한 의미로 혼용되고 있다.

4) 아시아최고감사기구(ASOSAI; Asian Organization of Superme Audit Institutions, 2003)는 "컴퓨터 시스템의 자산을 보호하고 자료의 신뢰성을 확보하며 조직의 목표를 효과적으로 수행하고 컴퓨터 자원을 능률적으로 관리하고 있는지를 검토하기 위하여 자료를 수집하고 평가하는 활동"이라 하였다. 이러한 접근은 감사 방법이나 감사 대상 측면이 아닌 전자감사를 컴퓨터 시스템 관점에서 접근한 것이라 할 수 있다.

에 대한 감사를 의미한다. 다음으로 감사 방법 측면에서의 전자감사는 감사자료의 작성 및 제출이 컴퓨터 및 정보 시스템으로 이루어지고, 수검기관의 제출 자료에 대한 감사 또한 컴퓨터 및 정보 시스템을 활용하는 것으로 감사 전반에 걸쳐 컴퓨터 및 정보 시스템을 활용하는 감사를 의미한다(INTOSAI, 2000; 김진영, 1996; 신언성, 1997).[5)]

이상의 논의를 토대로 전자감사를 정의하면 "전자감사는 정보 시스템의 운용에 대한 신뢰성과 무결성을 확보하고 감사 증거의 수집·분석·평가, 감사계획의 수립 및 감사 정보·감사 결과의 유통 등 감사를 위한 다양한 활동에 걸쳐 컴퓨터 및 정보 시스템을 활용하는 것"이라 할 수 있다.

전자감사를 실시하는 목적은 크게 행정의 양대 이념인 효율성(능률성)과 투명성(민주성)을 제고하기 위해서이다(권형중, 2005). 효율성 측면을 먼저 살펴보면, 전자감사는 컴퓨터를 활용하여 기존의 수작업 감사로 인한 한계와 비효율을 개선하고, 컴퓨터 및 정보 시스템을 활용하여 감사정보·감사 결과의 신속·정확한 유통 및 공유를 통하여 감사 업무의 한계와 비효율을 획기적으로 개선하는 것이 가능하다.

투명성 측면에서의 전자감사를 살펴보면, 감사 관련 자료는 감사 결과 이외에는 외부에 거의 공개되지 않고, 감사 결과의 경우에도 적발 및 처벌이 이루어지는 것에 대해서만 공개가 이루어지는 것이 일반적이었다. 하지만 이러한 자료의 공개만으로는 감사를 통하여 드러난 조직의 다양한 측면을 살펴볼 수 없다. 이에 많은 국가는 인터넷 등 IT 기술을 활용하여 행·재정적 인 감사자료와 감사 결과를 공개하고 있다. 이러한 정보의 공개는 국민들에게 감사 과정에 대한 투명성을 제고하고, 결과적으로 과거보다 우수한 감사를 가능하게 한다.

2 전자감사 시스템의 구축

전자감사 시스템의 구축은 감사원의 'e-감사 시스템'의 개발로 그 사업이

5) 김진영(1996)은 감사 대상에서 정보 시스템의 구축 도입과 시설 설치, 그리고 컴퓨터 장비의 운용과 생성된 데이터 파일의 관리로 감사 대상을 더욱 세분화하여 나타내기도 하였다.

구체화되기 시작하였다. 감사원은 2003년 6월에 '감사운영 혁신방안'을 마련하고, 이러한 개혁을 가능하도록 하는 핵심 수단으로 'e-감사 시스템'을 도입하였다. 'e-감사 시스템'은 '시스템감사' 도입 등 다양한 감사운영 혁신방안을 효율적으로 지원하기 위한 정보 시스템이다. 'e-감사 시스템'은 공정하고 투명한 전자감사를 실현함으로써 국가 감사 활동을 종합적으로 조정하여 감사 중복 및 감사 사각을 방지하고, 감사지식의 체계적인 관리로 감사 업무의 전문성 및 생산성을 확보하며, 행정정보 시스템의 연계를 통한 IT 자료의 상시 수집·분석 평가 체제를 구축하여 예방감사 효과를 극대화함과 동시에 성과감사를 효과적으로 지원하는 것을 주요한 목표로 하고 있다.

감사원이 추진하고 있는 전자감사 시스템은 국가감사 통합 시스템, 전자감사관리 시스템, 감사지식관리 시스템, IT자료 수집·분석 시스템 그리고 감사 포털(EP: Enterprise Portal) 시스템으로 구성되어 있다.

〈표 5-1〉 감사원 전자감사 시스템의 주요 내용

세부 감사 시스템	주요 내용
국가감사 통합 시스템	• 자체감사기구에서 활용할 수 있는 e-감사 프로그램 개발 • 감사 지식 및 IT 자료를 공유할 수 있는 쌍방향 시스템 구축
전자감사 관리 시스템	• 감사 절차에 따른 자료관리 및 전자결재 기능 • 성과평가 감사를 지원하는 감사 현장(감사팀별) 관리 기능 • 감사위원회의 전자회의 기능

국가감사 통합 시스템은 자체감사기구의 감사 업무 지원 프로그램을 개발하고 네트워크로 연결하여 감사계획 조정, 감사정보 공유, 감사문서 등 전자문서 유통을 실현하는 시스템이며, 전자감사관리 시스템은 감사대상 평가 선정, 감사계획 수립/조정, 감사자료 관리, 현장감사 관리, 감사결과관리, 감사위원회 전자회의 등 감사 업무 전체를 전자적으로 처리하는 시스템이다.

감사지식관리 시스템은 감사편람, 감사계획, 감사 결과, 대상기관 정보, 감사 매뉴얼, 감사 착안 사항, 우수 사례 및 법령 정보 등을 통합해 대상 기관별, 사업별, 감사 사항별, 부서별 등으로 감사 지식을 제공하는 시스템이다.

IT자료 수집·분석 시스템은 실지감사 수행 전 관련 자료 분석을 통하여 사전감사 준비를 충실하게 하고, 각 부처에 어떤 자료가 있는지 쉽게 파악할 수 있도록 하는 것을 목적으로 하고 있다. 이를 위하여 예산, 재정, 조달 등 재무 관련 자료를 실시간 수집 분석할 수 있도록 하고, 감사에 자주 활용되는 관세청 등 8개 기관의 수출입, 연금 · 보험 등 12종의 자료를 정기적으로 수집 · 관리하며, 그 밖에 항상 수집할 필요는 없으나 감사에 활용할 수 있는 36개 중앙행정기관의 390개 데이터베이스 정보를 제공하도록 설계되어 있다. 마지막으로 감사포털 시스템은 감사지식관리, 전자감사관리, IT 자료 수집 · 분석, 전자결재 등의 업무 시스템을 통합하여 운영하는 시스템을 말한다.

감사원의 전자감사 시스템의 목표 시스템 개념을 간단히 요약하면 [그림 5-1]과 같다.

[그림 5-1] 감사원의 전자감사 시스템 목표 시스템 개념도

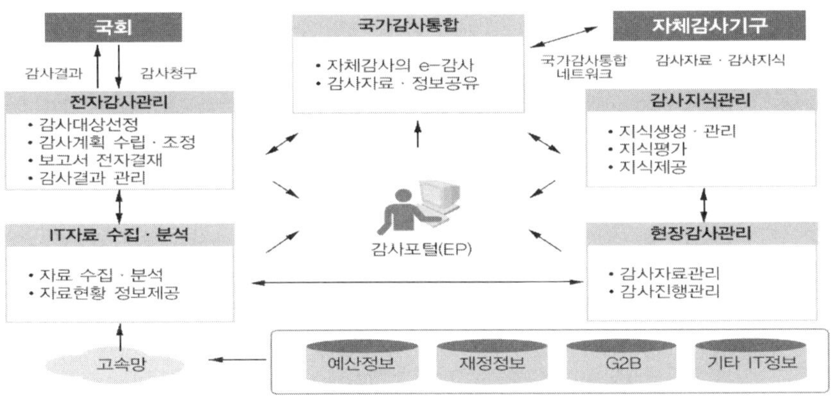

출처: 정부혁신지방분권위원회(2006), 「참여정부의 전자정부」, p. 145.

감사원은 전자감사 시스템의 구축을 통하여 다음과 같은 효과를 기대하고 있다.[6] 첫째, 감사 매뉴얼에 따라 감사 절차를 표준화하고 감사 종류별 절차에 따른 감사 진행관리로 감사 성과를 확보하게 된다. 둘째, 감사 결과

6) http:/www.korea.go.kr/portal/egov/AA160 service04.jsp

취합, 보고서 생성, 전자결재 등 감사 결과의 처리를 자동화하고 동시 동보(同時同報) 기술을 활용하여 전자회의를 진행할 수 있게 된다. 셋째, 각종 감사문서 및 규정과 감사관 개인이 보유한 감사 관련 지식을 취합하고 이들을 체계적으로 제공하게 된다. 넷째, 자체감사기구가 감사원과 쌍방향으로 정보를 제공하고 활용함으로써 자체감사기구의 자체감사 기능이 강화되고 감사 역량이 증대된다. 다섯째, 상시 수집된 자료를 활용한 분석 등으로 수감기관의 감사자료 제출로 인한 감사 부담을 경감하고 대면감사를 축소하게 된다. 여섯째, 감사 결과의 적극적 공개 및 체계적이고 신뢰성 있는 국정 정보 제공으로 대(對)국민 서비스를 향상하게 된다.

감사원뿐만 아니라 다른 국가기관, 공적 단체, 지방자치단체, 정부투자기관 등에서도 전자감사를 위한 감사정보 시스템의 구축이 추진되고 있다.[7] 최근 들어 서울특별시의 경우 '시·도 행정감사관리 시스템(행자부 개발)'과 '행정포털 커뮤니티'의 각 기능을 활용하여 '감사정보 시스템(행정포털[8] 커뮤니티 내)'을 구축하고 감사인이 고급 정보를 손쉽게 열람하여 효율적으로 감사를 추진할 수 있는 기반을 마련하였다(서울시감사관, 2006).

---

7) 전라남도 교육청의 경우 1999년 3월에 교육행정전산망에 개설한 Cyber '감사정보' 사이트는 각종 감사정보의 제공으로 열린 감사와 예방감사 체제를 구축하고 정보화 등 감사 환경 변화에 대응하여 교육행정의 전문성을 향상하며 자체감사요원에 대한 감사 업무의 전문화와 감사기법 선진화를 위하여 사이버 공간을 활용하는 제도로서 감사 방향(소식), 업무 개선 연구사례, 주요 지침, 질의 회신 등 감사 관련 각종 정보를 제공하고 있다. 또한 Cyber '감사정보' 사이트에는 감사 방향은 물론 감사원 변상결정사례집, 감사 업무를 위한 계약관계법 변천(요약), 회계 관련 질의 회신 등을 탑재하여 각종 감사정보의 공유를 통하여 열린 감사와 예방감사 활동을 강화해 나가고, 교육행정 정보화의 지원과 업무처리시 시행착오를 사전 예방하고 있다. 앞으로 감사자료를 더욱 확대·탑재하고 있으며, 앞으로 공공기관의 개인 정보 보호와 공공성의 측면에서 세부 검토를 거쳐 점진적으로 인터넷 홈페이지 탑재도 늘려나갈 계획이다. 국민연금관리공단의 경우 감사 착안에서 조치 결과까지 일련의 과정을 정보화함으로써 감사의 능률성과 투명성을 확보하고, 감사 관련 자료의 효율적 관리를 위하여 감사정보화 시스템 개발을 1998년 7월부터 시작하여 시범 운영 및 보완 등을 거쳐 1999년 말에 완료하였다. 감사 프로그램은 2000년 실지감사부터 운용 중에 있으며, 1999년 이전 자료에 대하여 데이터베이스를 구축하였으며, 감사 프로그램 이용을 지사에 확대하여 감사 관련 사항 및 수감 현황을 감사실과 지사 간에 실시간(real-time)으로 자료를 공유케 하고, 지사 자체 수감 현황을 사안별로 보관·분석함으로써 업무정보의 공유화와 업무 개선의 기초자료로 사용하고 있다.

8) 행정포털이란 하나의 창구를 통하여 각종 시스템(전자문서 시스템, 게시판, 커뮤니티[동호회] 등)을 사용할 수 있는 시스템을 말한다.

제 3 절 감사정보의 관리 현황

감사정보의 관리 현황에 대하여 관리하고 있는 감사정보, 감사정보관리에 관한 전반적인 평가, 자체감사 매뉴얼(편람)의 활용, 그리고 감사정보 관리의 기반이 되는 감사정보 시스템으로 나누어 설문조사 결과를 중심으로 살펴보고자 한다.

1 관리하고 있는 감사정보

자체감사기구가 축적 · 관리하고 있는 감사정보의 종류를 전반적으로 살펴보면, <표 5-2>와 같이 감사대상 업무 관련 법령 · 지침 · 편람, 감사 결과 보고서, 감사대상기관 현황, 감사대상기관 예산서 · 결산서, 내부 수집 정보자료, 자체감사 매뉴얼, 언론보도 사항의 순으로 나타났다. 감사대상 업무 관련 법령 · 지침 · 편람와 감사결과보고서는 응답기관의 95% 이상이 축적 · 관리하고 있는 반면, 자체감사 매뉴얼의 경우 약 35%가 관리하고 있지

〈표 5-2〉 기관 유형별 축적관리 감사 정보(복수 응답)

구 분	감사대상 기관 현황	감사 관련 법령 · 지침 · 편람	감사대상 기관 예산서	내부수집 정보자료	언론보도 사항	감사결과 보고서	자체감사 매뉴얼	계
공적 단체	52	59	56	47	35	59	40	60
교육자치단체	15	15	14	9	11	15	14	16
국가기관	41	44	35	27	19	40	25	45
정부투자기관	13	14	14	12	10	14	9	14
지방자치단체	16	16	13	13	14	16	11	16
합계 (유효 백분율)	137 (90.73%)	148 (98.01%)	132 (87.42%)	108 (71.52%)	89 (58.94%)	144 (95.36%)	99 (65.56%)	151

않은 것으로 나타났다.

이들 응답을 기관 유형별로 살펴보면 지방자치단체와 정부투자기관의 감사정보 축적이 다른 기관 유형에 비하여 잘되고 있는데 반하여, 국가기관의 감사정보 축적이 상대적으로 잘 안 되고 있는 것을 볼 수 있다. 특히 공적 단체와 국가기관의 약 60% 정도만 자체감사 매뉴얼을 축적·관리하고 있는 것으로 나타났다.

2 감사정보관리에 대한 전반적인 평가

자체감사기구의 감사정보관리에 대한 전반적인 자체평가를 살펴보면, <표 5-3>과 같이 응답기관의 95%가 보통 이상으로 응답하였으며, 아주 잘됨으로 응답한 기관이 셋(기업은행, 건강보험심사평가원, 육군본부), 전혀 안 됨으로 응답한 기관이 하나(광주교육청) 있었다. 이들 응답을 기관 유형별로 살펴보면 공적 단체가 가장 높은 3.57을 기록한 반면, 정부투자기관은 가장 낮은 3.07을 기록하였다. 물론 이들 응답은 응답자가 생각하는 '잘되고 있는 기준'이 다를 수 있기 때문에 객관적인 비교가 어렵다고 할 수 있다.

〈표 5-3〉 기관 유형별 감사정보의 전반적 관리

구 분	전혀 안 됨	안 됨	보통	잘됨	아주 잘됨	계	평균
공적 단체	0	2	24	32	2	60	3.57
교육자치단체	1	0	7	8	0	16	3.38
국가기관	0	2	26	16	1	45	3.36
정부투자기관	0	3	7	4	0	14	3.07
지방자치단체	0	0	8	8	0	16	3.50
합계 (유효 백분율)	1 (0.66%)	7 (4.64%)	72 (47.68%)	68 (45.03%)	3 (1.99%)	151 (100%)	3.43

3 자체감사 매뉴얼(편람)의 활용

자체감사 매뉴얼은 <표 5-4>와 같이 응답기관의 약 70%가 보유하고 있으며, 보유하고 있는 기관의 68%는 적절하게 활용하고 있는 것으로 나타났다. 그러나 활용하지 않고 있는 기관도 한 개 기관이 있으며, 적절하게 활용하지 못하고 있는 기관도 약 31%를 차지하였다.

〈표 5-4〉 기관 유형별 자체감사 매뉴얼 활용 정도

구 분	전혀 활용 않음	활용 않음	보통	활용함	적극 활용함	계	평균
공적 단체	0	0	11	19	8	38	3.92
교육자치단체	0	1	2	10	2	15	3.87
국가기관	0	0	11	13	3	27	3.70
정부투자기관	0	0	2	6	2	10	4.00
지방자치단체	0	0	6	7	0	13	3.54
합계 (유효 백분율)	0 (0.00%)	1 (0.97%)	32 (31.07%)	55 (53.40%)	15 (14.56%)	103 (100.0%)	3.82

〈표 5-5〉 기관 유형별 자체감사 매뉴얼 미활용 이유

구 분	자체감사에 필요한 정보를 충분히 담고 있지 못함	지속적으로 업데이트가 되지 못함	매뉴얼이 우리 기관의 성격에 부합되지 못함	기타	계
공적 단체	7	10	0	4	20
교육자치단체	3	4	2	0	7
국가기관	9	8	2	5	23
정부투자기관	1	4	2	0	6
지방자치단체	4	5	0	1	9
합계 (유효 백분율)	24 (36.92%)	31 (47.69%)	6 (9.23%)	10 (15.38%)	65 (100%)

한편, 자체감사 매뉴얼이 활용되지 않는 이유를 살펴보면, <표 5-5>와 같이 응답기관의 약 48%가 '지속적으로 업데이트(update)가 되지 못함'을 가장 큰 이유로 꼽았으며, '자체감사에 필요한 정보를 충분히 담고 있지 못함'에 대해서도 약 37%가 응답하였다. 여섯 기관(교육자치단체 둘, 국가기관 둘, 정부투자기관 둘)의 경우에는 자체감사 매뉴얼이 기관의 성격을 제대로 반영하고 못하고 있다고 응답하였다.

4 감사정보 시스템 현황

1) 감사정보의 전자적 관리

보유하고 있는 감사정보를 어느 정도 전자적 형태로 관리하고 있느냐는 질문에 대해서는 <표 5-6>과 같이 감사정보의 64% 이상을 전자적 형태로 관리하고 있다고 응답한 기관이 약 40%였으며, 특히 응답기관의 약 9%는 '80% 이상'의 감사정보를 전자적으로 관리하고 있다고 하였다. 이에 반하여 전자적 형태의 관리가 20% 이하라고 응답한 기관도 약 17%에 달하였다. 이는 아직도 우리 나라 자체감사기구의 감사정보 전자관리 수준이 전반적으로 낮음을 보여 줄 뿐만 아니라. 기관 유형과 자체감사기구의 성격에 따라 감사정보의 전자적 관리 수준에 격차가 많음을 보여 주는 것이다.

〈표 5-6〉 기관 유형별 감사정보의 전자적 형태 관리

구 분	20% 이하	40% 이하	60% 이하	80% 이하	80% 이상	계
공적 단체	11	7	14	19	9	60
교육자치단체	3	5	4	3	1	16
국가기관	8	8	12	16	1	45
정부투자기관	2	2	3	4	2	13
지방자치단체	1	2	6	6	1	16
합계 (유효 백분율)	25 (16.67%)	24 (16.00%)	39 (26.00%)	48 (32.00%)	14 (9.33%)	150 (100%)

2) 감사정보 시스템의 자체 구축

자체적으로 감사정보 시스템을 구축하고 있는 기관은 <표 5-7>과 같이 응답기관의 44%를 차지하고 있으며, 56%는 감사정보 시스템을 자체적으로 구축하지 않았다. 기관 유형별로 보면 정부투자기관과 지방자치단체의 감사정보 시스템 자체 구축 비율이 50%를 넘는 반면, 교육자치단체의 감사정보 시스템 자체 구축 비율은 약 30%에 가깝다.

〈표 5-7〉 기관 유형별 자체적 감사정보 시스템의 구축

구 분	구축	미구축	계
공적 단체	30	30	60
교육자치단체	5	11	16
국가기관	14	30	44
정부투자기관	8	6	14
지방자치단체	9	7	16
합계 (유효 백분율)	66 (44.00%)	84 (56.00%)	150 (100%)

3) 감사원 감사정보 시스템과의 연계

자체감사기구가 감사자료 교환, 감사 관련 보고 등과 관련하여 감사원의 감사정보 시스템과 어느 정도 연결되고 있느냐는 질문에 대해 '아주 잘되고 있다'고 응답한 기관이 <표 5-8>과 같이 약 3%인 반면,[9] '전혀 안 된다'고 한 기관은 약 14%에 달하였다. 전반적으로 볼 때 전체 평균이 보통인 3점보다 낮게 나타났으며, 이는 감사원의 감사정보 시스템과의 연계가 제대로 되지 않고 있음을 보여 준다.

잘 안 되고 있는 이유를 구체적으로 적으라는 개방형 질문에 대해서는 시스템 간 상호 호환성 결여와 감사원 감사정보 시스템의 복잡한 프로그램 인터페이스로 인한 사용자 편의성 부족 등 시스템 측면의 지적이 많았다.

9) 감사원 감사정보 시스템과의 연계가 아주 잘되고 있다고 응답한 기관은 4곳으로 한국교육방송공사, 서울특별시 시설관리공단, 충북교육청, 대한광업진흥공사이다.

〈표 5-8〉 기관 유형별 감사원 감사정보 시스템 간의 연계 정도

구 분	전혀 안 됨	안 됨	보통	잘됨	아주 잘됨	계	평균
공적 단체	12	11	21	13	2	59	2.69
교육자치단체	2	6	6	1	1	16	2.56
국가기관	3	11	22	4	0	40	2.68
정부투자기관	2	4	6	0	1	13	2.54
지방자치단체	1	5	7	3	0	16	2.75
합계 (유효 백분율)	20 (13.89%)	37 (25.69%)	62 (43.06%)	21 (14.58%)	4 (2.78%)	144 (100%)	2.67

예를 들면, 교육인적자원부 교육행정정보 시스템(NEIS)의 감사 업무 시스템과 감사원 감사정보 시스템 간에 시스템 연계가 되지 않아 비슷한 자료를 중복으로 입력하는 불편함이 있었다. 또한 시스템의 활용이 자체감사에 도움이 되기보다는 자체감사 결과의 감사원 보고 치중 및 방대한 입력 요구사항 등 일방통행식 운영 측면에 대한 불만을 표시하는 기관도 있었다.[10]

따라서 감사원의 감사정보 시스템의 운영은 시스템적으로는 상호 호환성을 높일 뿐 아니라, 시스템 사용자의 의견을 수시로 취합하고 이를 반영하는 수요자 중심의 운영에 더 많은 관심을 가지는 것이 필요하다. 특히 자체감사기구의 감사 업무 지원이 가능하도록 새롭게 구축된 e-감사 시스템은 자체감사기구의 편의성을 최대한 높일 수 있도록 운영되어야 한다. 이와 함께 각 기관별로 감사환경과 기관 성격의 특수성을 잘 고려한 감사정보 시스템의 유연한 운영이 필요하다고 하겠다.

참여정부 전자정부 로드맵으로 추진되고 있는 국가감사 통합 시스템은 자체감사기구의 감사 업무 지원 프로그램을 개발하고 네트워크로 연결하여 감사계획 조정, 감사정보 공유, 감사문서 등 전자문서 유통을 실현하는 시스템이다. 국가감사 통합 시스템의 구축이 추진되고 있음을 인지하고 있는

10) 이 연구의 설문조사는 e-감사 시스템이 본격적으로 가동되기 시작한 2006년 11월 1일 이전인 9월 말에서 10월 중순에 걸쳐 실시되었다. 따라서 응답 결과는 자체감사기구 실무자들의 새로 가동된 e-감사 시스템에 대한 충분한 이해를 바탕으로 조사되었다고 보기는 어렵다.

가에 대한 질문에 대하여 <표 5-9>와 같이 응답기관의 약 13%인 20개 기관이 인지하지 못하고 있는 것으로 나타났다. 국가감사 통합 시스템의 구축은 자체감사기구의 감사정보관리에 많은 도움을 줄 수 있을 것으로 예상되므로, 좀더 적극적인 홍보 노력을 통하여 구축 후 자체감사기구이 적극적으로 활용하도록 하는 데에 더 많은 관심을 가져야 할 것이다.

〈표 5-9〉 기관 유형별 감사원의 국가감사 통합 시스템 구축 인지 여부

구 분	인지	미인지	계
공적 단체	55	5	60
교육자치단체	16	0	16
국가기관	37	9	46
정부투자기관	11	3	14
지방자치단체	13	3	16
합계 (유효 백분율)	132 (86.84%)	20 (13.16%)	152 (100%)

국가감사 통합 시스템이 자체감사 효과성 제고에 어느 정도 영향을 줄 것인가에 대한 답변에서는 <표 5-10>에서 보는 바와 같이 응답기관의 약 63%가 도움이 된다고 하였으며, 도움이 안 된다고 응답한 기관도 약 7%가

〈표 5-10〉 기관 유형별 자체감사 효과성 제고에 대한 국가감사통합 시스템의 영향

구 분	전혀 도움 안 됨	도움 안 됨	보통	도움됨	아주 도움됨	계	평균
공적 단체	0	5	15	37	3	60	3.63
교육자치단체	0	0	9	5	2	16	3.56
국가기관	0	4	11	26	4	45	3.67
정부투자기관	0	2	3	8	1	14	3.57
지방자치단체	0	0	7	7	2	16	3.69
합계 (유효 백분율)	0 (0.00%)	11 (7.28%)	45 (29.80%)	83 (54.97%)	12 (7.95%)	151 (100%)	3.64

있었다. 기관들의 응답 평균들 간에는 별다른 차이를 발견할 수 없다.

국가감사 통합 시스템이 자체감사기구에서 더욱 효과적으로 운영되기 위하여 감사원에 요청하고 싶은 사항을 적으라는 개방형 질문에 대해서는 감사자료 공유에 대한 요구가 많았다. 특히 감사원에서 보유하고 있는 최신 감사기법, 감사업무 자료, 감사 지식 등을 시스템 상에서 자체감사기구와 공유하는 것이 필요하다고 하였다. 이와 함께 유사기관 감사자료 공유를 원활히 할 수 있도록 분야별·사례별로 다양한 검색 기능을 갖추도록 하여야 한다는 요구도 있었다. 또한 시스템적으로 서식의 표준화가 필요하며, 연계 프로그램의 개발을 통하여 업무 중복을 방지해야 한다는 요구도 있었다. 더 나아가 국가감사 통합 시스템의 활용이 극대화되기 위해서는 각 기관별 다양한 업무 방법과 특성을 반영하고 전산환경을 확인한 후에 충분한 시험을 통하여 좀더 점진적으로 시행할 필요가 있다는 지적도 있었다.

제 4 절 감사정보관리의 바람직한 방향

감사정보의 체계적인 관리는 효율적인 자체감사를 뒷받침하는 중요한 기반이 된다. 감사정보관리가 더욱 체계적으로 되기 위해서는 다음의 방향으로 지속적인 노력이 있어야 할 것이다.

첫째, 자체감사 매뉴얼의 질적인 보완을 통하여 활용도를 높이는 데 노력하여야 한다. 설문 결과 자체감사 매뉴얼의 활용도는 상대적으로 낮은 것으로 나타났다. 자체감사 매뉴얼이 좀더 적극적으로 활용될 수 있기 위해서는 자체감사에 필요한 정보를 충분히 담을 수 있도록 하여야 하며, 이와 함께 내용의 지속적인 업데이트가 뒤따라야 한다. 일부 기관이기는 하였으나 기관의 성격과 부합되지 않은 자체감사 매뉴얼을 가지고 있다는 것은 심각한 문제이다.

둘째, 감사정보의 전자적 관리에 더 많은 관심을 가져야 한다. 감사정보의 전자적 관리는 전반적으로 낮은 수준을 보이고 있으며, 기관에 따라 큰 차이를 보이고 있다. 감사정보의 전자적 관리는 자체감사기구의 역량과 직결된다. 감사에 필요한 각종 자료를 데이터베이스로 구축하여 감사인이 손쉽게 관련 감사정보를 열람하고 이를 활용하여 감사 품질을 높일 수 있도록 하여야 한다.

셋째, 감사원의 감사정보 시스템과 자체감사기구의 시스템과의 연계를 강화하여야 한다. 현재 제기되고 있는 사용자의 불편이나 시스템 간의 상호 호환성 결여, 감사보고 및 입력 위주의 운영 등의 문제점을 적극적으로 개선해 나가야 한다. 특히 자체감사기구별로 감사환경이 다르고 기관의 성격이 다르기 때문에 이들 기관의 특수성을 고려하여 감사정보 시스템을 유연하게 운영할 필요가 있다.

넷째, 현재 전자정부 로드맵으로 추진되고 있는 국가감사 통합 시스템에 대한 홍보와 효과적인 운영을 위한 방안을 마련하여야 한다. 시스템의 구축과 활용은 전혀 다른 문제이다. 아무리 좋은 시스템이 구축되어도 실수요자가 활용하지 않으면 시스템은 구축 목적을 달성할 수 없다. 따라서 아직 인지하지 못하고 있는 기관에 대해서는 적극적으로 홍보하여야 하며, 자체감사기구가 국가감사 통합 시스템을 활용하는 데 예상되는 문제점들을 점검하고 보완해 나가야 한다. 이와 함께 시스템에 담길 콘텐트가 자체감사기구의 필요를 충족시켜 줄 수 있도록 개발되어야 한다.

제6장 자체감사기구의 독립성

제1절 자체감사기구 독립성의 의의와 필요성

1 자체감사기구 독립성의 의의

감사의 독립성(independency)이란 감사 업무를 수행할 때 정치적·경제적·사회적 환경으로부터 영향을 받지 아니하고 독자적으로 업무를 처리하는 것을 말한다. 이런 의미에서 감사의 독립성은 공공감사를 수행할 때 가장 중요한 표준의 하나이며(김명수, 1998: 6), 정부 감사를 위한 필수 조건(sine qua non)이다(INTOSAI, 2004: 6). 또한 감사의 독립성은 효과적인 정부의 전제 조건이며, 감사 결과에 대한 신뢰성을 확보하기 위한 도구이고, 감사 업무를 객관적으로 수행하기 위한 장치이며, 감사의 품질을 유지하기 위한 수단이기도 하다.

이런 의미에 비추어, 자체감사기구의 독립성이란 각 기관이 외부기관뿐만 아니라 자체 기관의 장으로부터 감사 업무를 수행할 때 실질적인 독립성을 가지는 것이며, 또한 자체감사요원도 기관의 정책, 절차, 운영 실태를 검토할 때 편견 없이(without prejudice) 전문가적 판단으로 업무를 수행하는 태도를 말한다. 이는 자체감사기구가 자체기관으로부터 독립성을 가져야 할 뿐만 아니라 감사요원도 피감사기관과 외부 이익집단들의 압력으로부터 자유로워야 하며, 독립적인 태도를 취해야 한다.

자체감사기구의 독립성에 대하여 이주희(1998: 33)는 ① 감사 업무 수행상의 독립성, ② 감사요원의 신분상 독립성, ③ 자체감사기구 운용에 관련된 재정상의 독립성 등을 제시하고 있으며, 리마선언(Lima Declaration)은 최고감사기구의 독립성 원칙으로 ① 조직적 독립성, ② 기능적 독립성, ③ 재정상의 독립성을 제시하고 있다(INTOSAI, 2004: 5-6).

이 책에서는 ① 감사 업무 수행의 기능적·운영상의 독립성, ② 조직상의 독립성, ③ 재정상의 독립성과 더불어 ④ 자체감사기구의 장이 상급기관과 기관의 장에게 감사결과보고서를 직접 보고할 수 있는 보고의 불간섭성과 감사 관련 정보에 대하여 자유롭게 접근할 수 있는 권한을 보유하고 있는 것을 포함한다.

첫째, 자체감사기구가 감사 활동을 수행할 때에는 충분한 독립성을 확보하여야 한다. 자체감사요원은 공평하고(impartial), 전문가적 판단과 권고(recommendations)의 의무를 이행하여야 한다(Department of Health, 2002). 또한 감사 업무를 수행할 때에는 문제점의 인식, 감사의 접근 방법, 감사 기법의 사용, 증거 획득, 보고 및 처리 등 감사 수행의 전체 과정과 감사기구의 운영시에 자율성을 가져야 한다.

둘째, 조직상의 독립성은 자체감사기구의 조직상 독립성과 감사요원의 독립성을 의미한다. 자체감사기구의 조직상 독립성은 자체감사요원이 집행적 책임성(executive responsibilities)을 담당하지 않고, 그리고 효과적인 자체감사 업무를 수행할 수 있는 적절한 지위(sufficient status)가 보장되어야 할 것이다(Department of Health, 2002). 또한 자체감사기구가 감사 업무를 수행할 때 독립성을 갖추기 위해서는 자체감사요원의 신분 보장이 확보되어야 한다. 특히 자체감사기구의 장은 법령에 의하여 엄격히 그 신분을 보호하고, 탄핵 또는 건강상 문제 같은 특별한 사유 이외에는 정치 권력 등 외부기관으로부터 해임을 당하지 아니하도록 하는 신분상 독립성이 확보되어야 한다. 나아가 감사요원은 피감사기관과 외부 이익집단으로부터 독립성을 유지하여야 할 뿐만 아니라 감사 사항을 다루면서 객관성(objective)을 유지하기 위하여 노력하여야 한다(INTOSAI, 1998).

셋째, 자체감사기구는 재정상 독립성을 확보하여야 한다. 최고 감사기구의 재정은 예산으로 편성되는 것이 보통이지만, 각국은 사법부, 선거기구 등과 같이 행정부나 의회로부터 예산상 제한에 의한 간섭을 배제하기 위한 장치를 마련하고 있다. INTOSAI에 의하면, 재정상 독립성(financial independence)이란 최고 감사기구가 국가 예산을 담당하는 기관에 대하여 기관이 필요로 하는 예산을 직접 신청할 수 있는 것을 의미하며, 또한 최고 감사기구(SAI)가 회계연도 동안 자유롭게 예산 지출을 처리할 수 있는 것을 의미한다(INTOSAI, 2004: 6). 이런 맥락에서 자체감사기구도 예산 및 자원관리와 지출과 관련하여 적절한 제도적 장치가 보장되어야 한다.

넷째, 자체감사기구가 실시한 감사에 대한 결과보고서를 기관장에게 보고할 때 의결기관이나 집행 부서로부터 간섭을 받지 않을 제도적 장치가 마련되어야 할 것이다. 이런 맥락에서 영국 국가보건성 자체감사 기준에도 자체감사기구의 장은 기관장에게 기관의 위기관리, 통제 및 거버넌스 이슈 등의 모든 감사 결과를 신속하게 보고할 것을 규정하고 있으며(Department of Health, 2002), 우리 나라 공공감사기준 제8조 7항에도 자체감사기구가 수행한 감사 결과를 소속 기관장이나 부기관장에게 자유로이 보고할 것을 규정하고 있다.

2 자체감사기구 독립성의 필요성

우리 나라 자체감사기구가 감사 업무 수행시에 독립성이 요구되는 이유는 다음과 같이 정리할 수 있을 것이다. 첫째, <표 6-1>과 같이 2006년 현재 감사원 감사대상기관이 64,536개이고, 대상 인원은 1,201,387명(선택적 감사대상기관 제외)이며, 2005년도에 실지감사를 실시한 기관 수는 감사대상기관의 1.7%인 1,100개에 불과한 실정이다(감사원, 2006). 이에 감사 사각지대의 해소를 위한 자체감사기구의 역할이 매우 중요하며, 더욱이 자체감사기구의 독립성이 전제될 때, 공정하고 실질적인 자체감사가 이루어질 수 있으며, 감사 결과에 대한 신뢰성을 제고하게 될 것이다.

둘째, 지방자치가 정착됨에 따라 지방정부의 권한이 확대되고 있다. 이에

〈표 6-1〉 감사원의 감사대상기관 수와 인원 현황(2006년 11월 현재)

구 분	합 계	필요적 감사 대상				선택적 감사 대상
		계	국가기관	지방자치단체	정부투자기관 등	
기관 수	64,536	35,356	9,614	23,991	1,751	29,180
인 원	1,201,387*	1,201,387	390,819	679,150	122,764	-

자료: 감사원 내부자료(2006).
*선택적 감사대상기관의 인원 제외.

부응하여 지방정부 수준에서의 비리 및 부조리 증가 가능성이 높아졌으며, 상대적으로 중앙정부의 통제가 약화되고 이를 보완할 수 있는 통제 장치가 충분히 마련되지 않은 상태이다. 또한 지방자치단체장의 치적 홍보와 선심 행정의 결과로 재정적 곤란을 겪고 있는 문제라든지, 세무 비리, 인허가 업무를 둘러싼 금품 수수 사례 등 그 유형과 건수가 점차로 증가하는 추세를 보이고 있다(최유성, 1998: 81-82). 이러한 지방자치단체의 현실을 비추어 볼 때, 지방자치단체가 자체감사기구의 독립성을 확보해 줌으로써 행정권의 남용이나 오용을 사전에 예방할 수 있는 자율적인 시정 기능이 향상될 수 있을 것이다.

셋째, 상급기관에 의한 감사의 부작용은 감사의 본래 목적이나 기능을 상실할 수 있다.[1] 이는 피감사자로 하여금 적극적인 업무 처리를 기피하고 책임 회피와 무사안일 풍조를 야기함으로써 오히려 행정의 경직성과 비능률성을 초래할 수 있다.[2] 이런 문제점을 줄이는 방안으로 상급기관의 감사

1) 공통적으로 지적되는 상급기관에 의한 감사 문제로 행정자치부 중심의 정부합동감사의 경우, 감사 인력의 부족, 전문성 결여로 감사 실효성 문제가 제기되고 있고, 시·도 감사관이 시·군·구에 행하는 감사는 시·도 감사공무원의 전문성이 낮고 인력도 부족하여 내실감사가 이루어지지 않고 있다(정세욱, 2004).

2) 이 점에서 이규환(2006)도 빈번한 중복감사가 공공감사의 효율성에 심각한 손상을 주고 있을 뿐만 아니라 지방자치단체의 입장에서 보면 자율행정의 저해, 창의력 위축, 공무원의 사기 저하, 감사를 의식한 보신주의적 업무 처리, 감사자료 작성 등에 따른 과도한 부담과 행정력 낭비 등의 문제점이 발생한다고 지적하고, 지방자치단체에 대한 중앙감사기관의 축소 조정과 각급 감사기관 간 연계 강화와 역할 분담 감사를 주장하고 있다. 반면에 신정완(2006)은 서울시를 제외한 전국 15개 시·도에 대한 정부합동감사 결과 총 5,848건의 위법 사항을 적발하고, 지방세 부과 징수 누락과 공사·용역비 과다설계 등과 관련하여 1,984억 원을 추징·환수하였으며, 3,652명의 공무원을 징계 또는 훈계 등 조치

보다는 자체감사의 기능을 제고하기 위한 방안들을 강화할 필요가 있다. 이 점에서, 2005년의 설문조사 결과 응답자의 67%가 자체감사를 강화하는 것이 바람직하다는 데 동의하고 있다(강정석, 2005: 79-80).[3]

이와같이 자체감사기구가 감사 사각지대에 대한 해결, 지방정부 권한 확대에 따른 부작용의 예방, 자체감사기구의 역량 강화의 필요성 등의 측면에서 자체감사기구의 독립성 문제가 중요한 과제라 할 것이다.

제 2 절 자체감사기구의 독립성 연구

자체감사기구의 독립성에 관련된 선행연구들은 현재의 자체감사기구가 감사 업무를 수행할 때 독립성이 미흡하다는 점과 자체감사 기능을 향상시키기 위한 수단으로 자체감사기구의 독립성을 강화하는 방안이 모색되어야 한다는 점에서 동의하고 있다. 특히 지방자치단체의 자체감사기구에 대한 평가에서, 감사의 독립성이 결여되어 감사가 형식화되고 있으며, 지방자치단체의 행정환경 변화에 자체감사기구가 적절하게 부응하지 못한 점을 지적하고 있다. 이에 지방분권화에 따라 지방자치단체의 자체감사 기능은 강화되어야 할 것이다.

1 자체감사기구 독립성 미흡의 지적 사항

먼저, 기존 연구들은 자체감사기구의 독립성 확보에 대한 문제점으로 <표 6-2>과 같이 ① 자체감사기구의 조직상 독립성 미흡-감사의 독립성에 대한 제도적 보장 미흡, ② 감사요원의 신분상 독립성 결여-승진제도상

하고, 248건의 제도 개선을 요구하는 등 정부합동감사가 오히려 지방자치단체 행정의 투명성과 책임성을 제고하는 유용한 방안이라고 주장하고 있다.

3) 이 설문은 44개 중앙행정기관과 250개의 지방자치단체 혁신기획담당관들을 대상으로 실시하였으며, 설문조사는 2005년 10월 초부터 10월 말까지 이루어진 것이다. 자세한 내용은 강정석(2005) 참조할 것.

의 영향(승진 적체가 심하고 감사요원에 대한 별도심사가 이루어지지 않음), ③ 자체감사기구 장의 낮은 직급으로 인한 업무상 독립성의 결여, ④ 자체감사요원의 순환보직에 따른 업무상 독립성의 결여-감사요원이 감사 대상 부서로 언제 전보되어 근무하게 될지 알 수 없는 상태에서 동료나 상사에게 인심을 잃기 쉽다는 이유 등, ⑤ 감사 부서의 축소, ⑥ 감사 인력에 대한 동기 부여 미흡 등을 제시하고 있다.

이러한 문제점과 더불어 감사원(2006b)이 실시한 자체감사기구의 운영 실태 감사에 따르면, 감사원은 자체감사기구의 독립성과 관련하여 ① 감사 책임자 전보 조치의 부적정, ② 감사 부서 직원 전보제한 기간 미준수, ③ 감사 부서 직원의 근무가점제도 미비, ④ 감사 인력 운영의 부적정, ⑤ 행정사무 감사규정의 미준수 등의 문제점을 지적하고 있다.

2 자체감사기구 독립성 확보 방안 연구

기존 연구들은 자체감사기구의 독립성을 강화하고자 제시된 방안으로 <표 6-2>와 같이 ① 자체감사기구의 법적 독립성 명문화[4], ② 감사위원회 제도의 도입, ③ 감사기구의 기관장 직속으로 위치, ④ 감사기구 장의 직급 격상, ⑤ 감사요원의 신분 보장, ⑥ 감사 부서장에게 감사요원의 선발권을 부여하는 방안, ⑦ 감사 인력에 대한 인사상의 우대 및 감사활동비의 현실화 등을 제시하고 있다.

〈표 6-2〉 감사기구 독립성의 문제점과 개선 사항

구 분	독립성의 문제점	개선 방안
부정방지 대책위원회 (1993)	-감사 업무의 독립성 결여 -감사자 신분상의 독립성 결여	-감사 업무의 독립성 보장(독립성 명문화, 기관장 직속, 감사책임자의 지급을 일선 부서장 직급과 같게, 감사부서장에게 감사요원 선발권 부여)

4) 이에 대한 반대 의견으로, 안영훈(2005: 180)은 자체감사가 내부통제 수단의 하나로 자율성이 부여되어야 하기 때문에 집행기관의 내부감사기구에 대하여 독립성을 부여하기보다는 단체장이 스스로 직접적으로 활용할 수 있도록 제도를 개선하여야 한다고 주장하고 있다.

김명수· 박준 (1995)	-감사 업무의 독립성 결여: ① 감사의 독립성을 보장할 제도적 규정 결여, ② 감사책임자가 부기관장의 직속으로 독립성 저해, ③ 감사책임자의 낮은 직급 -감사요원의 신분상 독립성 결여: 다른 부서로의 빈번한 전보 -감사 인력에 대한 동기부여 장치의 미흡	-① 행정감사규정과 지방자치법 및 자체감사 규칙에 감사의 독립성을 명문화, ② 자체감사기구를 기관장 직속으로 위치함, ③ 감사 책임자의 직급을 일선 부서장의 직급과 같게 함, ④ 감사부서장에게 감사요원의 선발권을 부여함 -감사 인력에 대한 인사상의 우대 및 감사활동비의 현실화
김익식 외(1995)	-감사 부서의 조직상 독립성 미흡 -감사요원 신분상 독립성 결여	-감사의 독립성 확보(감사위원회제도 도입, 감사 부서장의 선출) -감사요원의 신분 보장
이주희 (1998)	-자치단체의 부단체장 소속하에 두므로 독립성 결여 -감사요원이 집행기관으로부터 신분상·재정상 독립성 결여 -자체감사기구 장의 직급이 피감사기관장의 직급과 동급 또는 그 이하의 수준으로 업무상 독립성 결여	-집행기관 소속을 전제로 하는 방안: ① 자체단체장의 직속으로 하되 장의 직급을 격상하는 방안, ② 자치단체장이 감사기구의 장을 지방의회의 동의를 얻어 임명, ③ 감사위원회를 두고, 장을 의회의 동의로 임명 -지방의회의 소속으로 개편하는 방안 -제3의 기관으로 독립하는 방안: ① 지방감사위원회를 설치하는 방안, ② 자체감사기구의 장을 주민이 직선으로 선출하는 감사위원회 설치
최유성 (1998)	-자체감사요원의 신분상 독립성 결여 -조직개편으로 인한 자체감사 부서의 축소 및 약화 -감사 업무의 독립성 확보를 위한 법적 뒷받침의 결여	-자체감사 부서의 조직 축소 및 위상 저하의 개선: 감사 부서를 확대·격상 -자체감사 부서의 독립성에 관한 법적·제도적 보장
곽준열 (2000)	-제도적 독립성 미확보 -조직상 독립성 미확보: 자체감사기구가 부단체장의 직속으로 인한 독립성 미흡 -인력 충원시 독립성 미확보: 감사책임자의 추천이나 의견을 참고하지 않음	-시·도 감사협의회 운영: 협의기구의 운영책임자는 행정자치부의 복무감사관이 맡음, 임기는 4년으로 함. -시군감사협의회 운영: 협의회 의장은 4년의 임기로 지방의회의 동의를 얻어 외부의 감사 관련 전문가로 임명 -감사 절차와 감사 결과 처리 기준의 표준화 제정 -감사원의 상위감사 강화와 감사기구 간 수직적 분업 체계 확립

미국 정부 감사기준 (2003)	-개인적 결함(personal impairment): 피감사기관과의 친인척 관계, 재무적 이해관계, 운영관리의 영향력 행사, 편견 및 피감사기관의 사후 취업 노력(3.07) -외부적 결함(external impairment): 감사범위의 인위적 간섭, 감사 과정의 외부적 간섭, 감사 기간의 제약, 감사인의 인사관리 간섭 및 고용 상태의 위협(3.19) -조직적 결함(organizational impairment): 감사책임자가 유권자에 의하여 선출되거나 입법기관에 의하여 선출·해임되는 경우, 또한 관련 협의체에 의하여 임명·해임되는 경우(3.24)	-내부 품질관리 시스템 구축(3.08): 개인적 결함을 확인하는 절차 구축, 감사절차 준수 여부의 모니터링 및 규율장치 마련, 행정윤리 확보 -감사인의 외부압력(간섭)으로부터 보호, 감사인의 안정적인 고용, 감사인의 합리적인 인사관리 체계 구축(3.29) -감사 조직장의 직위 해임에 대한 법령상 보호 장치 마련(3.25), 피감사 부서의 관리 기능으로부터 독립성 유지(3.27) -감사 결과 보고를 방해하지 못하도록 법령상 보호 장치 마련(3.25) -감사조직에 자체 직원을 선발, 보유, 승진, 해고할 권한을 부여하는 방안(3.25) -피감사기관의 관련 기록 및 문서 접근에 대한 법령상 보호 장치 마련(3.25)

제 3 절 자체감사기구 독립성의 인식

자체감사기구의 독립성에 대한 인식 분석을 위하여 첫째, "귀 감사기구는 감사 관련 업무를 수행함에 있어서 독립성을 갖고 있습니까?"라는 물음에 대하여 <표 6-3>과 같이 자체감사기구 장의 70.8%(107명)가 그렇다고 응답하였고, 기관별로는 공적 단체(85%), 정부투자기관(78.6%), 지방자치단체(62.5%), 국가기관(60%), 교육자치단체(50%) 순으로 자체감사기구가 감사 관련 업무를 수행하는 데 독립성을 갖추고 있다고 인식하고 있다. 이 점에 교육자치단체, 국가기관 및 지방자치단체 자체감사기구의 독립성 확보를 위한 노력이 요구된다고 할 것이다.

〈표 6-3〉 자체감사기구의 독립성 인식

기관 유형	전혀 그렇지 않다	그렇지 않다	보통	그렇다	매우 그렇다	합계
공적 단체	0	2	7	29	22	60
교육자치단체	1	3	4	7	1	16
국가기관	0	6	12	19	8	45
정부투자기관	0	1	2	3	8	14
지방자치단체	3	0	3	10	0	16
합계	4(2.6)	12(7.9)	28(18.5)	68((45.0)	39(25.8)	151(100.0%)

둘째, “감사 업무를 수행함에 있어 기관장으로부터의 독립성이 자체감사기구의 독립성에 영향을 미칩니까?”라는 물음에 대하여 <표 6-4>와 같이 자체감사기구 장의 94.7%(143명)가 그렇다고 응답하였고, 기관별로는 정부투자기관(100%), 공적 단체(90%), 교육자치단체(87.5%), 국가기관(60.9%), 지방자치단체(56.3%) 순으로 감사 관련 업무를 수행할 때 기관장으로부터의 독립성이 자체감사기구의 독립성에 영향을 미친다고 인식하고 있다.

〈표 6-4〉 기관장으로부터의 독립성 인식

기관 유형	전혀 그렇지 않다	그렇지 않다	보통	그렇다	매우 그렇다	합계
공적 단체	0	1	5	19	35	60
교육자치단체	0	1	1	5	9	16
국가기관	0	8	10	17	11	46
정부투자기관	0	0	0	2	12	14
지방자치단체	0	2	5	4	5	16
합계	0(0.0)	12(7.9)	21(13.8)	47(30.9)	72(47.4)	152(100.0%)

셋째, “감사 업무를 수행함에 있어 상급기관으로부터의 독립성이 자체감사기구의 독립성에 영향을 미칩니까?”라는 물음에 대하여 <표 6-5>과 같이 자체감사기구 장의 54.9%(83명)가 그렇다고 응답하였고, 기관별로는 공적 단체(58.3%), 정부투자기관(57.1%), 교육자치단체(56.3%), 국가기관(55.6%),

지방자치단체(37.5%) 순으로 감사 관련 업무를 수행할 때 상급기관으로부터의 독립성이 자체감사기구의 독립성에 영향을 미친다고 인식하고 있다.

〈표 6-5〉 상급기관으로부터의 독립성 인식

기관 유형	전혀 그렇지 않다	그렇지 않다	보통	그렇다	매우 그렇다	합계
공적 단체	1	5	19	19	16	60
교육자치단체	0	0	7	7	2	16
국가기관	3	6	11	19	6	45
정부투자기관	3	1	2	3	5	14
지방자치단체	1	5	4	4	2	16
합계	8(5.3)	17(11.3)	43(28.5)	52(34.4)	31(20.5)	151(100.0%)

넷째, "감사 업무를 수행함에 있어 외부기관(매스미디어, 시민단체)으로부터의 독립성이 자체감사기구의 독립성에 영향을 미칩니까?"라는 물음에 대해 <표 6-6>와 같이 자체감사기구 장의 52%(78명)가 그렇다고 응답하였고, 기관별로는 교육자치단체(62.5%), 정부투자기관(57.1%), 공적 단체(56.7%), 지방자치단체(43.8%), 국가기관(43.2%) 순으로 감사 업무를 수행할 때 외부기관으로부터의 독립성이 자체감사기구의 독립성에 영향을 미친다고 인식하고 있다.

〈표 6-6〉 외부기관으로부터의 독립성 인식

기관 유형	전혀 그렇지 않다	그렇지 않다	보통	그렇다	매우 그렇다	합계
공적 단체	6	5	15	24	10	60
교육자치단체	0	3	3	8	2	16
국가기관	3	10	12	12	7	44
정부투자기관	4	1	1	3	5	14
지방자치단체	2	3	4	6	1	16
합계	15(10.0)	22(14.7)	35(23.3)	53(35.3)	25(16.7)	150(100.0%)

다섯째, “감사 업무 수행과 관련된 재정상의 독립성이 자체감사기구의 독립성에 영향을 미칩니까?”라는 물음에 대하여 <표 6-7>와 같이 자체감사기구 장의 51%(77명)가 그렇다고 응답하였고, 기관별로는 정부투자기관(78.6%), 지방자치단체(56.3%), 공적 단체(53.3%), 교육자치단체(43.8%), 국가기관(40%) 순으로 자체감사기구가 감사 관련 업무를 수행할 때 재정상의 독립성이 자체감사기구의 독립성에 영향을 미친다고 인식하고 있다.

〈표 6-7〉 재정상의 독립성 인식

기관 유형	전혀 그렇지 않다	그렇지 않다	보통	그렇다	매우 그렇다	합계
공적 단체	5	3	20	22	10	60
교육자치단체	0	2	7	5	2	16
국가기관	2	11	1	11	7	45
정부투자기관	1	1	1	3	8	14
지방자치단체	2	2	3	6	3	16
합계	10(6.6)	19(12.6)	45(29.8)	47(31.1)	30(19.9)	151(100.0%)

여섯째, “감사요원이 감사 사항과의 독립성을 유지하는 것이 감사기구의 독립성에 영향을 미칩니까?”라는 물음에 대하여 <표 6-8>과 같이 자체감사기구 장의 71%(108명)가 그렇다고 응답하였고, 기관별로는 지방자치단체

〈표 6-8〉 감사요원과 감사 사항의 독립성 인식

기관 유형	전혀 그렇지 않다	그렇지 않다	보통	그렇다	매우 그렇다	합계
공적 단체	0	3	12	19	26	60
교육자치단체	0	2	2	8	4	16
국가기관	1	3	13	23	6	46
정부투자기관	1	0	4	3	6	14
지방자치단체	1	1	1	10	3	16
합계	3(2.0)	9(5.9)	32(21.1)	63(41.4)	45(29.6)	152(100.0%)

(81.3%), 공적 단체(75%), 교육자치단체(75%), 정부투자기관(64.3%), 국가기관(63%) 순으로 감사요원이 감사 사항과의 독립성을 유지하는 것이 감사기구의 독립성에 영향을 미친다고 인식하고 있다. 이 점에서 감사요원이 감사 사항에 대하여 독립성을 유지하는 것이 필요하다고 할 것이다.

제 4 절 자체감사기구 독립성의 영향 요인 및 유지 방안

첫째, 자체감사기구의 장은 자체감사기구가 업무 수행을 할 때 독립성에 영향을 미치는 중요한 요인으로 <표 6-9>와 같이 ① 자체감사기구 독립성에 대한 기관장의 인식(31%), ② 자체감사기구 요원에 대한 기관장의 인사권 행사(21.9%), ③ 자체감사기구 장(감사관)의 독립성 견지 의지(17.2%), ④ 자체감사요원의 순환보직(13.8%), ⑤ 감사요원의 전문성(10.1%), ⑥ 감사활동비 책정 등 재정상의 독립성(3.4%) 순으로 들고 있는 것으로 나타났다. 설문 결과처럼, 자체감사기구의 독립성을 제고하기 위해서는 자체감사

〈표 6-9〉 감사기구 업무 수행의 독립성 영향 요인

① 자체감사기구 독립성에 대한 기관장의 인식	92	31.0
② 자체감사요원에 대한 기관장의 인사권 행사	65	21.9
③ 감사활동비 책정 등 재정상의 독립성	10	3.4
④ 자체감사기구 장(감사관)의 독립성 견지 의지	51	17.2
⑤ 자체감사요원의 순환보직	41	13.8
⑥ 감사요원의 전문성	30	10.1
⑦ 감사요원의 윤리성	4	1.3
⑧ 기타 ( )	4	1.3
총 계	297명	100%

기구에 대한 기관장의 인식과 감사요원에 대한 인사권 행사가 매우 중요한 요인으로 이해할 수 있다.

둘째, 이 책에서는 자체감사기구의 독립성 유지에 가장 큰 영향을 주는 방안에 관한 물음에 대하여 <표 6-10>과 같이 자체감사기구의 장들은 ① 자체감사기구의 감사요원을 감사직렬로 분류하는 방안(23.7%), ② 자체감사기구의 장에게 감사요원에 대한 인사추천권을 부여하는 방안(21.6%), ③ 자체감사기구를 기관장 직속으로 두는 방안(15.1%), ④ 자체감사기구의 장을 2~3년의 임기제로 임명하는 방안(10.7%), ⑤ 자체감사기구의 장을 개방형 직위공모로 임명하는 방안(9.6%), ⑥ 자체감사기구의 장을 선임 국장급으로 직위를 격상하는 방안(7.9%), ⑦ 감사활동비 등 자체감사기구의 재정적 지원을 확보하는 방안(5.8%), ⑧ 자체감사기구의 감사요원에 대한 공직윤리규정을 제정하는 방안(2.4%), ⑨ 각 기관의 감사업무편람을 제정하는 방안(1.7%), ⑩ 시민감사관제도 등 고객 지향적 감사 체계를 활용하는 방안(1.4%) 순으로 자체감사기구의 독립성 유지를 위하여 중요한 방안으로 이해하는 것으로 나타났다.

〈표 6-10〉 자체감사기구의 독립성 유지 요인

① 자체감사기구를 기관장 직속으로 둠	44	15.1
② 자체감사기구의 장을 개방형 직위 공모로 임명	28	9.6
③ 자체감사기구의 장을 2~3년의 임기제로 임명	31	10.7
④ 자체감사기구의 장에게 감사요원에 대한 인사추천권 부여	63	21.6
⑤ 자체감사기구의 장을 선임 국장급으로 직위 격상	23	7.9
⑥ 자체감사기구의 감사요원을 감사직렬로 분류	69	23.7
⑦ 자체감사기구의 감사요원에 대한 엄격한 공직윤리규정을 제정	7	2.4
⑧ 각 기관의 감사업무편람을 제정	5	1.7
⑨ 감사활동비 등 자체감사기구의 재정적 지원을 확보	17	5.8
⑩ 시민감사관제도 등 고객 지향적 감사 체계 활용	4	1.4
총 계	291명	100.0%

제 5 절 자체감사기구의 독립성 확보 방안

1) 자체감사기구 독립성의 인식 제고 및 자체감사규정의 제정

자체감사기구의 장들은 자체감사기구의 독립성이 감사 수행에 필수 사항이라고 인식하고 있고(평균=4.60), 자체감사기구의 독립성이 기관의 신뢰성(평균=4.42)과 기관의 비효율성을 예방(평균=3.2)하는 데 중요한 역할을 하며, 그리고 기관의 행정적 오용과 남용을 예방(평균=4.32)하는 데 중요한 기능을 하는 것으로 인지하고 있다.

이에 각 기관장들은 자체감사기구의 독립성이 기관의 행정 업무 수행시에 전반적으로 순기능을 한다는 점을 인식할 필요가 있다. 즉 각 기관장은 자체감사기구가 발굴하는 감사 지적 사항들이 기관장 리더십에 부정적으로 영향을 미치는 것이 아니라 시민(고객)들에 대한 기관장의 책임성과 반응성을 제고할 수 있는 장치이며, 나아가 기관의 신뢰성과 위기관리를 점검하는 장치임을 인식할 필요가 있다. 현재 감사원은 자체감사의지원및협의등에관한규칙 제10조(자체감사기구 운영의 평가기준)에 의하여 자체감사기구의 운영 실태에 대하여 ① 자체감사기구의 운영, ② 자체감사기구 담당직원의 운용, ③ 일상감사 실시 등 예방지도 활동, ④ 기타 감사원장이 필요하다고 인정하는 사항 등으로 자체감사기구를 평가하며 평가 결과를 활용한다(11조)고 규정하고 있다. 이 책에서는 자체감가기구 평가 기준을 자체감사기구의 독립성, 감사요원의 독립성과 전문성, 자체감사기구의 업무수행 평가지표 등을 고려하여 좀더 구체적이고 종합적인 자체감사기구 운영의 평가 기준을 제시할 필요가 있다고 제안하고자 한다. 감사원은 자체감사기구 운영의 평가 기준에 기초하여 매년 정기적으로 각 피감사기관의 자체감사기구 업무에 대하여 종합적으로 평가하여 그 결과를 발표한다면 자체감사기구의 독립성에 대한 인식을 제고하는 계기가 될 수 있을 것이다.

또한, 각 기관은 캐나다 자체감사기구와 같이 자체감사기구의 목적, 역할, 책임과 권한을 명확하게 규정하는 자체감사표준(internal audit standards)

을 제정할 필요가 있다. 자체감사규정에는 자체감사기구의 장이 감사 업무 수행에 필요한 정보, 참고인, 기록 등에 자유롭게 접근할 수 있는 정보접근권의 부여 및 자체감사기구의 장이 감사결과보고서를 상급기관과 기관의 장에게 직접 보고할 의무를 규정할 필요가 있다. 나아가 자체감사기구의 연간 감사계획 수립과 성과평가 방법에 관한 규정을 포함할 필요가 있을 것이다(www.bcauditor.com).

2) 자체감사요원의 독립성 여건 조성 방안

첫째, 자체감사요원에 대한 독립성 여건을 조성하는 방안으로 자체감사요원이 감사 사항과의 독립성을 유지하는 것이 중요하다(평균=3.91). 즉 감사요원은 외부 압력과 영향으로부터 공평성을 유지하기 위한 독립성이 요구된다. 이런 맥락에서 자체감사기구가 감사요원이 감사대상기관(업무)과의 관련성을 사전에 점검하기 위한 제도적 장치가 대체로 없는 실정이다(75.8%). 이러한 제도적 장치로 여기에서는 <표 6-11>과 같이 ① 감사요원이 감사 업무를 수행하기 전에 감사대상기관(업무)과의 관련성 유무에 대하여 점검하는 조사표를 작성하는 방안(평균=3.38), ② 감사요원이 감사 수행 중 감사대상기관(업무)과 관련된 사항이 발견되었을 때 스스로 신고하는 제도적 장치를 마련하는 방안(평균=3.48), ③ 감사요원이 사후에 감사대상기관에 취업하는 것을 제한하는 취업 제한의 장치를 마련하는 방안(평균=3.53) 등을 제안하고자 한다.

이 점에서 INTOSAI는 감사요원이 수행하는 모든 업무에서 공평성(impartiality)과 객관성(objectivity)이 요구되며, 감사요원이 작성한 보고서에 대하여 정확성(accuracy)을 유지할 것을 요구하고 있다(INTOSAI, 1998). 또한 INTOSAI는 감사에 투입된 감사요원에 대한 통제 장치를 갖출 것을 권고하며(INTOSAI 감사기준 2.2.16), 감사요원이 자신들의 독립성과 정직(integrity)에 영향을 미치는 선물이나 감사(gratuities)를 거절함으로써 야기되는 갈등을 피할 수 있게 해야 한다고 권고하고 있다. 나아가 감사요원은 개인적 목적을 위하여 공식적인 지위를 활용해서는 안 되며, 부패의 위험성(risk of corruption)에 관련되는 관계를 피해야 하고, 업무 수행시에 획득한 정보를 활용해서도 안 된다고 지적하고 있다(INTOSAI,

1998).

〈표 6-11〉 감사요원과 감사대상기관(업무)과의 관련성 점검 장치

점검제도	기관 유형	매우 불필요	불필요	보통	필요	매우 필요	합계
관련성 유무 조사표 작성	공적 단체	3	6	27	16	7	59
	교육자치단체	1	4	1	2	7	15
	국가기관	3	5	17	14	5	44
	정부투자기관	0	1	4	5	4	14
	지방자치단체	0	1	5	7	2	15
합 계		7(4.8)	17(11.6)	54(36.7)	44(29.9)	25(17.0)	147(100%)
관련 사항 신고제도	공적 단체	1	6	20	24	8	59
	교육자치단체	2	3	3	3	3	14
	국가기관	2	5	16	18	4	45
	정부투자기관	0	0	8	2	4	14
	지방자치단체	0	0	7	6	2	15
합 계		5(3.4)	14(9.5)	54(36.7)	53(36.1)	21(14.3)	147(100%)
사후취업 제한장치	공적 단체	5	2	17	16	15	55
	교육자치단체	3	3	3	2	3	14
	국가기관	2	4	17	13	8	44
	정부투자기관	2	0	4	2	6	14
	지방자치단체	0	1	7	2	5	15
합 계		12(8.5)	10(7.0)	48(33.8)	35(24.6)	37(26.1)	142(100%)

둘째, 자체감사요원에 대한 독립성 여건을 조성하는 방안으로 감사요원의 선발, 재직 기간, 평가 시스템, 편익(benefit) 서비스 등으로 구분할 수 있을 것이다. 이들 자체감사요원에 대한 독립성 여건 조성 방안에 대하여 각 기관의 장은 <표 6-12>와 같이 ① 감사요원 선발시 자체감사기구 장의 의견을 청취하여 임명하는 방안, ② 감사요원이 특별한 사유가 없는 한 2년 이상 근무함을 원칙으로 하는 방안, ③ 감사요원에 대한 근무평가 기준은 자체감사기구 장이 별도로 운영하는 방안, ④ 감사요원에 대한 근무평정을

우대하는 방안, 전출시 감사요원의 희망 부서에 우선 배치하게 하는 방안, 그리고 감사수당을 지급하는 방안, ⑤ 담당 업무의 전문성을 근거로 감사요원을 임명하는 방안 등을 적극적으로 반영할 필요가 있다. 또한 분석 결과처럼, 자체감사요원에 대한 순환보직에 따른 감사요원의 독립성 저해 요인(13.8%)을 극복하기 위하여 감사요원에 대한 감사직렬화하는 방안을 적극 고려할 필요가 있을 것이다.

셋째, 자체감사기구에 대한 독립성 여건으로 설문 결과와 같이 자체감사기구 장들은 감사결과보고서를 각 기관장의 간섭으로부터 벗어날 수 있도록 자체감사기구의 장이 최종적으로 결재하여 최고의사결정기구에서 보고하는 체계 또는 이를 자체감사규정으로 명문화하는 방안을 고려할 수 있다. 이와 더불어 미국 지방정부 자체감사기구처럼(김성호, 2006), 각 자체감사기구가 분기별 감사보고서를 작성하여 상급기관에게 제출하는 방안을 적극 고려할 수 있을 것이다. 또한 자체감사기구의 장의 주장처럼, 자체감사기구가 적정 규모로 운영될 수 있도록 조직과 인원에 대하여 제도적으로 보장하는 방안을 고려하여야 할 것이다.

제 7 장 자체감사기구의 전문성

제 1 절 전문성 확보의 필요성 논의 및 법·제도적 장치

행정이 복잡·다양화됨에 따라 그것을 대상으로 삼고 있는 감사 역시 전문화되지 않을 수 없으며, 자체감사인도 전문적인 자질을 갖추지 않으면 아니 된다. 자체감사인의 전문성 확립은 행정의 비효율성과 부작용을 방지함으로써 기관·단체 자체의 행정 서비스 질을 향상시키려는 데 있다. 자체감사의 전문성이란 감사인이 전문직업인으로서 감사 업무를 수행하는 데 필요한 전문지식과 실무 경험을 의미한다. 여기서 감사 업무를 수행하는 데 필요한 전문지식이란, 즉 실질적 분야(substantive area or field)별 감사대상 업무의 내용에 관한 전문적 지식과 더불어 감사 기법·방법에 관한 전문적 지식 등 모두를 포괄한다. 그리고 감사인의 실무 경험은 감사 업무에 실제로 참여하여 쌓은 경험을 말한다.

특정 감사 업무를 공동으로 수행하는 자체감사반의 경우 당해 감사 업무의 수행에 필요한 전문성을 구비하여야 한다. 즉, 집합적 의미의 감사반 전체로서 임무 수행에 지장이 없을 정도의 전문성을 갖추어야 한다는 뜻이다. 한편 감사기관도 체계적인 교육·훈련 프로그램을 시행하여 자체감사인이 전문지식, 실무 경험 및 인격을 고루 배양할 수 있는 기회를 제공하여야 한다. 또한 감사기관은 자체감사인의 능력에 적합한 감사 임무를 부여하여야 한다. 왜냐하면, 감사 업무의 부문별 난이도와 복잡성 등을 감안하여 이에 부합한 전문지식, 실무 경험, 숙련도 등을 갖춘 감사인에게 감사 임무를 할당하여야 감사 성과를 극대화시킬 수 있기 때문이다. 그리고 소속 감사인의 전문성만으로는 효율적으로 수행하기 어려운 특정 감사 업무의 경우, 자체감사기관은 감사 결과의 신뢰성을 제고하기 위하여 고도의 전문지식이나 또는 특수한 실무 경험을 갖춘 외부 전문가를 활용할 수 있다.

자체감사인이 어떤 경로를 통하여 충원되어 자체감사요원으로서의 직무를 수행하고 있는가를 파악하는 것은 그들의 자질을 좀더 정확히 판단하는데 도움이 된다. 미국의 경우 연방정부의 감찰관을 임명할 때 그 기준은 소속 정당과는 무관하며 오로지 성실성과 회계, 감사, 재무분석, 법률, 관리분석, 행정, 수사 분야에서의 능력만을 고려한다는 점에서 자체감사의 전문성 확립을 위하여 노력하고 있다고 볼 수 있다. 또한 감찰관은 자체적으로 감사요원들을 선발할 수 있는 권한을 이용하여 분야별로 필요한 전문요원을 확보하고 있을 뿐만 아니라 외부 전문가와 자문위원을 고용할 수 있어 자체감사의 전문성을 한층 더 높이고 있다. 그리고 연방감사원(U.S. GAO)에서는 감사에 종사하는 모든 직원들은 연간 40시간의 교육을 받아야 한다는 준칙을 정해 놓고 이에 따르게 함으로써 감사인의 전문성을 높이려는 체계적 노력도 기울이고 있다(부정방지대책위원회, 1993: 66-7).

결국 외부의 전문지식과 실무 경험을 활용함으로써 국민의 감사 참여 욕구 충족은 물론 감사행정의 투명성을 확보하고 나아가 공공감사의 수준을 한 차원 더 향상시킬 수 있을 것으로 기대된다(감사원, 2006a: 20).[1)]

---

1) 특히, 공감법 제10조(감사인의 임용 등) 제2항은 "중앙행정기관 및 지방자치단체의 감사인은 감사 업무에 전문성을 갖춘 자를 임용하여야 한다"고 규정하고 있으며, 최소한의 요건을 대통령령으로 정하고 있다. 공공감사기준(감사원규칙 137호) 제2장 제9조에 의하면 자체감사의 전문성 확보를 위하여 감사인은 지속적인 교육훈련을 통하여 전문적인 감사 능력을 연마하여야 하며, 감사반은 당해 감사 업무의 수행에 필요한 전문지식과 실무 경험을 구비하여야 하고, 감사기관은 우수 전문감사인의 확보를 위한 적극적인 노력 및 합리적·객관적인 기준에 의한 감사인을 선발, 체계적인 교육훈련 프로그램의 시행을 지원, 감사인의 전문지식 및 실무 경험에 적합한 감사 임무를 부여하여야 할 것 등을 정하고 있다. 자체감사 인력에의 외부 전문가(기관) 등의 참여에 관한 공감법 제22조에 의하면

자체감사자문위원회의 설치에 관한 공감법 제4조 제4항과 제5항은 감사 결과의 처리, 연간 감사계획의 수립 등 감사 활동의 주요 사항에 관한 자문에 응하게 하기 위하여 중앙행정기관과 지방자치단체에 감사자문위원회를 둘 수 있다(단 합의제 감사기구를 두는 지방자치단체의 경우는 예외)고 하고, 자체감사자문위원회는 소속 공무원과 감사에 관한 학식과 경험이 풍부한 전문가 등으로 구성한다고 규정하고 있다.

제 2 절 전문성 확보의 필요성에 관한 인식

1) 자체감사인(반 · 기관 포함)의 전문성 확립의 필요성에 관한 인식

(1) 자체감사인의 감사 능력

자체감사인의 감사 업무를 수행하는 데 필요한 감사 능력과 관련하여 "감사요원 개개인의 전문적 자질"을 묻는 질문에 대해서, <표 7-1>과 같이 매우 충분하다(11.3%)거나 충분하다(57%)는 인식이 전체의 68.3%로 나타났지만, 보통(27.8%) 이하 부족하다(4%)는 문제 인식도 전체의 31.8%에 달하는 것으로 나타났다.

이와 같은 조사 결과는 자체감사인의 전문성 확보 노력을 위한 현행 공공감사기준(감사원 규칙 137호) 제2장 제9호이 규정하고 있는 내용에 비추어 볼 때, 이에 부응하기 위해서라도 자체감사인은 지속적인 직무교육훈련을 통하여 전문적 감사 능력을 연마하여야 할 필요성이 있음을 시사한다고 볼 수 있다.

"감사기구의 장은 예산 · 회계 · 보건 · 환경 · 건설 등 전문지식이나 실무 경험이 요구되는 분야의 업무를 감사하는 때에는 감사인 외의 소속 직원이나 회계법인 · 연구기관 등 외부 전문기관 또는 전문가를 감사에 참여시켜 관련 사항을 조사 · 확인 · 분석하게 할 수 있다"고 규정하고 있다. 이러한 규정은 정부회계의 복식부기제도 도입 등에 대비하여 민간의 전문지식과 실무 경험을 공공감사에 도입하고, 한정된 감사자원을 효율적으로 활용하려는 데 있다.

〈표 7-1〉 자체감사인의 전문적 자질

		빈도(f)	백분율(%)	유효 백분율(%)	누적 백분율(%)
유효	부족	6	3.9	4	4
	보통	42	27.6	27.8	31.8
	충분	86	56.6	57	88.7
	매우 충분	17	11.2	11.3	100
	총계	151	99.3	100	
결손		1	0.7		
총계		152	100		

(2) **자체감사인의 전문성 결여 부분에 관한 설문조사 결과**

좀더 세부적으로 "감사요원의 업무 수행과 관련하여, 가장 부족하다고 인식하는 전문성 부분"에 대한 질문에 대하여 <표 7-2>와 같이 감사기법 · 방법은 62.5%를 나타내고 있는 반면에 실무 경험이 19.1%, 감사대상 업무의 내용이 10.5%, 그리고 기타 3.9%의 순위를 보이고 있는 것으로 나타났다.

이와 같은 조사 결과는 자체감사인이 전문직업인으로서 감사 업무를 수행하는 데 향후 갖추어야 할 개인적인 자격 요건 중 감사 기법과 감사 방법에 관한 전문적 지식이 상대적으로 가장 부족하며, 따라서 이를 좀더 연마하여야 할 부분임을 시사한다.

〈표 7-2〉 자체감사인의 전문성 결여 부분

		빈도(f)	백분율(%)	유효 백분율(%)	누적 백분율(%)
유효	감사 대상 업무의 내용	16	10.5	11	11
	감사기법·방법	95	62.5	65.1	76
	실무 경험	29	19.1	19.9	95.9
	기타	6	3.9	4.1	100
	총계	146	96.1	100	
결손		6	3.9		
총계		152	100		

(3) 자체감사반의 감사 수행 능력에 관한 설문조사 결과

자체감사반의 특정 감사 업무를 공동으로 수행하는 데 필요한 "집합적 의미의 감사반 전체의 전문성"을 묻는 질문에 대하여, <표 7-3>과 같이 매우 충분하다(6.7%)거나 충분하다(50.7%)는 의견이 전체의 57.3%로 어느 정도 우세한 편이지만, 보통(38%) 이하 부족하다(4.7%)는 인식도 전체의 42.7%나 차지하고 있는 것으로 나타났다.

이와 같은 조사 결과는 자체감사반의 전문성 확보 노력을 위한 현행 공공감사기준(감사원규칙 137호) 제2장 제9호에서 규정하고 있는 내용에 비추어 볼 때, 이에 부응하기 위해서라도 당해 감사 업무 수행에 부합된 감사반 전체로서의 전문지식과 실무 경험의 구비 및 제고를 위하여 더욱 노력하여야 할 필요성이 있음을 시사한다.

〈표 7-3〉 자체감사반의 전문성

		빈도(f)	백분율(%)	유효 백분율(%)	누적 백분율(%)
유효	부족	7	4.6	4.7	4.7
	보통	57	37.5	38	42.7
	충분	76	50	50.7	93.3
	매우 충분	10	6.6	6.7	100
	총계	150	98.7	100	
결손		2	1.3		
총계		152	100		

(4) 자체감사기관의 전문성 확보 노력에 관한 설문조사 결과

(가) 자체감사인 충원시 전문성 확보 노력에 관한 설문조사 결과

먼저 자체감사인의 전문성 확보를 위한 노력의 일환으로서 "감사요원 충원시 전문 감사요원 확보 노력"에 관한 질문에 대하여 <표 7-4>와 같이 보통(33.8%) 이하 부족하다(16.6%)와 매우 부족하다(0.7%)는 인식이 전체의 51%로서 충분하다(43.7%)와 매우 충분하다(5.3%)라는 49%의 의견을 다소 웃도는 것으로 나타났다.

이와 같은 조사 결과는 현행 자체 내부의 순환보직에 의한 충원구조가 전문성 제고에 별로 기여하지 못하고 있다는 문제 인식에서 출발하고 있음을 시사한다.

〈표 7-4〉 감사요원 충원시 전문감사요원 확보 노력

		빈도(f)	백분율(%)	유효 백분율(%)	누적 백분율(%)
유효	매우 부족	1	0.7	0.7	0.7
	부족	25	16.4	16.6	17.2
	보통	51	33.6	33.8	51
	충분	66	43.4	43.7	94.7
	매우 충분	8	5.3	5.3	100
	총계	151	99.3	100	
결손		1	0.7		
총계		152	100		

(나) 자체감사인에 대한 교육훈련 참여 기회의 제공에 관한 설문조사 결과 자체감사인의 전문성을 배양하기 위한 노력의 일환으로 "감사요원에 대한 교육훈련 참여 기회"에 관한 질문에서, <표 7-5>와 같이 보통(45.3%) 이하 부족하다(21.3%)와 매우 부족하다(2%)는 인식이 전체의 68.7%에 달해 충분하다(28.7%)와 매우 충분하다(2%)는 30.7%의 의견에 비하여 훨씬 지배적인 것으로 나타났다. 또한, "귀 감사기구의 감사요원이 현재 이수하고 있는 연평균 교육훈련 시간은?"이라는 질문에 대한 응답 결과가 30.44시간으로 나타났으나, 이는 미국 연방감사원에서 의무적으로 정한 연간 40시간의 교육 이수의 준칙에 비하여 훨씬 밑도는 수치임을 알 수 있다.

이와 같은 조사 결과는 자체감사인의 전문성을 더욱 높이기 위한 교육훈련 프로그램의 마련과 참여 기회의 제공이라는 지극히 당위론적인 이유에서뿐만 아니라 현행 공공감사기준 제2장 제9호에서 규정하고 있는 감사기관의 체계적인 교육훈련 프로그램의 시행 및 지원 등의 규범적 내용에 비추어 볼 때에도, 감사기관은 체계적이고 지속적인 교육훈련 프로그램을 시행·지원하여 부족한 감사 기법·방법 및 실무 경험 등을 부단히 습득할 수 있는 여건을 조성하고, 자체감사인의 능력과 태도 및 인격 등을 고루 배양할 수 있도록 참여 기회의 제공 폭을 높이기 위한 적극적이고 체계적인 노력을 기울여야 한다는 점을 시사한다.

〈표 7-5〉 교육훈련의 참여 기회

		빈도(f)	백분율(%)	유효 백분율(%)	누적 백분율(%)
유효	매우 부족	3	2	2	2
	부족	32	21.1	21.3	23.3
	보통	68	44.7	45.3	68.7
	충분	43	28.3	28.7	97.3
	매우 충분	3	2	2	99.3
		1	0.7	0.7	100
	총계	150	98.7	100	
결손		2	1.3		
총계		152	100		

(다) 감사직무 교육훈련 내용의 적실성 및 그 실효성에 관한 설문조사 결과
감사직무 교육훈련 내용의 적실성 및 그 실효성 파악에 필요한 "교육훈련

〈표 7-6〉 교육훈련 내용과 업무 수행 내용의 부합도

		빈도(f)	백분율(%)	유효 백분율(%)	누적 백분율(%)
유효	부족	15	9.9	10	10
	보통	92	60.5	61.3	71.3
	충분	38	25	25.3	96.7
	매우 충분	5	3.3	3.3	100
	총계	150	98.7	100	
결손		2	1.3		
총계		152	100		

내용과 감사요원 업무 수행 내용의 부합도"를 묻는 질문에 대해서, <표 7-6>과 같이 보통(61.3%) 이하 부족하다(10%)는 인식이 전체의 71.3%로서 충분하다(25.3%)와 매우 충분하다(3.3%)라는 28.6%의 의견에 비하여 압도적인 것으로 나타났다.

이와 같은 조사 결과는 현재 교육훈련 프로그램의 내용이 감사인의 직무 수행에 별로 도움을 주지 못하고 있음을 시사한다.

(라) 개인별 주특기에 따른 인력 배치의 부합도에 관한 설문조사 결과

개인별 주특기에 따른 인력 배치의 부합도와 관련하여 "인력 배치시 감사요원의 주특기에 부합한 임무 부여"의 정도를 묻는 질문에 대하여, <표 7-7>과 같이 매우 충분하다(8.6%)거나 충분하다(43%)는 의견이 전체의 51.6%로 다소 웃도는 편이지만, 보통(38.4%) 이하 부족하다(8.6%)와 매우 부족하다(1.3%)는 문제 인식도 전체의 48.3%로 이에 못지않은 수준을 차지하고 있는 것으로 나타났다.

이와 같은 조사 결과는 현재 자체감사인의 능력에 부합된 인력 배치가 제대로 이루어지지 않고 있어 감사 성과의 극대화를 위한 목적 달성에 역작용하고 있음을 시사한다.

〈표 7-7〉 인력 배치시 개인별 주특기 부합도

		빈도(f)	백분율(%)	유효 백분율(%)	누적 백분율(%)
유효	매우 부족	2	1.3	1.3	1.3
	부족	13	8.6	8.6	9.9
	보통	58	38.2	38.4	48.3
	충분	65	42.8	43	91.4
	매우 충분	13	8.6	8.6	100
	총계	151	99.3	100	
결손		1	0.7		
총계		152	100		

제 3 절 외부 전문가 및 자체감사자문위원회의 활용

1 외부 전문가의 활용 여부

외부 전문가의 활용과 관련하여 "자체감사요원의 전문성을 보완하기 위하여 해당 업무 분야의 외부 전문가의 활용 및 실질적 참여 정도"를 묻는 질문에 대하여, <표 7-8>과 같이 현재 전혀 활용하지 않고 있음이 전체의 21.9%나 차지하고 있을 뿐만 아니라 보통(23.8%) 이하 적다(26.5%)와 매우 적다(17.2%)는 인식도 전체의 67.5%로서 많음(9.3%)이나 매우 많음(1.3%)의 10.6% 수준에 비해서 훨씬 압도적으로 많은 수준을 차지하는 있음을 보여 준다.

현재 감사대상기관 및 인원의 규모에 비하여 자체감사를 담당하는 감사인력의 규모가 너무 작아서 체계적인 감사를 할 수 없다는 것이 일반적인 인식이다. 그럼에도 불구하고 이와 같은 조사 결과에서 나타나 바와 같이

〈표 7-8〉 외부 전문가의 활용 및 참여 정도

		빈도(f)	백분율(%)	유효 백분율(%)	누적 백분율(%)
유효	전혀 활용하지 않음	33	21.7	21.9	21.9
	매우 적음	26	17.1	17.2	39.1
	적음	40	26.3	26.5	65.6
	보통	36	23.7	23.8	89.4
	많음	14	9.2	9.3	98.7
	매우 많음	2	1.3	1.3	100
	총계	151	99.3	100	
결손		1	0.7		
총계		152	100		

실제 외부 전문가의 활용 및 실질적 참여도가 매우 낮다는 것은 전문성을 확보하기 위한 노력이나 의지가 적지 않게 결여되고 있음을 시사한다.

2 자체감사자문위원회의 활용 여부

"감사기구의 주요 감사 업무에 관한 자문을 받기 위한 자체감사위원회의 설치 여부 및 그 활용 정도"를 묻는 질문에 대하여, <표 7-9>와 같이 현재 설치하고 있지 않다는 의견이 79.3%를 차지하여 압도적이며, 그 밖에 설치하고 있는 경우에도 보통(8.3%) 이하 적다(4.8%)와 매우 적다(1.4%)는 인식이 전체 응답의 14.5%로서 많다(4.1%)와 매우 많다(2.1%)는 6.3%의 의견에 비해서 상대적으로 매우 높게 나타났음을 알 수 있다.

이와 같은 조사 결과는 자체감사기관이 소속 공무원과 함께 감사에 관한 학식과 경험이 풍부한 전문가들로 구성함으로써 이를 통하여 감사 활동의 주요 사항에 관한 실질적인 자문을 받으려는 좀더 적극적인 노력이나 의지가 매우 결여되어 있음을 시사한다.

〈표 7-9〉 감사자문위원회의 설치 여부 및 활용 정도

		빈도(f)	백분율(%)	유효 백분율(%)	누적 백분율(%)
유효	설치하고 있지 않음	115	75.7	79.3	79.3
	매우 적음	2	1.3	1.4	80.7
	적음	7	4.6	4.8	85.5
	보통	12	7.9	8.3	93.8
	많음	6	3.9	4.1	97.9
	매우 많음	3	2	2.1	100
	총계	145	95.4	100	
결손		7	4.6		
총계		152	100		

제4절 전문성 확보 방안

1 충원시 전문인력의 확보 노력

자체감사의 인력 체계는 감사의 질을 결정하므로 우수한 전문인력이 충원되도록 하여 자체감사의 질을 향상시켜야 한다. 자체감사인의 전문성 확립은 충원시 자체감사 업무를 효과적으로 수행할 수 있는 자질과 역량을 갖춘 감사 인력을 확보하는 데 먼저 역점을 두게 되는데, 그 이유는 자체감사인의 특정 직무와 충원 경로가 자신의 자질과 역량을 더욱 정확히 판단하는 데 도움을 줄 수 있기 때문이다. 따라서 자체감사인의 전문성 확보 노력을 위한 공공감사기준(감사원규칙 137호) 제2장 제9호 등에서 규정하고 있는 내용에 비추어, 감사기관은 자체감사인의 충원 당시부터 급격한 환경변화에 대응할 수 있는 분야별 전문지식과 실무 경험을 갖춘 내·외부의 우수 전문감사인들을 합리적·객관적인 기준에 따라 좀더 적극적으로 유치 및 확보할 수 있는 방안을 검토해 볼 필요가 있다고 본다. 이를 보완하는 방안으로서 감사 직위별 직무분석을 통해 감사인의 선발 자격 요건을 좀더 구체화하는 방안을 들 수 있다. 또한 자체감사인의 충원시 일반 부서에 우선하여 우수 인력을 선발할 수 있는 방안도 검토해 볼 수 있을 것이다.

2 교육 및 훈련의 강화

직무교육과 훈련은 부족한 감사 능력을 제고하는 데에 현실적으로 가장 효과적인 방법의 하나이다. 미국의 경우 감사에 종사하는 모든 직원들이 연간 40시간의 교육을 받도록 의무화하고 있음에 반하여 우리의 경우는 이에 비하여 훨씬 밑도는 수치이며 또한 현재 자체감사인들도 직무교육과 훈련에의 참여 기회를 희망하고 있음에 비춰어 볼 때, 자체감사기관은 감사원교육원이나 또는 외부 전문기관(예를 들면, 대학 및 대학원의 위탁교육

등)의 활용 방안을 검토하고 아울러 직무교육과 훈련의 참여 기회에 대한 확대 방안(예를 들면, 연간○○시간의 의무 기간과 미수료시 감사 업무를 수행할 수 없도록 명문 규정화하는 방안 등)을 마련할 필요가 있다.

그리고 감사직무교육과 훈련 프로그램의 내용이 좀더 그 실효성의 효과를 거둘 수 있도록 내실화되거나 또는 직무 수행에 부합한 적실성 있는 전문지식 및 실무 경험 등의 습득 기회를 다양화하는 방안이 마련되어야 할 것이다.

특히 이와 같은 방안을 마련할 때는 현재 조사 결과에서 시사하는 바와 같이 상대적으로 가장 결여된 부분으로 나타나고 있는 감사 기법 및 방법에 관한 전문적인 지식을 끊임없이 연마할 수 있도록 프로그램의 개발에도 역점을 두어야 할 것이다.

또한 자체감사요원 충원시에도 발령과 동시에 교육 이수가 가능하도록 하거나 또는 교육을 이수한 이후에 자체감사 부서로 발령하는 사전 교육이수제도를 적극 실시하는 방안도 바람직할 것이다.

3 인력 배치의 적합성 고려

감사기관은 자체감사인의 업무 수행 능력에 적합한 감사 임무를 부여하려는 관리 방안의 마련에 노력을 쏟아야 할 것이다. 왜냐하면, 감사 인력의 배치는 감사 업무의 부문별 난이도, 복잡성 등 업무 특성을 감안하여 이에 부합한 주특기를 갖춘 자체감사요원에게 감사 임무를 할당하여야만 감사 성과를 극대화시킬 수 있기 때문이다. 따라서 향후 자체감사기관은 부적격자를 감사 업무에 배치하는 일이 없도록 감사요원을 철저히 관리하여야 할 뿐만 아니라, 업무 특성에 따라 자체감사인의 개인별 능력에 좀더 부합한 감사 임무를 배치할 수 있도록 더욱 적극적인 관리 방안을 마련하여야 할 것으로 본다.

4 외부 전문가 및 자체감사위원회의 활용

또한 한정된 소속 자체감사인의 전문성만으로는 특정 감사 업무를 효율적으로 수행할 수 없을 경우, 감사기관은 외부 전문기관 또는 전문가들의 활용 및 실질적 감사 참여가 보장될 수 있는 방안을 마련하여야 할 것이다. 그 이유는 자체감사기관의 한정된 감사자원을 정예화하고, 고도의 전문지식과 실무 경험이 요구되는 특수 분야의 특정 감사 업무에 민간의 전문지식이나 실무 경험을 도입·활용함으로써 전문성 확보는 물론 자체감사의 투명성·신뢰성·민주성 등의 확보를 통하여 공공감사의 수준을 한 차원 더 향상시킬 수 있기 때문이다.

그 밖에도 자체감사기관은 소속 공무원과 감사에 관한 학식과 경험이 풍부한 전문가 등으로 구성된 자체감사위원회를 각 기관·단체 내에 가급적 설치하도록 명문으로 규정화하여 연간감사계획의 수립, 감사 결과의 처리 등 감사 활동의 주요 사항에 관한 실질적인 자문을 받을 수 있도록 하는 등 적극적인 노력이 있어야 할 것이다.

끝으로 체제이론의 환류 기능에 유추해 볼 때, 감사환경의 전문화는 감사인과 감사조직의 전문화를 요구하고 감사인 및 조직의 전문화는 감사 대상 및 서비스의 전문화를 촉진시키는 거울 효과(mirror effect)를 나타내기 때문에, 감사환경의 변화와 이에 대응하기 위한 감사인 및 조직의 전문성은 자체감사를 수행하는 데 필수불가결한 요인으로 간주할 수 있을 것이다.

제 8 장 자체감사의 기획

행정 활동의 가장 기본적인 활동이 기획이다. 그러므로 행정 활동의 하나인 자체감사도, 감사가 의도하는 목표를 달성하기 위해서는 치밀한 계획을 바탕으로 이루어져야 한다. 감사의 기획 단계는 감사 활동을 시작하기 전에 감사 활동의 전반적인 방향을 설정하는 단계이다. 여기에서는 실제적인 감사가 경제적이며 능률적이고 효과적으로 그 목표를 달성할 수 있도록 감사 실시 전에 감사대상 부서와 업무에 관한 필요한 예비지식을 습득하고, 구체적인 감사 추진계획을 수립한다. 감사반의 구성, 감사대상 부서의 선정, 감사대상 업무의 선정, 예비조사, 그리고 세부적인 감사계획의 수립 등이 감사기획 과정에서 이루어져야 하는 활동이다.

제 1 절 감사반의 구성

감사기획 과정에서 해야 할 일의 하나는 직접 감사 활동에 참여할 감사단을 구성하는 일이다. 감사반의 구성은 적절한 기준에 따라 감사 업무를 가장 효율적으로 수행할 수 있도록 적절한 기준에 따라 이루어지는 것이 필요하다. 이 때 고려될 수 있는 기준으로는 다음의 세 가지를 들 수 있다.

① 특정한 감사를 수행하는 데 요구되는 기술이나 경험의 소유 여부
② 잠재적 감사요원이 최근에 수행한 감사 실적의 우수성
③ 감사의 범위와 복잡성을 고려하여 이를 감당할 수 있는 자격이 있는지 여부

또한 감사 내용에 따라서는 특수한 분야에 대한 전문지식을 필요로 하는 경우가 있다. 이 때에는 이러한 전문가가 감사단에 포함되도록 배려하는 것이 중요하다. 예를 들어, 환경 보존과 관련된 사업의 효과성이나 능률성 여부가 감사의 초점이 되어 있는 경우에는, 정책학이나 후생경제학에 깊이 있는 지식을 갖추고 있는 전문가가 필요할 뿐만 아니라, 환경 문제에 관한 전문적 지식을 갖추고 있는 감사요원을 필요로 한다. 따라서 감사기관이 자체적으로 이러한 인력을 보유하고 있지 못한 경우에는 문제가 야기될 수 있다. 이런 경우에 감사기관이 할 수 있는 일은 이러한 분야에 조예가 깊은 외부 감사자문위원들로부터 지원을 받는 것이라고 하겠다.

제2절 감사대상 부서의 선정

감사대상 부서는 해당 기관의 연간 감사계획에 포함된다. 예컨대, 서울특별시의 경우, 시장은 연도 개시 후 30일 이내에 감사대상기관을 포함한 연간 감사기본계획을 수립하여야 한다(서울특별시 행정감사규칙 제4조). 부산광역시의 경우에도, 시장은 특별한 사유가 없는 한 매년 12월 말까지 수감기관 등을 명시한 연간 감사계획을 수립하여 감사원 등에 협의를 거쳐 당해 연도 1월 말까지 수감기관에 알려야 한다(부산광역시 행정감사규칙 제4조). 그렇다면 이러한 감사계획에 어떤 부서들을 포함시킬 것인가 하는 것을 결정하여야 한다. 재무·합법성감사의 경우에는 감사순기에 따른 결정이 이루어져야 할 것이다. 그러므로 문제는 성과감사, 그 중에서도 수시로 실시하는 성과감사의 대상기관을 어떻게 선정하는 것이 바람직하겠는가 하는 문제이다. 아래에서는 성과감사의 대상기관을 선정하는 데 도움을 줄

수 있는 몇 가지 요소들을 제시하고자 한다.

첫째, 중요성이 높은 감사 영역을 들 수 있을 것이다. 예컨대, 보건 부문을 주요 영역으로 선정한 경우, 이 부문을 관장하고 있는 보건담당 부서를 성과감사의 대상으로 선정하는 것이다. 이러한 연결은 논리적으로 아주 자연스러운 것이라고 하겠다.

둘째, 부서의 중요성을 들 수 있다. 기관의 중요성은 대체로 사용하는 예산의 규모, 확보하고 있는 인력의 규모, 그것이 수행하는 업무에 대한 국민적 관심 등을 기준으로 생각해 볼 수 있을 것이다. 예산이나 인력의 규모가 상대적으로 큰 기관, 국민적 관심이 많이 모아져 있는 부서들이 그렇지 않은 부서들에 비하여 상대적으로 중요하다고 보는 것은 무리가 아니라고 판단되기 때문이다. 감사 수요는 항상 그 공급 능력을 상회하기 때문에 감사역량을 효율적으로 활용하는 문제가 감사관리층의 주요 관심사의 하나가 되어야 한다. 이러한 관점에서 보면, 감사 역량은 위에 제시한 기준을 만족시키는 부서에 우선적으로 투입되는 것이 소망스럽다고 할 수 있다. 이러한 부서에서는, 예컨대 예산 사용의 부적절한 사례를 발견할 가능성이 많고, 따라서 행정 개선의 효과를 거둘 수 있는 가능성이 그만큼 높기 때문이다.

셋째, 기관의 관리통제 체계(management control system)에 대한 감사자의 사전 지식을 들 수 있다. 즉, 관리통제 체계가 취약한 부서를 감사대상 부서로 선정한다는 것이다. 관리통제란 감사대상 조직이 그 업무를 합법적이며 능률적이고 효과적으로 수행하기 위하여 확립한 제반 수단, 즉 조직계획과 기타 계획, 정책, 절차 및 관행을 일컫는다(Herbert, 1979: 26, 126; Knighton, 1967: 110). 이러한 관리통제가 취약하다는 것은 결국 그 기관이 부여된 업무를 적정하게 수행하고 있지 못하다는 것을 암시하기 때문에, 이러한 기관을 감사하여 그 부적정한 업무 수행의 요인을 밝힘으로써 행정 개선의 효과를 거둘 수 있는 것이다.

1 자체감사기구는 본부를 감사 대상으로 하고 있는가?

현재 우리 나라의 자체감사기구들이 어느 기관 혹은 부서들을 감사 대상으로 하고 있는지를 알아보고자 한다. 여기에서의 관심은 자체감사기구가 소속된 기관의 본부에 대한 자체감사가 이루어지고 있는가 하는 문제에 있다. 설문조사 결과, <표 8-1>에 나타나 있는 바와 같이, 감사담당 부서가 소속된 기관의 본부(본청)가 감사 대상이 된다고 한 응답이 86.2%인 131개 기관으로 나타났으며, 본부에 소속된 하급기관(지방청, 지역사무소, 지점 등)이 감사 대상이 된다고 한 응답이 85.5%인 130개 기관으로 나타났다. 또 각 기관의 지도 · 감독 · 지원을 받는 단체에 대하여도 감사를 실시한다고 응답한 곳은 41.4%인 63개 기관으로 나타났고, 기타 기관에 대하여 감사를 실시한다고 한 곳은 9.9%인 15개 기관으로 나타났다.[1] 흥미로운 사실은 1990년대에 비하여 자체감사기구들이 본부에 대한 감사를 상당한 정도로 많이 수행하고 있다는 것으로서, 바람직한 방향으로 나아가고 있다고 하겠다. 다만, 본부에 대한 감사의 실체에 관한 심도 있는 규명이 필요하며, 향후의 과제라 하겠다.

〈표 8-1〉 감사대상기관

구 분	빈도(f)	비율(%)
본부(본청)	131	86.2
하급기관(지방청 등)	130	85.5
지도 · 감독 · 지원을 받는 단체	63	41.4
기타	15	9.9
결측값	2	1.3
합계	152	

이러한 설문조사 결과는 기관 유형에 따라 다르게 나타날까? <표 8-2>에서 볼 수 있는 바와 같이, 기관의 유형에 관계 없이 대부분의 자체감사기구가 본부와 하급기관에 초점을 맞추어 감사를 수행하고 있으나, 기관 유형에 따라 약간의 차이를 보이고 있다. 즉, 교육자치단체와 지방자치단체의

1) 기타의 경우, 공적 단체는 주로 자회사나 출자기관, 해외현지법인, 그리고 거래 관계가 있는 외부기관까지 감사의 대상으로 하고 있었다. 국가기관은 업무위탁기관에 대한 감사를 실시하는 경우가 있었고, 정부출자기관은 자회사, 출자회사 등을 감사 대상으로 삼고 있었다.

감사기구는 본청보다는 본부에 소속된 하급기관에 더 감사의 초점을 두고 있는 것으로 나타났으며, 국가기관과 지방자치단체가 다른 기관에 비하여 지도·감독·지원받는 단체에 대한 감사를 상대적으로 많이 실시하고 있는 것으로 나타났다. 또한 지방자치단체의 몇몇 경우는 자치권을 가진 시·군을 대상으로 감사하는 경우가 있으며, 교육청 등 교육행정기관에 대해서도 감사를 실시하는 경우가 있는 것으로 나타났다. 향후의 연구에서는 이러한 차이가 의미하는 바와 그 이유, 그리고 그 이유의 정당성 등이 심도 있게 규명되어야 할 것이다.

〈표 8-2〉 기관 유형별 감사대상기관

구 분		감사 대상				결측값(%)	합계
		본부(본청)(%)	하급기관(%)	지도·감독·지원받는 단체(%)	기타(%)		
기관 유형	공적 단체	58(96.7)	48(80.0)	9(15.0)	6(10.0)	0(0.0)	60
	교육자치단체	7(43.8)	16(100.0)	6(37.5)	1(6.3)	0(0.0)	16
	국가기관	41(89.1)	39(84.8)	31(67.4)	1(2.2)	1(2.2)	46
	정부투자기관	13(92.9)	12(85.7)	3(21.4)	2(14.3)	1(7.1)	14
	지방자치단체	12(75.0)	15(93.8)	14(87.5)	5(31.3)	0(0.0)	16

2 본부에 대한 감사 실시의 이유

금번 설문조사에서 알 수 있었던 것은, 앞에서 파악했던 것처럼, 많은 수의 자체감사 부서가 본청에 대한 감사를 실시하고 있다는 사실이다. 이러한 사실은 자체감사기구가 본부에 대한 감사를 무척 회피하였던 과거 1980년대나 1990년대의 상황과는 많은 차이를 보이는 점이다. 이 점에 착안하여, 그리고 이 점을 고려하여, 자체감사기구가 본부에 대한 감사를 하게 된 원인 혹은 이유에 대하여 설문지를 통해서 알아보았다. <표 8-3>을 보면

〈표 8-3〉 본청에 대한 감사 실시 이유

본청에 대한 감사 실시 이유	빈도(f)	비율(%)
정기적으로 실시	95	62.5
기관장의 지시	77	50.7
언론 공개 등 문제점 발생	75	49.3
시민단체 감사 청구 등	26	17.1
기타	36	23.7
합계	152	

본청에 대한 정기적 감사를 실시하고 있는 기관이 95개 기관 62.5%로 나타났고, 기관장의 지시에 따라서 하는 경우도 77개 기관 50.7%로 나타났다. 언론에 공개되는 등 문제점이 발생하였을 경우에 실시한다는 기관도 75개 기관 49.3%로 나타났으며, 시민단체의 감사 청구 등의 경우는 26개 기관, 17.1%로 나타났다. 기타의 경우로는, 주로 일상감사를 실시하거나, 감사담당기구가 필요하다고 판단하는 경우, 민원 제기에 따라 본부에 대한 감사를 한다는 것이었다.

조사대상 기관 유형별로 살펴보면 주목할 것은 공적 단체와 정부투자기

〈표 8-4〉 기관 유형별 본청에 대한 감사 실시 이유

구 분		감사 이유					결측값(%)
		정기적 실시(%)	기관장의 지시(%)	언론공개 등 문제점 발생(%)	시민단체 감사청구 등(%)	기타(%)	
기관 유형	공적 단체	52(86.7)	30(50.0)	33(55.0)	8(13.3)	15(25.0)	0(0.0)
	교육자치단체	2(12.5)	8(50.0)	4(25.0)	3(18.8)	3(18.8)	2(12.5)
	국가기관	22(47.8)	25(54.3)	19(41.3)	7(15.2)	7(15.2)	3(6.5)
	정부투자기관	10(71.4)	3(21.4)	7(50.0)	2(14.3)	8(57.1)	0(0.0)
	지방자치단체	9(56.3)	11(68.8)	12(75.0)	6(37.5)	3(18.8)	0(0.0)

관은 본청에 대한 감사를 주로 정기적으로 실시하며, 국가기관과 지방자치단체는 기관장의 지시에 따라 주로 본부감사를 실시하는 것으로 나타났다(<표 8-4> 참조). 또한 주목을 끄는 것은, 지방자치단체에서 문제가 언론에 공개되는 등의 경우에 감사를 하는 것으로 나타났다는 사실이다.

3 감사대상기관 · 부서에 대한 감사 비중

여기에서는 자체감사기구가 각 감사대상기관 혹은 부서에 대한 감사에 전체 업무량의 얼마만큼의 비중을 두는지를 알아보고자 한다. 설문조사 결과에 따라 작성된 <표 8-5>에 나타난 바와 같이, 자체감사기구들은 하급기관에 대한 감사에 가장 많은 시간을 투입하고 있는 것으로 나타났다. 하급기관의 감사에 총 업무량의 반 이상(51.4%)을 투입하고 있으며, 그 다음으로 많은 시간(34.7%)을 본부에 대한 감사에 투입하고 있는 것으로 나타났다.

〈표 8-5〉 각 대상기관에 대한 감사의 업무 비율

구 분	최소(%)	최대(%)	평균(%)
본부 감사	0	100	34.7
하급기관 감사	0	100	51.4
지도 · 감독 · 지원받는 단체감사	0	90	13.3
기타 기관 감사	0	80	3.3

기관 유형별 각 대상기관에 대한 감사의 업무 비중에 대한 설문조사 결과는 <표 8-6>에 나타나 있다. 여기에서 알 수 있는 것은, 공적 단체의 자체감사기구를 제외한 대부분의 감사기구들이 하급기관의 감사에 상대적으로 많은 업무 비중을 두고 있다는 것이다. 공적 단체의 감사기구는 본부에 대한 감사에 전체 업무량의 51.8%를 투입하고 있는 것으로 나타났다. 그리고 지방자치단체와 교육자치단체의 자체감사기구는 본부에 대한 감사에 현저히 낮은 업무 비중을 두고 있는 반면 하급기관에 대한 감사에 상대적으로 많은 업무 비중을 두고 있다.

〈표 8-6〉 기관 유형별 각 대상기관에 대한 감사의 업무 비중

구 분		본부감사 (%)	하급기관감사 (%)	지도 · 감독 · 지원받는 단체(%)	기타 기관감사 (%)
기관 유형	공적 단체	51.8	42.5	3.5	2.2
	교육자치단체	3.3	80.3	16.5	0.0
	국가기관	29.1	47.2	23.8	1.6
	정부투자기관	36.1	58.2	11.7	15.0
	지방자치단체	11.7	61.4	18.5	19.0

제 3 절 감사 대상(사업이나 업무)의 선정

감사대상 부서가 선정된 후에는 그들이 수행하는 업무 가운데 어느 것을 감사할 것인가를 결정하여야 한다. 바로 감사대상 정책이나 사업 혹은 업무를 선정하여야 한다. 이것은 감사의 실제에서는 감사 사항의 선정이라고 불린다. 제한된 감사 인력과 예산으로 감사를 효과적으로 수행하여야 하기 때문에 감사 대상을 잘 선정하는 일이 매우 중요하다(감사원, 2005: 17).

1 감사대상 업무 선정자

먼저, 우리 나라의 자체감사의 실제에서 누가 감사대상 업무의 선정을 실질적으로 결정하는가를 알아보고자 한다. 설문분석 결과, 감사 부서의 장이 이 과정에서 압도적으로 중요한 역할을 하고 있음을 알 수 있었다. 즉, <표 8-7>에서 볼 수 있듯이, 69.1%인 105개 기관이 감사 부서의 장이 감사 대상의 결정에 실질적으로 중요한 역할을 하며, 해당 감사 부서가 소속된 기관의 장은 18.4%인 28기관, 해당 감사 업무의 담당자가 19.1%인 29기관이 감사 대상의 결정에 중요한 역할을 한다고 응답하고 있다. 이러한 통계는 감사대상 업무의 선정 과정에서는 자체감사 책임자와 감사요원이 결

정적 역할을 수행함을 알 수 있게 해 준다.

〈표 8-7〉 감사대상 업무 선정자

구 분	빈도(f)	비율(%)
감사 부서의 장	105	69.1
기관의 장	28	18.4
감사 업무 담당자	29	19.1
기타	4	2.6
결측값	1	0.7
합계	152	

기관 유형별 감사대상 업무 선정의 실질적 결정자를 보면, <표 8-8>에서 알 수 있듯이, 기관 유형에 상관 없이 감사 부서의 장이 가장 중요한 역할을 수행하고 있다.

〈표 8-8〉 기관 유형별 감사대상 업무 선정자

구 분		감사대상 업무 선정자				결측값(%)
		감사 부서의 장(%)	기관의 장(%)	감사업무 담당자(%)	기타(%)	
기관 유형	공적 단체	47(78.3)	7(11.7)	9(15.0)	2(3.3)	0(0.0)
	교육자치단체	7(43.8)	6(37.5)	4(25.0)	0(0.0)	0(0.0)
	국가기관	28(60.9)	8(17.4)	10(21.7)	1(2.2)	1(2.2)
	정부투자기관	12(85.7)	2(14.3)	3(21.4)	0(0.0)	0(0.0)
	지방자치단체	11(68.8)	5(31.3)	3(18.8)	1(6.3)	0(0.0)

2 감사대상 업무(정책 · 사업)

감사대상 부서가 수행하는 사업이나 업무는 해당 부서가 수행하는 기능에 따라 그 종류와 수에서 상당한 차이를 보일 수 있다. 수행하는 정책, 사업, 업무의 종류가 그리 다양하지 않고, 그 수도 많지 않은 기관이 있는가

하면, 사업이나 업무의 종류도 다양하고, 그 수도 상당히 많은 부서가 있을 수 있다. 어쨌든 감사기관은 이들 업무 전체를 감사 대상으로 할 것인지, 아니면 몇 개만을 선정하여 그 대상으로 할 것인지를 결정하지 않으면 안 된다.

그러면 어떤 기준에 의거하여 이러한 정책, 사업 혹은 업무 가운데 어떤 것을 감사 대상으로 선정할 것인가? 여기에서는 한 기관의 특정한 목표를 달성하기 위하여 조직된 활동과 자원의 조합이라고 할 수 있는 사업들 가운데 어떤 사업을 감사 대상으로 할 것인지에 대하여 몇 가지 기준을 제시하고자 한다(김명수 · 박준, 1995: 172).

첫째로 생각할 수 있는 대상으로는 중요한 사업이다. '중요하다'는 것은 많은 예산이나 인력이 투입될 뿐만 아니라 많은 국민들이 관심을 가지고 있고, 또한 그것이 국민에게 미치는 효과가 크다는 것을 뜻한다. 이러한 정책, 사업, 업무를 감사함으로써 상대적으로 많은 감사 효과를 기대할 수 있기 때문이다. 중요한 사업을 예시하면 아래와 같다(감사원, 2005: 19).

① 기획예산처가 관리하는 예산점검 관리대상 사업(예: 300대 주요 재정사업)
② 예비타당성 조사 대상이 되는 예산 규모가 큰 사업
③ 총사업비 관리대상 사업, 총액계상 예산사업
④ 국무총리실에서 관리하는 주요 정책
⑤ 감사대상기관에서 연구 용역 등을 통하여 자체평가를 실시한 적이 있는 사항
⑥ 시민단체나 언론의 관심이 많은 사항

두 번째로 생각할 수 있는 대상은 신규 사업이다. 신규 사업은 해당 감사대상 부서에서는 처음으로 시행하는 사업이다. 따라서 이러한 사업에 대한 감사를 통하여 그러한 사업의 효과와 자원의 활용 상태를 평가하는 일은 그 의미가 크다고 하겠다. 이러한 사업에 대한 감사 결과는 그 사업의 계속적인 실시의 타당성 여부를 결정할 때나, 집행 과정의 수정 여부를 결정할 때 아주 유익한 정보를 제공할 수 있다.

다음으로 생각할 수 있는 대상은 여러 부서에 관련되어 있는 정책, 사업, 업무이다. 이러한 업무일수록 위험 요소(risk)가 많이 내포되어 있기 때문

이다(감사원, 2005: 19-20 참조). 이러한 정책 혹은 사업의 경우에는 그 수행의 책임이 복수의 부서에 분산되어 있기 때문에 책임 있는 행정의 확보가 어렵고, 따라서 사업의 목적 달성에 차질이 야기될 가능성이 높을 뿐 아니라 자원의 전체적인 활용에서도 비경제와 비능률이 초래될 가능성이 높기 때문이다.

이러한 기준은 설문조사 결과와 대체로 일치한다. 설문조사 결과, 자체감사기구들은 감싸주기 등 일반적 고려 사항 이외에 특별히 관심을 가지고 감사대상 부서나, 업무, 사업 등을 선정하는 분야는 아래와 같다.

① (부정·비리·사업) 취약 부문
② 민원 발생 빈도, 고객만족도
③ 조직목표(핵심 사항, 사업계획 등)
④ 전년도 감사·평가 결과와 업무 추진 실적
⑤ 업무의 중요도(대규모의 예산 또는 파급 효과) 및 시급성
⑥ 기관장의 지시 사항

그 밖에도, 기관 유형에 따라 약간의 차이를 보이나, 일반화시킬 수 있는 분야를 들면 아래와 같다.

① 업무환경, 업무 내용 및 업무 수행 방법이 급격히 변화한 경우
② 언론 등에 보도됨으로써 사회적 관심 대상이 된 경우
③ 감사 사각지대에 있는 업무

3 감사 대상으로서의 감사대상 업무의 측면

감사대상 업무를 선정한 다음에는 그러한 업무의 어떤 측면을 감사할 것인가의 문제를 생각할 필요가 있다. 행정기관들이 수행하는 업무는 그 실질적인 내용에서는 기관마다 차이를 보일 수 있다 해도 형식적인 면에서는 동일하다고 볼 수 있다. 어느 기관이든지 그것이 하나의 조직으로서 생존하면서 그 생존을 가능케 한 목표들을 달성하기 위해서는 먼저 기획 활동(planning)이 이루어져야 한다. 그 다음으로는 기획 활동의 결과 산출된 계획을 실시하는 활동(implementing)이 존재하여야 하고, 더 나아가 이러한 계획을 실시하는 과정과 실시한 후에 그 과정과 성과를 검토하는 평가 활

동(evaluating)이 수행되는 것이 바람직하며, 마지막으로 이러한 평가 결과에 따라 필요한 경우 시정조치를 취하는 활동(correcting)이 이루어져야 한다.

기획 활동, 그 중에서도 조직 활동의 최초에 이루어지는 기획은 정책기획으로서, 여기에서는 조직의 정책을 결정한다. 이러한 정책은 조직이 추구하는 목표와 이들을 달성할 수 있는 수단들을 포함한다. 그러나 이 단계에서 결정되는 수단들은 구체성을 결여하고 있는 것이 일반적이다. 따라서 다음 단계에서 이루어지는 집행 과정에서 이를 구체화하는 기획이 다시 수행되어야 한다.

집행 활동에는 아주 다양한 활동들이 내포되어 있다. 집행에 필요한 지침 작성, 구체적인 사업계획의 수립, 조직관리, 회계 업무를 포함한 재무행정, 지도·단속, 인가, 허가 등과 같은 규제 업무, 보조금이나 생활유지비의 지급과 같은 배분 업무, 조정 업무, 지휘·감독 업무, 보고 업무, 정보화 업무 등이 그것이다. 평가 활동은 집행평가와 성과평가를 포함한다. 그리고 시정 활동은 평가 결과에 따라 사업계획을 수정하는 활동으로서, 사업 목표나 사업 내용을 수정하는 등의 활동이 포함된다.

다음으로는, 위에서 선정된 감사대상 정책, 사업, 업무에 대하여 현재 우리 나라의 자체감사기구들은 어떤 측면을 감사 대상으로 삼고 있을까? 설문조사 결과, <표 8-9>에 나타나 있는 바와 같이, 자체감사기구들은 152개 기관 중 95.4%인 145개 기관이 정책집행 측면을, 73.7%인 112개 기관이 정책 형성·결정 측면을, 그리고 32.2%인 49개 기관이 정책평가 측면을 평가 대

〈표 8-9〉 감사 대상 측면에 대한 감사

구 분	빈도(f)	비율(%)
정책(사업계획) 형성 측면	112	73.7
정책(사업계획) 집행 측면	145	95.4
정책(사업계획) 평가 측면	49	32.2
기타	41	27.0
결측값	2	1.3
합계	152	

상으로 하고 있는 것으로 나타났다. 기타 업무에 응답한 곳은 27.0%인 41 기관이었다. 이러한 분석 결과는 감사의 주 관심사가 원래 업무 집행 활동이라는 사실을 고려할 때 당연한 결과라고 생각된다.

이러한 감사 대상 측면에 대한 감사가 기관 유형에 따라 달리 나타날까? 여기에 대한 해답은, <표 8-10>에 나타난 바와 같이, 기관 유형에 따라 자체감사기구가 감사 대상으로 하고 있는 업무가 달리 나타나고 있다고 할 수 있다. 정책집행 측면을 가장 많은 감사기구들이 감사 대상으로 하고 있는 사실에는 변함이 없다. 그러나 공적 단체와 정부투자기관 및 지방자치단체가 상대적으로 많이 정책형성 측면과 정책평가 측면을 감사 대상으로 하고 있음을 알 수 있다. 반면, 국가기관과 교육자치단체는 이들 업무를 감사 대상으로 하는 비율이 상대적으로 매우 낮다.

〈표 8-10〉 기관 유형별 감사 대상 측면

구 분		감사 대상 측면				결측값 (%)
		정책형성	정책집행	정책평가	기타	
기관 유형	공적 단체	52(86.7)	57(95.0)	28(46.7)	15(25.0)	0(0.0)
	교육자치단체	8(50.0)	16(100.0)	1(6.3)	1(6.3)	0(0.0)
	국가기관	27(58.7)	43(93.5)	7(15.2)	14(30.4)	1(2.2)
	정부투자기관	13(92.9)	14(100.0)	8(57.1)	5(35.7)	0(0.0)
	지방자치단체	12(75.0)	15(93.8)	5(31.3)	6(37.5)	1(6.3)

그 다음으로 이들 정책 과정의 각 측면에 대한 감사가 자체감사 업무에서 차지하는 업무량의 비중을 알아보았다. <표 8-11>을 보면, 자체감사기구의 전체 업무량 중에서, 정책형성·결정에 대한 감사의 비중은 18.9%로 나타났고, 정책집행에 대한 감사의 비중은 62.6%, 정책평가에 대한 감사의 업무 비중은 7.4%로 나타났다. 여기에서 자체감사기구들이 압도적으로 많은 비중의 시간을 정책집행 측면에 대한 감사에 투입하고 있음을 알 수 있다. 감사의 성격상 당연한 결과라고 하겠다. 다만, 여기서 한 가지 생각해 보아야 할 것은, 정책평가 측면에 투입되는 감사 시간이 적정한 수준인가 하는 것이다. 특히, 현재와 같이 행정기관에 의한 자체적 정책평가 등 여러

유형의 평가가 강조되고 있는 시점에서 깊게 생각해 보아야 할 문제라고 하겠다. 정책과 사업에 대한 평가는 평가한다는 자체만으로 평가의 효용이 나타나는 것이 아니며, 잘못된 평가는 오히려 평가대상기관(부서)의 부담만 안겨 준다는 점을 감안하여 제대로 된 평가가 이루어지는지를 검토할 책임은 감사 부서에 있다고 보이기 때문이다(김명수, 2004: 4).

〈표 8-11〉 감사 대상 측면에 대한 감사 시간

구 분	감사 시간 비중(%)
정책형성 · 결정	18.9
정책집행	62.6
정책평가	7.4
기타	13.0

<표 8-12>에서는 자체감사기구들이 기관 유형에 따라 감사대상 업무에 대하여 얼마나 많은 비중의 시간을 투입하는지를 말해 준다. 여기에서 알 수 있는 것은, 기관 유형에 관계 없이 정책집행 측면에 가장 많은 감사 시간을 투입하고 있다는 점이다. 앞에서와 마찬가지로 당연한 결과이다. 다만, 정부투자기관의 자체감사기구들이 다른 기관들보다 정책형성 · 결정에 많은 시간을 투입하고 있으며, 특히 지방자치단체와 정부투자기관의 자체감사기구들은 정책평가에 대해서도 상대적으로 많은 시간을 투입하고 있음을 알 수 있다. 기관의 유형에 따른 이러한 차이에 대해서는 앞으로 더 많은 연구가 이루어져야 할 것이다.

〈표 8-12〉 기관 유형별 감사 대상 측면에 대한 감사 시간

구 분		정책형성 · 결정	정책집행	정책평가	기타
기관 유형	공적 단체	21.7	53.4	8.8	16.1
	교육자치단체	14.4	79.4	3.8	2.5
	국가기관	13.2	70.2	4.3	13.4
	정부투자기관	30.7	55.4	11.4	6.7
	지방자치단체	18.4	64.9	15.0	17.0

4 자체감사에서 중시되는 항목

1) 정책형성 · 결정 측면

자체감사기구가 정책형성 · 결정 부분에 대한 감사에서 가장 중요시하는 항목은 무엇인가? <표 8-13>을 보면, 목표의 정확성(상위 목표와의 부합성, 현실성)에 중점을 두는 곳은 105개 기관(69.1%)으로 나타났고, 목표 달성을 위하여 마련된 수단의 적합성에 중점을 두는 곳은 95개 기관(62.5%)으로 나타났다. 목표 설정 과정의 적절성(의견 수렴)에 중점을 두는 감사기구는 56개 기관(36.8%)으로 나타났으며, 목표 달성을 위한 수단 개발 과정의 적절성에 중점을 두는 곳은 16개 기관(10.5%)으로 나타났다. 아마도 정부 업무평가에서 다루고 있는 측면에 대하여 자체감사에서 관심을 보이고 있는 결과인 것으로 해석된다.

〈표 8-13〉 정책형성 · 결정 감사시 중점 사항

구 분	빈도(f)	비율(%)
목표의 정확성(상위 목표와의 부합성, 현실성)	105	69.1
목표 달성을 위하여 마련된 수단의 적합성	95	62.5
목표 설정 과정의 적절성(의견 수렴)	56	36.8
목표 달성을 위한 수단 개발 과정의 적절성	16	10.5
기타	2	1.3
결측값	13	8.6
합계	152	

기관 유형별로 정책형성 · 결정에 대한 감사시 중점 고려 사항에 대하여 파악해 본 결과, <표 8-14>에 나타난 바와 같이, 기관의 유형에 관계 없이 모두 목표의 정확성, 목표와 수단의 적합성 및 목표 설정 과정의 적절성에 감사의 중점을 두고 있는 것으로 파악되었다. 다만, 교육자치단체의 감사기구가 목표 설정 과정의 적절성보다 수단 개발 과정에 더 많은 관심을 보이

고 있는 것으로 나타나고 있는데, 한 개 기구 차이여서 크게 의미 있는 것은 아닌 것으로 사료된다.

〈표 8-14〉 기관 유형별 정책형성·결정 업무 감사시 중점 사항

구 분		정책형성·결정 감사					결측값(%)
		목표의 정확성(%)	목표와 수단의 적합성(%)	목표설정 과정의 적절성(%)	수단 개발과정의 적절성(%)	기타(%)	
기관 유형	공적 단체	43(71.7)	42(70.0)	23(38.3)	5(8.3)	1(1.7)	3(5.0)
	교육자치단체	11(68.8)	9(56.3)	3(18.8)	4(25.0)	0(0.0)	2(12.5)
	국가기관	28(60.9)	21(45.7)	20(43.5)	5(10.9)	1(2.2)	7(15.2)
	정부투자기관	11(78.6)	13(92.9)	4(28.6)	0(0.0)	0(0.0)	0(0.0)
	지방자치단체	12(75.0)	10(62.5)	6(37.5)	2(12.5)	0(0.0)	1(6.3)

2) 정책집행 측면

정책집행 과정에 대한 자체감사에서 가장 중요시하는 하는 항목은 무엇인가? <표 8-15>을 보면 그 결과를 알 수 있는데, 정책집행에 대한 감사시

〈표 8-15〉 정책집행 감사시 중점 사항

구 분	빈도(f)	비율(%)
법, 지침, 기준 준수 여부	144	94.7
예산의 오·남용	105	69.1
사업진척도	3	2.0
자원의 효율적 활용	28	18.4
행정 여건 변화에 적응	11	7.2
순응성 확보	4	2.6
기타	2	1.3
결측값	3	2.0
합계	152	

가장 중요하게 생각하는 항목은 법 · 지침 · 기준 준수 여부라는 것이다. 이 부분에 역점을 두는 기구가 144개 기관, 94.7%인 것으로 나타났다. 그 다음이 예산의 오 · 남용에 관한 문제이다. 105개 감사기구, 69.1%가 이 문제에 역점을 두고 감사하고 있는 것으로 나타났다. 그 다음으로 역점을 두는 곳이, 비중은 많이 떨어지지만, 인적 · 물적 자원의 효율적 활용 여부로서, 28개 기관 18.4%를 나타내고 있다. 이러한 조사 결과는 합법성감사에 치중하고 있는 우리 나라 감사의 현실을 그대로 반영하고 있다고 하겠다. 다만, 성과감사의 한 측면인 자원의 효율적 활용에도 약간의 관심을 보이는 것으로 나타나, 앞으로 성과감사의 발전 가능성을 엿보게 한다.

<표 8-16>은 자체감사기구가 정책집행 과정을 감사할 때, 그들이 속한 기관의 유형에 따라 감사 중점 사항이 다르게 나타나는지를 나타내 준다. 앞에서 보았던 결과가 여기에서도 그대로 나타나고 있다. 즉, 기관 유형에 관계 없이 합법성감사에 역점을 두고 있다는 것이다. 다만, 국가기관이 자원의 활용과 행정 여건 변화에의 적응성에도 약간의 관심을 보이고 있다는 점과, 정부투자기관과 공적 단체의 감사기구들이 자원의 효율적 활용을 비교적 중시하는 것으로 나타난 점이 우리의 주목을 끈다. 국가기관의 경우,

〈표 8-16〉 기관 유형별 정책집행 업무 감사시 중점 사항

구 분		정책집행 감사							결측값 (%)
		법 · 지침 · 기준 준수 여부 (%)	예산의 오 · 남용 (%)	사업 진척도 (%)	자원의 효율적 활용 (%)	행정여건변화에 적응 (%)	순응성 확보 (%)	기타 (%)	
기관 유형	공적 단체	58(96.7)	40(66.7)	1(1.7)	14(23.3)	2(3.3)	1(1.7)	2(3.3)	1(1.7)
	교육자치단체	15(93.8)	14(87.5)	0(0.0)	1(6.3)	2(12.5)	0(0.0)	0(0.0)	0(0.0)
	국가기관	43(93.5)	29(63.0)	2(4.3)	6(13.0)	6(13.0)	2(4.3)	0(0.0)	2(4.3)
	정부투자기관	12(85.7)	9(64.3)	0(0.0)	5(35.7)	0(0.0)	1(7.1)	0(0.0)	0(0.0)
	지방자치단체	16(100.0)	13(81.3)	0(0.0)	2(12.5)	1(6.3)	0(0.0)	0(0.0)	0(0.0)

특히 정부 업무평가에서 그러한 측면을 다루고 있는 것이 영향을 미친 것으로 보이며, 정부투자기관과 공적 단체들은 기관의 특성이 반영된 결과로 해석된다.

3) 정책평가 측면

자체감사기구가 기관의 정책평가 업무에 대한 감사에서 가장 중요시하는 항목은 무엇인가? <표 8-17>을 보면 그 결과를 알 수 있는데, 평가 방법과 평가에 사용된 지표들의 적합성 여부가 감사의 주요 관심사임을 알 수 있다. 그 다음으로, 평가 결론의 타당성 여부와 평가 결과의 활용 여부가 자체감사의 관심을 끄는 항목으로 나타났다.

〈표 8-17〉 정책평가 업무 감사시 중점 사항

구 분	빈도(f)	비율(%)
평가지표의 적합성 여부	86	56.6
평가 방법의 적절성 여부	91	59.9
평가 주체의 적절성 여부	6	3.9
평가 시기의 적절성	1	0.7
평가 결론의 타당성 여부	35	23.0
평가 결과의 활용 여부	32	21.1
기타	1	0.7
결측값	25	16.4

<표 8-18>은 자체감사기구가 정책평가 업무에 대한 감사시 중점 사항으로 고려하는 것을 기관 유형별로 파악한 것이다. 대부분의 자체감사기구가 기관의 유형에 관계 없이, 평가에 사용된 지표들의 적합성 여부와 평가 방법의 적절성 여부에 가장 많은 중점을 두고 있으며, 평가 결론의 타당성 여부와 평가 결과의 활용 여부에도 상당한 관심을 기울이고 있는 것으로 나타났다. 다만, 몇 항목에서 기관의 유형에 따라 약간의 차이를 관찰할 수

있다. 국가기관과 지방자치단체의 감사기구들이 평가 방법보다 평가지표의 개발을 더 중점적으로 감사하고 있는 것으로 나타났는데, 이것은 정부 업무평가에서 적절한 지표의 개발을 독려하고 있는 현 시점의 상황을 반영한 결과로 해석된다.

〈표 8-18〉 기관 유형별 정책평가 업무 감사시 중점 사항

구 분		정책평가 감사							결측값 (%)
		평가 지표의 적합성 (%)	평가 방법의 적절성 (%)	평가 주체의 적절성 (%)	평가 시기의 적절성 (%)	평가 결론의 타당성 (%)	평가 결과의 활용 (%)	기타 (%)	
기관 유형	공적 단체	36(60.0)	43(71.7)	0(0.0)	0(0.0)	17(28.3)	7(11.7)	0(0.0)	8(13.3)
	교육자치 단체	7(43.8)	9(56.3)	2(12.5)	1(6.3)	3(18.8)	4(25.0)	0(0.0)	3(18.8)
	국가기관	21(45.7)	19(41.3)	3(6.5)	0(0.0)	7(15.2)	14(30.4)	0(0.0)	14(30.4)
	정부투자 기관	11(78.6)	11(78.6)	0(0.0)	0(0.0)	3(21.4)	3(21.4)	0(0.0)	0(0.0)
	지방자치 단체	11(68.8)	9(56.3)	1(6.3)	0(0.0)	5(31.3)	4(25.0)	1(6.3)	0(0.0)

제 4 절 예비조사

예비조사는 선정된 감사대상 부서와 감사대상 정책, 사업 혹은 업무 전반에 대하여 이해를 도모하고, 그들과 관련된 관리통제 요소들을 파악하며, 구체적인 감사 문제를 설정하는 활동으로 구성된다. 이 단계에서는 감사대상기관이 보유하고 있는 자료의 신빙성을 결정함과 아울러, 감사의 기획단계 이후에 전개될 감사의 실시를 효율적으로 수행케 하는 데 필수적인

감사사업계획을 수립할 때 필요하고 충분한 자료를 수집하는 것을 목적으로 한다.

1 감사대상 부서의 이해

감사에 임할 때 감사요원들이 하여야 할 중요한 일의 하나는 감사대상 부서를 잘 아는 일이다. 이것은 무엇을 의미하는가? 그것은 감사대상 부서의 관리층, 그것이 수행하는 활동, 그러한 활동을 수행하는 근거, 그 부서가 추구하는 목표, 산출물, 활용하는 인적·물적인 자원, 조직 성원 사이의 책무성 관계, 관리 활동, 관리 체계 및 통제 장치 등을 이해함을 뜻한다. 여기에서 말하는 책무성 관계란 조직 내의 누가 누구에게 무엇에 대하여 어떠한 보고를 하여야 할 책무가 있는가 하는 측면을 가리킨다(The Office of the Auditor General of Canada, 1981: 22-23). 감사대상 부서를 이해하기 위하여, 감사요원들은 여러 가지 자료들을 수집, 조사, 연구하여야 한다. 이러한 자료들로는 아래와 같은 것들을 들 수 있다.

① 관련된 법령들과 규정, 직제 및 각종 지침
② 전회에 작성되었던 감사보고서
③ 감사 대상과 관련된 국회 회의록
④ 언론 보도와 진정서 등을 통하여 획득된 감사정보
⑤ 감사대상 부서의 업무계획서
⑥ 이전에 감사를 담당하였던 감사요원들과의 토의 내용

많은 경우, 감사요원들은 이미 감사대상 부서의 실체에 대하여 잘 알고 있을 가능성이 많다. 그런 경우라면 감사대상기관을 이해하는 과정은 비교적 짧은 기간에 걸쳐 이루어질 수 있을 것이다. 그러나 그렇지 못한 경우라면, 감사반장의 책임 하에 이 과정을 능률적으로 진행시켜야 한다.

2 감사대상 정책, 사업 혹은 업무의 이해

감사대상 정책, 사업 혹은 업무를 이해한다는 것은 그 시행 배경, 규모,

구조와 논리, 수혜자 혹은 규제 대상자, 관련된 조직들 사이의 상호 관계, 이를 수행하기 위한 지침과 절차, 관련된 제반 규정들을 이해하는 것을 말한다. 여기에서는 이들 중 사업의 구조와 논리에 관하여만 부연 설명하고자 한다. 다른 항목들은 자명한 것들이기 때문이다.

감사대상 정책, 사업, 업무의 구조와 논리를 이해한다는 것은 감사 대상이 어떠한 요소들로 구성되어 있으며, 또 그렇게 구성된 것은 어떠한 논리에 입각한 것인가 하는 것을 이해하는 것을 의미한다. 사업의 구조는 사업에 대한 투입(예산, 인력 등), 사업 활동(사업의 내용), 사업의 산출, 즉, 사업 활동의 시행 결과 생산된 재화와 용역, 사업의 효과, 즉 사업에 대한 투입과 사업의 수혜자나 규제 대상자 및 사회 전체에 미친 영향의 총체로 구성된다. 감사자는 이러한 사업의 요소들을 이해하여야 할 뿐만 아니라 그러한 요소들 사이의 논리적 연결의 근거를 이해하여야 한다.

3 감사 문제의 설정

감사 문제는 감사 초점이라고도 하는 것으로(감사원, 2005: 26), 감사 문제를 설정한다는 것은 구체적으로 감사 대상의 무엇을 감사할 것인가를 정하는 것을 의미한다. 감사대상 부서에 대한 배경적 정보를 수집하고, 또 그 기관이 수행하고 있는 혹은 이미 수행한 많은 정책이나 사업, 업무 중에서 감사 대상을 선정, 그것에 관한 필요한 정보를 수집하였기 때문에 감사자는 감사 문제를 구체적으로 설정할 수 있는 입장에 있게 된다.

감사 문제의 설정에는 대체로 감사 유형의 결정과 그러한 유형의 문제에 실질적 내용을 부여하는 두 가지 활동이 포함된다. 감사의 유형을 결정하는 것은 감사대상 사업이나 행정 업무의 어느 측면을 감사할 것인가를 정하는 것이다. 즉, 포괄적인 감사라면 재무·합법성 측면, 경제·능률성 측면, 효과성 측면이 모두 감사 문제가 되어야 하지만, 이러한 감사는 감사단에 많은 부담을 주는 일임에 틀림없다. 따라서 어떤 특정한 감사에서는 감사자원 등의 여건을 고려하여 이 중 어느 하나 혹은 둘을 선택하여 감사 문제로 삼는 것이 바람직할지 모른다. 미국의 감사 관행에서는, 연방정부에서나 주정부를 막론하고, 어느 감사에서나 재무·합법성 측면은 기본적으로 감사 문제에 포함시키고 있다(U.S. GAO, 1988: 6-9; State of California OAG, 1980: Ⅲ. 3-9).

감사 문제의 설정 작업이 감사 유형을 결정하는 것에 그쳐서는 안 된다. 감사의 유형은 감사 문제의 형식일 뿐, 실질적인 감사 문제를 나타내는 것은 아니기 때문이다. 그러므로 감사 문제를 설정할 때에는 형식에 실질적 의미를 부여하는 과정이 이루어져야 한다. 예를 들어, 감사 문제를 단순히 "이번 감사는 갑이라는 사업(혹은 관리 활동)의 능률성(혹은 합법성 혹은 효과성)을 결정하는 것이다"라고 설정하는 것은 충분하지 못하다. "갑이라는 사업의 X1, X2, X3 활동들을 수행할 때 적정가 이상의 경비를 지불함으로써 국고에 손실을 끼쳤는가?" 혹은 "갑이라는 사업은 영아 사망률을 0.20%에서 0.15%로 낮추려고 한 원래의 목표를 달성하지 못하고 0.18%로밖에 낮추지 못했는가?"라는 식으로 감사 문제의 실질적 내용이 제시되어야 한다.

일반적으로 이야기하면, 이 시점에서 제시된 감사 문제는 네 가지의 감사 요소, 즉 ① 문제 상황, ② 문제 상황이 야기한 효과, ③ 기준 그리고 ④ 원인을 포함하는 것이 바람직하다(Herbert, 1979: 2; State of California OAG, 1980: Ⅲ. 5·1). 물론, 이러한 일이 가능하지는 않을 수도 있다. 예비조사 단계이기 때문에 필요한 정보를 모두 수집한다는 것이 불가능할 수 있기 때문이다. 여기에서 말하는 문제 상황이란 감사에서 관심의 대상이 되는 현재의 바람직스럽지 않은 상황(condition)을 가리킨다. 문제 상황을 야기하는 것은 다음에 설명될 기준에 미치지 못하는 관리층이나 직원의 행위이다. 효과(effects)란 감사대상기관의 행동으로 말미암아 야기된 결과를 가리킨다. 이것은 가끔 금전으로 표시되기도 하지만, 그렇게 할 수 없는 경우도 있다. 이것은 문제를 기준과 대비시켜 측정함으로써 얻어진다. 기준(criteria)이란 해당 감사에 적용될 적절한 표준으로서, 현재의 상태가 어떤 것이어야 된다는 것을 제시한 것이다. 이러한 기준은 보통 법령이나 정책에 내포되어 있다. 원인(causes)이란 문제 상황이 발생하게 된 이유를 일컫는다.

제 5 절 감사사업계획의 수립

감사사업계획이란 감사실시계획이라고도 하는 것으로(감사원, 2005: 22 참조), 감사 문제에 대한 해답을 얻기 위하여 수행되어야 할 일들을 정해 놓은 것을 일컫는다. 여기에서는 감사 문제를 세분하여, 감사자가 결정하거나 시사(test)하여야 할 과제들을 제시하고, 또한 이러한 과제 하나하나를 수행하기 위한 각각의 방법을 정하는 일이 가장 중요하다고 하겠다. 감사반원들 사이의 업무 분담을 정하고, 감사 일정을 작성하며, 감사보고서의 양식을 설계하는 일도 감사사업계획의 수립 과정에서 수행하여야 할 것이다.

그러나 만일 감사 문제가 감사대상 정책/사업의 효과성을 결정하는 것이라면, 감사사업계획은 위와는 어느 정도 다르게 작성되어야 할 것이다. 이 경우에는 특히 감사 방법의 초점이 효과성을 측정하기 위한 평가설계에 두어져야 할 것이기 때문이다.

우리 나라 공공기관의 자체감사기구들은 연간 감사계획을 수립할 때 업무지침 등에 나타난 일반적인 고려 사항 이외에 특별하게 고려하는 사항은 아래와 같은 것으로 나타났다.

① 감사주기 및 중복 감사 여부(외부감사 포함)

② 정부 시책 및 조직목표(핵심 사항, 사업계획 등)

③ 기관장 지시 사항

④ 전년도 감사 결과

⑤ 취약 부문 및 중점 감사 대상 업무

⑥ 민원 발생(빈도, 예방)

⑦ 감사 기법

⑧ 자체감사기구의 역할

그리고 개별 감사계획을 수립할 때에는 업무지침 등에 나타난 일반적인 고려 사항 이외에 특히 아래와 같은 항목을 고려하는 것으로 나타났다.

① 감사주기 및 중복 감사 여부(외부감사 포함)

② 다수 민원 발생과 원인 확인(고객만족도)
③ 생산적 감사 활동 여부로 감사 활동으로 인한 피감기관의 업무 저해 정도, 감사 결과에 따른 기관 업무 개선에 영향력, 감사 이행계획의 적절성 등
④ 전년도 감사 결과(외부감사 포함)
⑤ 취약 부문 및 중점 감사대상 업무(해당 업무의 중요도)
⑥ 기관장의 지시 사항 및 감사기관 장의 감사 중점 사항
⑦ 언론에서 보도한 사항 등

제9장 자체감사 결과의 활용

제1절 감사 결과의 공개

1 개념적 정의

자체감사는 기관 내부에서 감사를 행하는 기구에 의하여 행하여지는 감사이다. 이런 점에서 자체감사 결과 활용을 위한 공개는 민감한 영역이다. 감사 결과의 공개로 인하여 감사 대상의 권리가 침해될 부작용에 대한 우려가 있으며, 감사보고서의 이용자가 확대됨에 따른 추가적인 논의의 필요성이 제기되기도 한다. 즉 공개 전에는 감사 수행 및 대상기관이 주된 감사보고서 이용자였으나 감사 결과를 공개함에 따라 그 이용자가 국회, 시민단체, 언론, 학자, 일반 국민 등으로 대폭 확대되는 결과를 가져오게 된다. 이에 따라 감사기구에서는 원하건 원하지 않건 간에 감사보고서의 구체적인 내용이 외부의 평가에 노출되는 결과를 가져오게 된다. 아울러 공개의 범위나 방식에 대한 기준도 불분명하다. 현재 감사 결과의 공개제도를 명목적으로는 운영하고 있으나 그 원자료나 증거자료에 대한 접근은 여전히 어려운 실정이고 공개되는 감사보고서의 내용이 일반인이 접근하기에는 해석의 여지가 필요한데 이를 위하여 각 감사기구에 개별적으로 접근하는 것은 현실적으로 제한이 있다.

그럼에도 불구하고 감사 결과를 국민과 의회에게 공개하고 그들의 의견을 듣게 된다면 감사가 국민의 알 권리를 충족시켜 준다는 기본적인 의미 외에도 감사의 질에 대한 자신감을 대외적으로 알림과 동시에 감사에 신중을 기하도록 하는 효과가 나타난다. 아무리 감사의 방향과 방법이 훌륭하다고 하더라도 감사기관의 감사만으로 국정의 부실이나 부정부패 등을 예방하는 데는 한계가 있다. 감사 결과를 적극 공개하면 국민을 위하여 일하는 의회, 언론, 시민단체의 기능이 함께 작동하여 정부를 감시하게 되므로 투명성을 더욱 높이는 효과도 발생한다. 이에 대한 방법으로는 원하는 사람에게 감사보고서를 제공한다든지, 아니면 감사보고서를 공개적으로 판매하는 것도 고려될 수 있다(김명수, 1998: 12). 그런 의미에서 감사보고서의 중요성이 강조된다. 감사보고서는 감사 결과를 담고 일반 대중에게 공개된다는 측면에서 감사의 개방성과 투명성을 제고하는 가장 중요한 원천이며, 동시에 그 결과가 행정에 재투입됨으로써 행정의 효율성과 효과성을 제고할 수 있는 매개체이기도 하기 때문이다.

2 관련 규정

공공감사기준 제13조 '감사정보의 보안 유지와 공개'에 의하면 감사기관은 감사계획의 개요와 감사보고서 등 감사 업무와 관련된 정보를 다른 법령에 특별한 규정이 있는 경우를 제외하고는 가급적 공개하고 공개된 정보는 누구라도 이용할 수 있도록 한다고 규정되어 있다. 또한 감사인은 필요한 경우 소정의 절차를 거쳐 감사 업무와 관련된 정보를 다른 법령에 특별한 규정이 있는 경우를 제외하고는 가급적 공개하고 공개된 정보는 누구라도 공정하게 이용할 수 있도록 하여야 한다고 규정되어 있다. 이처럼 감사 업무와 관련된 정보를 원칙적으로 공개하도록 규정한 것은 공공감사기준 제5조 '공공감사의 목적과 방향' 제1항에서 천명한 바와 같이, 공공감사는 공공정보의 이용자가 올바른 판단을 할 수 있도록 지원함을 목적으로 하기 때문이다. 따라서 원칙적으로 공개하여야 할 감사정보의 범위에는 감사계획의 개요와 감사보고서가 포함된다.

다만 ① 감사 착안 사항과 감사 기법 등을 수록한 세부감사계획, ② 감사조서(audit working paper) 또는 감사일일보고, ③ 개별처분(요구)서 등은 공개하지 않는 것이 바람직하다고 추가되어 있다. 세부감사계획은 특정 업체·인물에 대한 감사정보, 감사 착안 사항, 감사 기법 및 접근 방법 등이 포함되므로 이를 공개할 경우 개인의 사생활을 침해하거나 감사 업무의 수행에 지장을 초래할 수 있을 것으로 우려하고 있으며, 감사조서 또는 감사일일보고와 개별처분(요구)서를 공개 대상에서 제외한 것도 같은 취지이다. 감사보고서의 내용 중에서도 개인의 사생활을 침해할 우려가 있거나 국가기밀 및 건전한 풍속의 보호 등을 위하여 필요한 경우 또는 다른 법령의 규정에 의하여 공개를 하지 않는 것이 바람직할 수도 있다. 이러한 점을 감안하여 감사정보의 공개를 강행 규정으로 하지 않고, "가급적 공개"하도록 권고 사항으로 규정하였다. 이 경우 제28조 '보고서와 보고 사항' 제2항 제9호는 감사보고서 중에서 일반인에게 공개할 수 없는 정보의 성격과 비공개 의무의 근거를 감사보고서에 명시하도록 규정하고 있다.

공공감사기준 제30조 '감사보고서 등의 배포'는 감사보고서 또는 감사결과처분(요구)서의 배포에 관하여 규정하고 있다. 이를 구체적으로 살펴보면 감사기관은 감사보고서 또는 감사결과처분(요구)서의 사본을 관련 기관·단체의 장 등에게 배포하여야 한다고 되어 있다. 공공감사는 피감사기구의 업무의 적정성에 대한 의견의 제시에 그치지 않고 지적 사항에 대한 적절한 사후 조치와 유사한 문제점의 재발을 방지하는 것이 궁극적인 목적이므로, 따라서 공공감사의 최종 산출물인 감사보고서 또는 감사결과처분(요구)서는 가급적 감사 대상 업무와 관련되는 다양한 기관과 많은 이해관계인에게 배포함으로써, 이들이 지적 사항에 대한 적절한 사후 조치를 취하거나 경각심을 갖도록 유도하는 것이 바람직하다고 명기되어 있다. 감사보고서 또는 감사결과처분(요구)서 사본의 배포 대상에는 감사를 요청·주선한 기관·단체의 장과 감사를 청구한 관련 기관·단체의 장이 포함되어 있는데, 이는 위탁감사·대행감사·합동감사 및 감사청구제 등의 활성화로 공공감사의 독점성이 완화되고 투명성이 향상될 경우를 상정하고 있기 때문이다.

2007년 상반기에 계류 중인 공공기관의 감사에 관한 법률안도 역시 국민의 알 권리 보장 등 관심과 참여를 유도하고 행정의 투명성과 신뢰성을 제고하기 위하여 감사 결과의 공개를 명시하고 있다. 법안 골자는 검사 결과를 '행정기관의 정보공개에 관한 법률'이 정하는 바에 따라 공개하도록 하고 기대 효과로서 감사는 행정의 위법·부당한 사실 등을 적발하여 이의 개선을 목표로 하는 바, 투명하고 신뢰받는 행정이 구현될 것으로 기대하고 있다. 제20조(감사 결과의 공개)는 '공공기관의 정보공개에 관한 법률'이 정하는 바에 따라 이를 공개한다고 규정하고 있으며, 제29조 '감사정보 시스템의 운영'에서 감사원은 감사의 중복을 방지하고 감사원과 감사기구가 서로 감사 활동 정보 및 감사자료를 원활하게 공유할 수 있도록 하기 위하여 감사정보 시스템을 구축·운영할 수 있으며, 감사원 및 감사기구의 장은 감사 활동 정보 및 감사자료를 감사정보 시스템에 상시적으로 입력·관리하여 이를 활용하도록 노력하여야 한다고 되어 있다.

현행 정보공개법상 정보공개 기준의 주요 특징은 비공개 사항 열거주의이다. 정보공개법은 비공개로 될 수 있는 정보를 다음과 같이 열거하고 있다. 감사·감독·검사·시험·규제·입찰 계약·기술 개발·인사관리·의사결정 과정 또는 내부 검토 과정에 있는 사항 등으로서 공개될 경우 업무의 공정한 수행이나 연구, 개발에 현저한 지장을 초래한다고 인정할 만한 상당한 이유가 있는 정보를 열거하고 있다. 공개 기준의 대상이 되는 것은 "결재 절차 등의 사안 결정 절차가 종료한 것"을 말하며, 이 때 '사안 결정 절차'란 공공기관이 문서를 조직적으로 확정 또는 인지하기 위해서 하는 일정한 사무 절차를 말한다. 그리고 작성 문서에서 결재 등의 요식적 결정 절차 외에 심의회, 회의에서 사안 결정 등의 실질적 결정 절차를 취급하는 경우를 포함하고 취득 문서에서는 법령에 근거해 수리하는 경우 등이다. 사안 결정 절차가 '종료한 것'이란 결재, 수리 등의 사안 결정 절차를 거쳐 공공기관의 문서로서 문서의 내용이 확정된 것이며, 사무, 사업 전체에 대한 최종적인 의사결정이 종료되지 않아도 개개의 문서에 관한 사안 결정이 종료된 경우에는 당해 문서는 공개 기준의 대상이 된다. 사안 결정 절차를 거치지 않은 것은 공개 기준의 대상이 아니지만, 이러한 문서들을 전부 비공개로 하는 것은 아니며, 관리하는 공공기관이 개개 문서의 성격과 관련된 사정을 감안하여 적절히 공개하도록 노력하여야 한다고 규정하고 있다.

3 해외 사례

세계최고감사기구(INTOSAI, 2004)의 권고에 의하면 각 국가에서는 감사 결과의 공개에 대한 각기 다른 규정을 두고 있다. 독일감사원(Federal Court of Audit)의 경우 연차보고서는 의회에서 발간하고 언론 등 매체에 제공하나 모든 감사 결과가 의회 의원이나 일반 대중에게 신속히 제공되는 것은 아니다. 그 이유를 "감사 결과를 정부와 의회에 보고하는 목적이 행정의 개선을 위한 것이지, 잘못된 행정 사례를 대중에게 공개하는 데 있는 것이 아니기 때문"으로 명기하고 있다. 따라서 주요 내용이나 행정부가 권고안을 수용하지 않는 경우에만 외부에 공개하고 있다. 미국감사원(GAO, 2003)의 경우 감사 결과는 일반 국민이 열람할 수 있도록 국가 기밀에 관한 사항을 제외한 개별감사보고서 전체를 공개(CRS-31, Appropriations for FY2002, Congressional Research Service)하고 보고서 중 일부가 공개되지 않을 경우, 비공개된 정보의 성격과 비공개의 필요성을 정부감사기준(Government Auditing Standards: GAS)에 의하여 적시하고 있다. 그뿐만 아니라 법으로 그 배포가 제한된 경우 외에는 일반 국민이 열람하도록 보고서를 배포하여야 하며 거의 모든 개별 감사보고서 전문이 감사원 홈페이지(http://www.gao.gov)에 게시되어 공개되고 있다. 미국 캘리포니아 주 감사원의 경우 감사보고서를 감사원 내의 한 공간에 진열하고 원하는 사람에게 저렴한 가격으로 공급하고 있다(김명수, 1998).

2003년 개정된 미국 정부감사기준에 의하면, 보고서의 발행과 배포(Report Issuance and Distribution)에 대하여 아래와 같이 규정하고 있다.

1) 감사보고서의 제출(조항 8.54)

미국 감사원 정부감사기준(GAGAS)에 따라 수행된 성과감사에 대한 보고서의 발행과 배포에 관계된 보고 기준은 다음과 같다: 정부기관의 감사인은 피감기관의 적절한 공무원은 물론, 법적으로 금지되지 않을 경우 입법기관과 같은 외부 자금 제공 기관 또는 해당 감사를 요구하거나 감사가 이루어지도록 한 기관의 적정한 공무원에게 보고서를 제출하여야 한다. 감사인은 또한 법적 감독 권한을 가지거나 감사 발견 사항이나 권고 사항에 따라 행동할 책임이 있는 공무원에게, 그리고 기타 해당 보고서를 받을 권한이 있는 자에게 보고서 사본을 보내야 한다. 보고서가 법이나 규정에 의하여 제약을 받지 않는다면, 또는 특권이 주어지거나 비밀정보에 해당하는 내용을 포함하지 않는다면, 감사인은 보고서 사본이 일반 대중이 활용할 수 있도록 만들어졌다는 것을 명확히 하여야 한다. 비정부기관 감사인은 보고서 배포 책임을 감사를 계약한 부서와 명확히 하여야 하고, 약정된 협약을 준수하여야 한다.

2) 감사보고서의 배포(조항 8.55)

감사보고서는 그 감사 결과와 관련이 있는 공무원들에게 적기에 배포되어야 한다. 그러한 공무원들에는 법이나 규정에 의하여 그러한 보고서를 받도록 지정된 자들, 보고서에 포함된 발견 사항이나 권고 사항에 따라 조치를 취해야 할 책임이 있는 자들, 피감기관에 도움을 제공하는 다른 정부기관에 있는 사람들이나 법률 제정자들이 포함된다. 그렇지만, 감사의 주제가 보안 목적을 위하여 분류된 것이거나 기타 타당한 이유로 특정한 기관 등이나 대중에 공개할 수 없는 내용을 담고 있는 경우, 감사인은 보고서의 배포를 제한하여야 한다(제한된 보고서의 배포에 관한 추가 지침에 관한 8.35부터 8.37까지 참조). 보고서를 대중이 열람할 수 있는지 여부는 감사 서류에 문서화되어야 한다.

3) 비정부기관 감사인의 보고서 배포(조항 8.56)

비정부기관 감사인이 GAGAS에 따른 감사를 수행하는 데 참가할 경우, 그들은 참여하도록 한 기관과 보고서 배포 책임을 명확히 하여야 한다. 비정부기관 감사인이 보고서를 배포하도록 되어 있을 경우, 감사 참여협정에서 어떤 공무원이나 기관이 해당 보고서를 받아야 하고 대중이 보고서를 열람할 수 있도록 하기 위한 기타 조치들을 적시하여야 한다. 보고서를 대중이 열람할 수 있는지 여부는 감사 서류에 문서화되어야 한다.

4) 내부감사인의 보고서 배포(조항 8.57)

내부감사인은 보고서 배포에 관한 그들 기관 자체의 절차나 법규상의 요구 사항을 준수하여야 한다. 통상적으로 그들은 보고서의 배포에 대하여 책임이 있는 기관장이나 부기관장에게 보고한다. 조직 외부로 보고서를 더 배포하는 것은 적용하여야 할 법률이나 규칙, 규정, 정책 등에 따라야 한다.

아울러 미국 정부감사기준은 어떤 타당한 정보가 일반적으로 공개되는 것이 금지될 경우 감사보고서는 누락된 정보의 성격과 누락을 필요하게 만든 요구 사항을 기술하여야 한다고 상세히 기술하고 있다.

5) 특정 정보의 공개 금지(조항 8.36)

어떤 정보는 연방·주 또는 지방 정부의 법·규정에 의하여 일반적인 공개가 금지될 수 있다. 그러한 상황에서, 감사인은 그러한 정보를 담고 있는 제한된 공무원만 사용할 목적의 별도 보고서를 발행할 수 있고, 법이나 규정에 의하여 그것을 받을 권한이 있는 사람들에게만 그 보고서를 배포할 수 있다. 공공의 안전 및 보안 문제와 관련된 추가적인 상황은 보고서에서의 특정 정보의 배제를 정당화할 수 있다. 예를 들어, 특정 사업에 대한 컴퓨터 보안에 관계된 상세 정보는 이러한 정보의 잘못된 사용에 의하여 야기될 수 있는 잠재적인 피해 때문에 대중이 활용할 수 있는 보고서에서 배제될 수 있다. 그러한 상황에서, 감사인은 그러한 정보를 담고 있는 제한된 공무원만 사용할 목적의 보고서를 발행할 수 있고, 감사인의 권고에 따라 행동할 책임이 있는 부서 등에만 그 보고서를 배포할 수 있다. 감사인은 적정한 경우에, 특정 정보의 누락을 필요케 하는 어떠한 요구 사항이나 기타 상황들에 대하여 법률 자문의 의견을 구해야 한다.

6) 특정 정보의 누락(조항 8.37)

특정 정보가 대중이 이용할 수 있는 보고서에서 배제되어야 한다는 감사인의 판단은 검토 대상 사업·활동에서의 더 넓은 공공의 이익을 고려하는 방식으로 이루어져야 한다. 상황이 특정 정보의 누락을 요구할 때, 감사인은 이러한 누락이 업무 수행 결과를 왜곡하거나, 타당하지 않고 법에 맞지 않는 행위들을 숨길 수 있는지를 고려하여야 한다. 특정 정보가 대중이 이용하는 보고서에서 배제되어야 한다는 판단을 감사인이 할 경우, 그들은 누락된 정보의 일반적인 성격과 보고서에서 누락하게 된 이유를 기술하여야 한다.

이 밖에 미국 GAO는 감사 결과를 발표하면서 고위험(High Risk: HR) 시리즈나 21세기 도전 과제 보고서 등의 특별보고서를 통하여 고객의 요구(needs)에 맞는 정보 서비스를 제공하고, 중요한 이슈에 대하여 국민적 관심을 환기시킴으로써 관련 권고 사항의 이행 가능성을 높이게 되며, 또한 기존 감사 결과를 활용함으로써 감사의 생산성을 증대하고 전체적인 감사 업무의 효율을 높이고 있다(김성준 외, 2005). 김성준 외(2005)에 의하면 GAO는 많은 예산이 소요되거나 국민들에게 필수적 서비스를 제공하는 분야를 별도의 고위험(HR) 분야로 지정하여 의회, 국민, 대상기관의 관심을 촉구하여 사전에 문제를 치유할 수 있도록 하는 데 주목하였다. 이를 통하여 정부 운영시에 고질적인 문제점에 대하여 새로운 초점과 논의를 촉발시킴으로써 해당 기관으로 하여금 근본적인 문제 해결에 적극적으로 임하도록 하는 데 큰 성과를 얻을 수 있다. GAO의 HR 시리즈에 대한 관심은 매우 높아서 2005년 1월 보고서를 발표할 때에는 8명의 의원이 참석하고 언론에 크게 보도가 되는 등 문제에 대한 경각심을 고취하는 데 큰 효과를 거둔 것으로 평가된다(김성준 외, 2005).

4 감사 결과의 공개 실태

국내의 자체감사 담당자들을 대상으로 한 설문조사에서 감사 결과의 공개를 꺼려할 것이라는 일반적 예상과는 달리 감사 결과 공개에 대한 찬성이 많은 것으로 응답하였다. <표 9-1>과 같이 전체 응답자 중 79명이 찬성하여 52.3%가 감사 결과가 공개되어야 한다고 응답하였으며 47.7%인 72명이 반대하였다. 이는 일선에서 자체감사를 담당하는 이들도 정당한 제도적 장치만 마련된다면 결과 공개에 따른 여러 장점을 인지하고 적극적으로 하겠다는 의지를 보여 준 것이다. 특히 지방자치단체의 경우 압도적으로 찬성의 비율이 높았다.

〈표 9-1〉 감사 결과 공개의 인식

기관 유형	찬성	반대
공적 단체	24	36
교육자치단체	9	7
국가기관	23	22
정부투자기관	8	6
지방자치단체	15	1
합계	79(52.3%)	72(47.7%)

결과 공개를 반대하는 이유로는 <표 9-2>과 같이 51.4%의 과반 이상의 응답자가 '피감사의 인권 보호'를 꼽았다. 이는 피감사 대상의 인권을 보호하기 위한 제도적 보완이 마련된다면 공개하는 데 큰 반대가 없는 것으로 볼 수 있다. 이 밖에도 27.1%가 반대 사유로 응답한 '공개 범위에 대한 이견' 역시 제도적 절충에 관한 문제이기에 공개 자체에 대한 반대로 보기는 어렵다. 그러나 국가기관의 경우 '공개로 인한 감사 업무의 신뢰 저하'를 다른 기관에 비해서 상대적으로 비중이 높게 반대 이유로 들었다.

현재 기관에서 자체감사 결과를 공개하는 방식으로는 <표 9-3>과 같이 대개가 기관 홈페이지를 통하여 공개(36.1%)하거나 청구인에 한하여 공개(29.0%)하고 있다. 공공도서관에 송부(1.9%)하거나 보고서 판매를 통한 공

〈표 9-2〉 감사 결과 공개의 반대 이유

기관 유형	피감사인의 인권 보호	공개로 인한 감사 업무의 신뢰 저하	기관 내의 공개 반대 여론	공개 범위에 대한 이견	기타
공적 단체	17	2	4	12	1
교육자치단체	6	0	0	1	0
국가기관	10	4	1	2	2
정부투자기관	2	1	0	3	0
지방자치단체	1	0	0	1	0
합계	36(51.4%)	7(10.0%)	5(7.1%)	19(27.1%)	3(4.3%)

개(1.9%), 언론을 통한 공개(3.9%)는 소수에 그치고 있다. 그 밖의 방식으로는 내부문서를 통한 공개나 해당 부서만 공람하는 것을 응답하였으나 이는 엄밀한 의미에서 감사 결과의 공개라고 보기 어렵다. 앞으로의 바람직한 공개 방식에 대해서도 현재의 공개 방식과 유사하게 전체 응답자의 52.8%가 기관 홈페이지를 통하여 공개하기를 희망하였으며, 청구인에 한하여 공개하는 것은 29.2%, 언론을 통하여 간접적으로 공개하는 것은 3.1% 순으로 응답하였다. 공공도서관에 송부(2.5%)하거나 보고서 판매(1.2%)를 통한 공개를 바람직한 것으로 보는 감사인은 소수였다.

〈표 9-3〉 감사 공개 방식에 대한 의견

	현재 공개 방식	**바람직한 공개 방식**
기관 홈페이지 공개	56(36.1%)	85(52.8%)
공공도서관에 송부	3(1.9%)	4(2.5%)
청구인에 한하여 공개	45(29.0%)	47(29.2%)
언론을 통하여 간접공개	6(38.8%)	5(3.1%)
보고서 판매	3(13.3%)	2(1.2%)
기타	42(27.1%)	18(11.2%)
합계	155(100.0%)	161(100.0%)

감사 결과의 공개에 대하여 공개 방식 못지않게 중요한 것이 공개의 범위이다. 이에 대한 자체감사 담당자의 의견은 <표 9-4>와 같다. 먼저 현재 기관에서 공개하는 자체감사의 범위는 감사계획(42.0%)과 최종보고서(38.8%)에 집중되어 있다. 감사 관련 증빙서류(3.3%)와 감사 관련 진행 과정(5.1%)은 미미한 실정이다. 바람직한 공개 범위의 경우 현재의 공개 범위와 미묘한 차이를 보이고 있다. 최종보고서까지만 공개하여야 한다는 의견이 45.6%로서 감사계획을 공개하여야 한다는 의견(39.5%)보다 다수를 차지하고 있어 아무래도 공개 범위 확대에 대한 부담이 크다는 것을 유추할 수 있다. 그 외 사례 형식의 요약 공개를 요구하는 의견도 있었다.

〈표 9-4〉 감사 공개 범위에 대한 의견

	현재 공개 범위	바람직한 공개 범위
감사계획	79(42.0%)	85(39.5%)
감사 관련 증빙서류	5(2.7%)	7(3.3%)
감사 관련 진행 과정	6(3.2%)	11(5.1%)
최종보고서	73(38.8%)	98(45.6%)
기타	25(13.3%)	14(6.5%)
합계	161(100.0%)	215(100.0%)

5 감사 결과 공개의 바람직한 방향

1) 공개의 필요성

감사기관은 감사계획의 개요와 감사보고서 등 감사 업무와 관련된 정보를 다른 법령에 특별한 규정이 있는 경우를 제외하고는 가급적 공개하고, 공개된 정보는 누구나 이용할 수 있도록 하여야 한다. 물론 공개의 적절한 수준에 대해서는 면밀한 검토가 필요하다.

2) 개선 방안

감사 결과의 공개는 종종 오해를 불러일으킬 수 있다. 대중매체는 감사 발견 사항을 잘못 해석하거나 과장할 수 있고 그 결과로 감사의 목적 달성을 좌절시킬 수 있다. 공개하기 위해서는 실제 증거에 기초한 충분하고 균형잡힌 정보를 보고서나 언론 보도자료 등의 형태로 대중에게 제공하여야 할 것이다. 설문조사에서는 감사 결과에 대한 공개 자체에 대하여 감사인들 간 이견이 크지 않았다. 감사 범위에 대한 제도화 및 인권 침해의 여지를 줄이는 방향이라면 대체적으로 수긍하는 의견이었다. 사실 감사 결과를 공개하는 방식은 다양하게 하는 것이 가능하다. 미국만 하더라도 특별보고서의 발간을 통하여 주민의 필요에 정보를 제공하고, 중요한 이슈에 대하여 관심을 집중화함으로써 관련 권고 사항의 이행 가능성을 높이는 효과를 꾀한다. 감사 결과의 공개와 연관하여 가장 먼저 고려할 것은 공개되는 모든 감사 결과에서 종합적인 보고서 작성과 광범위한 배포가 감사 기능의 신뢰성 확보에 핵심 요소라는 것이다. 모든 감사기구는 보고서를 배포하려면, 기본적 역할의 측면에서 어떻게 자신과 공공의 이익에 가장 도움이 되도록 할 것인가를 결정하여야 한다. 예컨대 보고서는 가능하다면 모든 감사 관련자, 행정부, 입법부, 대중매체 및 이익집단에 배포되고, 배포 대상에 포함될 공무원은 법령에 의하여 보고서를 배포받도록 규정된 사람, 감사 확인 사항과 권고에 따라 조치를 취하여야 할 사람, 수감자와 법률 제정자에게 협조한 여러 계층의 공무원을 포함할 수 있다. 공개 대상을 더욱 확대한다면 작성된 감사 결과를 특별보고서 형태로라도 기관 홈페이지를 통하여 전적으로 공개할 수 있으며 이 경우 감사기구가 가질 수 있는 적극적이고 능동적인 전략으로 볼 수 있다.

다음으로 감사 결과의 공개와 관련된 가장 첨예한 이슈는 역시 공개의 범위이다. 현재는 대개 감사계획 정도만을 공개하거나 감사보고서를 공개하는 수준에 머무르고 있다. 또는 정해진 규정에 의하여 감사사례편람 형식으로 그 결과를 공개하기도 한다. 예를 들어 경기도의 2006년 감사사례편람의 공개감사 및 감사 결과 공개 사항을 보면 "다양한 도민의 소리를 반영하는 계기를 부여하고 주민의 알 권리 충족과 유사 지적 사례 재발 방지를 위하여 감사 결과를 공개하여야 한다"고 규정하고 있다. 운영 방법으로는 인터넷을 이용하여 직접 접수받아 처리하고 모든 감사시에는 그 결과를 전면 공개하도록 되어 있다. 다만, '공공기관의 정보공개에 관한 법률' 제7조 규정에서 정한 '비공개 대상 정보'로 규정하고 있는 사항은 공개 제한하고 있다. 공개감사 운영은 다양한 의견 수렴을 위하여 공개감사제도를 적극 운영한다고 하는데 기관별 인터넷 초기 화면에 배너를 개설하여 각종 민원 접수와 처리를 보여 주고 경기넷과 언론매체(신문 등)를 통하여 사전 예고와 여론 수렴을 하고 있다. 감사 결과 공개 사이트 운영을 활성화하고 확대하는 방안으로 자체 감사 결과는 경기넷에 단계적으로 공개하여 1단계로 주요 지적 사항, 우수 시책 등은 감사 종료 즉시 공개하고, 2단계로 감사 결과 수감기관에 처분 요구한 날로부터 공개하도록 하고 있다. 시·군 자체감사 결과는 기관별 자체 홈페이지에 공개 유도하고 있다. 공개 범위와 관련하여 가능하다면 연관된 모든 감사 확인 사항이 개별 감사보고서 또는 감사연보를 통하여 공표되어야 한다. 그럴 경우 보고서가 공공의 논의와 비판에 활용된다면 실익이 있을 것이다.

감사 결과의 공개를 우려하는 것 중 하나가 피감사인의 인권 침해이다. 이는 공개될 감사보고서의 내용 구성을 고려하여야 할 것이다. 일반적으로 감사결과보고서는 감사 목적, 감사 범위 및 감사 결과 문제가 있다고 인정된 사안에 대해서 그 원인과 개선 대안 등 처리 의견을 포함하여 작성하는 것이다. 그러나 대개 실지감사 종료 단계에서 질문서를 발부하여 피감사 대상의 의견과 변명을 청취한다. 이후 감사 결과를 내부적으로 처리하는 과정에서 어떤 요인에 의해서든 감사 결과의 주요 내용이 변동되거나 개선 대안 등 처리 의견이 달라지는 경우에도 피감사 대상은 더 이상 공식적인 통로를 통하여 의견이나 변명을 개진할 수 없는 것이 일반적이다. 또한 피감사 대상이 감사 결과나 처리 의견과 상반된 주장이나 답변을 할 경우도 일부 있지만 감사결과보고서에는 감사기구의 최종적인 판단만이 게재되고 있다. 현재의 우리 나라 감사 관행에 따르면 감사보고서에는 감사에서 지적된 문제들이 주로 나타나며, 이는 거의 전적으로 감사기구의 의견이 반영되는 것이다. 이는 선진국의 감사 관행과 비교하면 다르다는 것을 알 수 있다. 대부분 선진국 감사기구들은 감사 결과를 담은 보고서의 초안을 모두 피감사 대상에 보내어 의견을 표명할 수 있는 기회를 보장한다. 그리고 그러한 의견들에 대해서는 내용에 반영하거나 그렇지 못할 경우 첨부문서 또는 부록의 형태로라도 수록하여 제3자로 하여금 감사기구와 피감사 대상의 의견 모두를 알 수 있도록 한다. 자체감사가 내용과 형식면에서 정당하고 합리적이라 하더라도 피감사 대상의 입장과 견해를 사후적으로 전혀 알 수 없도록 하는 것은 감사 결과의 수용성에 문제를 야기하고, 나아가 감사의 본래적 목적 달성에도 도움이 되지 않는다. 향후 감사 결과의 전면적 공개를 목적으로 피감사 대상의 권리를 보장하기 위해서는 감사보고서의 내용적 편향성을 시정하여야 한다. 즉 해석이 일치하지 않고 문제가 되는 사안에 대하여 감사기구의 의견과 피감사 대상의 의견이 공정하게 다루어질 수 있도록 하여야 한다는 것이다. 피감사 대상의 이견이 감사보고서에 부족하나마 핵심적인 것만이라도 등재될 수 있다면, 감사기관으로서도 좀더 전향적으로 문제를 재해석하고자 하는 동기를 갖추게 될 것이며 감사에 대한 부담도 어느 정도 상쇄할 수 있을 것이다.

궁극적으로 감사보고서 발간 과정에서 감사기구와 감사 대상 간의 상호 의사소통이 강화되어야 한다. 기존의 방식대로 감사가 진행된 이후 일정 기간이 지난 후에 감사 결과에 대한 내용이 종합보고서의 형태가 아닌 지적 사항 위주로 피감사 대상에 전달되는 것은 개별적인 규정과 제한을 얼마나 지키는지에 집중하게 만든다. 이는 감사 관련 문제의 종합적인 해석과 근본 목적의 달성 여부를 가로막는 것을 의미하며 감사기구와 피감사 대상의 효율적인 의사소통을 저해하는 원인이 된다. 감사 결과를 정리하는 과정에서 일방적으로 통보하는 식이 아닌 피감사 대상과 빈번한 의사소통을 하는 것이 시정이나 개선을 위주로 하는 성과감사적 측면에서도 감사 결과의 수용성 제고라는 차원에서도 바람직하다.

제 2 절 감사 결과의 사후관리

1 개념적 정의

감사는 계획을 세워, 이를 수행하고, 그 결과를 보고서로 작성하면 일단 중요한 과업은 끝나게 된다. 그러나 여기에서 끝난다면, 감사는 기대한 만큼의 효과를 거두지 못하거나, 아니면 애초 목표를 달성하지 못하게 된다. 감사의 궁극적인 목적은 감사 결과에서 제시한 개선 대안 등을 관계 기구가 실행에 옮김으로써 생기는 효과이다. 즉, 감사기구가 제시한 개선 대안을 감사 대상 관련 기구 등이 실행에 옮겨야만 감사의 목적을 달성할 수 있기 때문에 감사의 실효성을 확보하기 위해서는 감사기구가 제시한 개선 대안을 실행에 옮기도록 하는 일이 매우 중요하다. 이렇게 감사기구가 제시한 개선 대안을 관계 기관 및 감사 대상이 실행에 옮기도록 관리하는 과정이 필요한데, 이를 감사 결과 사후관리라고 한다. 위와 같은 중요성은 어떤 종류의 감사에서나 마찬가지이겠지만 감사 결과 처리 방법의 자율적 집행을 전제로 하는 권고·통보 위주인 성과감사와 자체감사에서는 더욱 크다. 특히 자체감사는 규정된 기능을 수행하고 있는지에 대한 효율성과 내적인 통제 체제에 대한 조사와 평가 결과를 최고관리층에 보고하는 것으로 이런 관점에서 보면 처벌보다는 시정이나 개선에 중점을 두어야 하므로 감사의 사후관리가 더욱 중요시되어야 한다(Meigs et al., 1982).

김명수·박준(1995)에 의하면, 감사를 수행한 후 감사기관이 내릴 수 있는 조치를 사업이나 업무의 전체 혹은 일부의 수행 중지 혹은 폐기의 건의, 사업이나 업무의 전체 혹은 일부의 개선 건의, 사업이나 업무 수행 과정의 문제점에 대한 개선 건의 등과 같이 세 가지로 분류하여 제시하고 있다. 사업의 중지 및 폐기 조치는 감사 결과에 의하여 그 사업이 전체적으로나 부분적으로 그 기능을 제대로 수행하고 있지 않다는 확신이 있을 경우에만 취해질 수 있는데, 이는 감사 대상사업이나 업무의 운명에 결정적인 영향을 미치는 것이기 때문에 감사가 아주 정교한 방법을 사용하여 수행되지 않으면 안 된다. 그렇지 않으면 감사 결론이 감사 대상에 대하여 설득력을 갖지 못할 것이다. 사업의 개선 건의 조치는 감사대상 사업이 구조상 약간의 개선이 이루어진다면 훨씬 성공적인 운영이 될 것으로 판단되는 경우에 취해지는 것으로서 이 조치도 앞의 조치와 유사하게 감사대상 사업의 기본 구조를 문제시하고 사업의 내용에 대해 심각한 재고를 하도록 요구하는 것이다. 그러므로 이 경우도 체계적인 감사 방법의 적용에 의한 설득력 있는 결론에 입각할 것이 요구된다. 문제점에 대한 개선 조치는 감사대상 사업이나 업무의 구조나 내용은 큰 문제가 없으나, 그 시행 과정에 문제점이 있는 경우로서 이는 사업의 기본 틀을 유지시키면서 시행 과정을 수정하도록 건의하는 것이다. 이 경우 감사 대상의 입장에서 사업이나 업무의 존립에 대하여는 염려하지 않으면서 동시에 관리상의 유익한 정보를 제공받게 되는 것이므로 이러한 조치는 감사 대상에 의하여 그만큼 수용이 쉽게 이루어진다(김명수·박준 1995).

감사 결과의 사후 관리 과정에서 수행되어야 할 중요한 과제는 감사 대상들이 위와 같은 조치를 이행하였는지의 여부를 검토하는 것이다. 성과감사의 결과에 따른 조치는 종종 논란의 여지를 내포하는 경우가 있으므로, 감사 대상이 그러한 조치들을 얼마나 받아들이고 있는지를 검토하는 것은 감사의 실효성을 확보하기 위해서는 필수적인 과정이다. 이러한 사후관리는 감사 결과를 바탕으로 감사의 영향과 성과를 확인하고 문서화하는 과정으로서 감사기구로의 환류에 긴요한 역할을 한다. 즉 사후관리는 감사보고서의 효율적 이행을 촉진하고, 자체감사의 효과에 대하여 감사기구로의 피드백을 제공하는 것이다.

2 관련 규정

현재 감사원에서 운용하고 있는 '감사 결과 사후관리 제도'를 요약해 보면 다음과 같다. 이는 자체감사의 사후관리에도 유사하게 적용될 수 있다.

1) 감사 결과 처분 요구를 할 때 종류별 집행 기한의 지정

- 변상판정 사항: 3월 이내(변상책임자에게 변상명령)
- 파면요구 사항: 1월 이내(징계위원회 등에 징계의결 요구)
- 징계요구 사항: 1월 이내(징계위원회 등에 징계의결 요구)
- 시정요구 사항: 2월 이내(처분 요구한 시정 조치)
- 심사결정 사항: 2월 이내(주문으로 결정한 조치)

그런데 개선 요구 사항과 권고·통보 사항의 경우에는 집행 결과를 회보하도록 하면서 집행 기한은 지정하지 않는다.

2) 관계 기관이 집행 전말 회보한 내용을 검토하여 완결된 것으로 처리하는 경우

- 처분요구 내용과 부합한 집행이 있은 때
- 변상판정 사항의 경우 강제집행을 위탁한 것으로서 그 집행이 있을 때
- 징계요구 사항의 경우 징계위원회 등에 징계의결을 요구한 사실을 통보받은 때
- 파면요구 사항은 징계의결 또는 재심의 의결 결과, 소청결정 결과를 통보받은 때
- 소멸시효가 완성된 때
- 국가채권관리법 제27조의 규정에 의하여 이행 연기의 특약을 한 때

• 소송이 제기된 때
• 단기간 내 집행이 불가능한 사항을 특수관리 사항으로 지정한 때

3) 처분 요구 사항 중 '처분 요구대로 집행되지 아니한 사항'과 '권고 · 통보 사항'의 처리

〈표 9-5〉 처분 요구별 처리 분류

처분 요구대로 집행되지 않은 사항	처분 요구가 부적정한 사항	사무차장의 결재를 받아 처리
	정당한 사유 없이 다르게 집행한 사항	〃
	처분 요구 후 사정 변경 등 정당한 사유가 인정되는 사항 및 경미한 사항	국장의 결재를 받아 처리
권고 · 통보 사항 (전체)		〃

4) 집행 기한 내에 집행하지 않은 사항이 있으면 집행독촉서 발부

5) 집행전말 처리 절차

① 과장은 감사 결과 처분 요구 사항 등에 대한 집행전말 회보를 접수하였을 때에는 소정의 결재를 받아 집행 상황을 전산 입력한 후 '처분 요구 사항 집행상황 확인표'와 '처분요구 집행상황표'를 출력, 집행전말회보 서류에 첨부하여 처리안과 함께 결산담당관에게 송부한다.
② 결산담당관은 제1항 및 제3항의 규정에 의하여 접수된 처분요구 집행상황표 등을 검토하여 전산 입력자료를 확정하되 수정할 사항이 있을 때에는 주관 과장에게 조정 요청을 한다.
③ 과장은 결산담당관으로부터 제4항에 의한 조정 요청을 받은 경우에는 이를 검토하여 수정 사항을 전산 입력하고 결산담당관에게 통보한다.

이 중에서 특히 '권고 · 통보 사항'의 사후관리 제도의 경우는 다음과 같다.

• 권고 · 통보 사항은 관계 기관의 집행 의무가 없으며,
• 집행의 기한도 없음.
• 관계 기관에서 권고 · 통보 내용과 부합하는 집행을 하고 그 결과를 보

고하면 국장의 결재를 받아 완결된 것으로 처리함.

위와 같이 '권고·통보 사항'의 경우 관계 대상이 권고·통보한 대로 집행하여야 할 의무가 없고 집행 기한도 없는 관계로 실지감사 단계에서부터 관계 기구의 집행 가능성을 미리 검토하고 권고·통보를 한 뒤에 관계 기구와 긴밀히 협조하지 않으면 권고·통보 사항이 집행되지 않거나 권고·통보한 취지와 다르게 집행될 수도 있기 때문에 감사의 실효성 확보를 위한 노력이 필요하다.

3 국내 사례

감사원의 '감사 결과 권고 등의 처리 및 집행관리 지침'에 의하면 '권고·통보 사항 등에 대한 3개년 집중관리제(집중관리제도)'를 시행하고 있는데 자체감사기구에서도 벤치마킹할 내용으로 이루어져 있다. 집중관리제도는 감사 결과 권고·통보 및 개선 요구에 대하여 감사 대상의 이행 실태를 3년간 추적 관리함으로써 권고 등의 지적 사항이 적기에 실질적으로 이행되도록 관리함을 목적으로 하고 있다. 집중관리제도의 운영은 아래와 같다.

1) 집행계획 회보 기한 명시

① 각 과장은 권고 등의 감사 결과를 시행할 때에는 감사대상기관의 장으로 하여금 집행 부서 '책임자, 집행 내용' 일정, 관계 기관 협의 계획 등이 포함된 '집행계획'을 2개월 내에 회보하도록 시행문에 명시한다.

② 권고 등의 '집행계획'은 감사시 또는 감사마감회의·현안회의에서 감사대상기관과 충분한 논의·조정을 거쳐 그 내용을 확정한다.

2) 긴급처리를 요하는 권고 등에 대한 집행 기한 명시

① 각 과장은 권고 등의 내용이 국민의 생명·건강·재산, 환경, 국가안보 등과 관련하여 시급하게 처리할 필요가 있다고 판단되는 경우 처리안의 조치할 사항에 '집행 기한'을 명시한다.

② '집행 기한'은 감사시 또는 감사마감회의·현안회의에서 감사대상기관과 충분한 논의·조정을 거쳐 정한다.

3) 집행 상황 관리 및 완결 처리

① 집행 전말 담당과장은 감사대상기관장으로부터 집행계획을 회보받아 적정성을 검토하며, 실제 집행이 완료되기 전까지는 '집행중'으로 분류하여 추진 상황을 지속적으로 관리한다.
② 집행 전말 담당과장은 회보받은 최종 집행 결과의 적정성을 검토한 후 완결 처리하되, 감사 실시 이후의 여건 변화 등으로 사실상 집행이 어려운 사항은 '감사사무처리규정'에 따라 완결 처리한다.
③ 집행 전말 담당과장은 권고 등의 요지와 집행 상황을 감사원 홈페이지에 공개한다.

4) 집중관리 결과의 보고 및 처리

① 각 국·단장은 분기별로 권고 등의 집행 상황(필요시, 주요 징계·시정 등의 처분요구 사항 포함)에 대한 적정 여부를 검토·확인하고 부진 사항에 대하여는 그 사유를 규명하는 등 집행을 독려한다.
② 기획관리실장(결산담당관)은 반기별로 권고 등의 집행 상황(필요시 주요 징계·시정 등의 처분 요구 사항 포함)을 종합 검토하여 원장에게 보고한다.
③ 기획관리실장(결산담당관)은 권고 등에 따라 개선된 주요 내용 등 집행 내역을 결산검사보고서에 게기한다.
④ 기획관리실장(결산담당관)은 매년도 말 감사 결과 집행관리 우수 부서·직원을 선정하여 표창 등 포상을 원장에게 건의할 수 있다.

5) 집중관리제도 운영을 위한 전산 시스템 구축 및 활용

① 기획관리실장(정보관리담당관)은 집중관리제도의 효율적 운영을 위하여 전산 시스템을 구축 운영한다.
② 기획관리실장(정보관리담당관)은 위 전산 시스템 운영·활용에 필요한 세부지침을 따로 마련한다.

4 감사 결과의 사후관리 실태

자체감사의 전반적인 실효성에 대해서 자체감사관들은 대체로 만족하는 반응을 보였다. <표 9-6>과 같이 매우 실효성이 있거나(18.17%) 실효성이 크다(59.7%)는 응답이 과반을 상회하였으며, 보통(16.1%)이나 실효성이 작다(6.0%)는 의견은 상대적으로 많지 않았다.

〈표 9-6〉 감사 실효성에 대한 인식

구 분	빈도(f)	비율(%)
실효성이 작음	9	6.0
보통임	24	16.1
실효성이 큼	89	59.7
실효성이 매우 큼	27	18.1
합계	149	100.0

자체감사의 실효성이 부족한 이유에 대한 응답으로는 <표 9-7>에서와 같이 대부분 제도적 장치가 미흡하다(30.8%)는 것과 실효성 확보를 위하여 별도의 예산과 인력이 부족하다(20.0%)는 것이 지적되었으며, 그 밖에 기관장의 관심 부족(4.6%)이 꼽혔다. 특히 기관장의 의견이 감사 결과와 다른 경우 실효성에 한계가 있음이 별도로 지적되었다.

〈표 9-7〉 감사 실효성 부족의 원인

구 분	빈도(f)	비율(%)
제도적 장치가 미흡	20	30.8
실효성 확보를 위한 별도의 인력 및 예산 부족	13	20.0
기관장의 관심 부족	3	4.6
기타	3	4.6
해당 없음	26	40.0
합계	65	100.0

현재 감사기구에서 시행한 조치 중에서 가장 많이 차지하는 유형을 묻는 질문에는 <표 9-8>과 같이 전체 응답자의 43.5%가 '주의'로 응답하였고, 34.0%가 '시정 요구'로 응답하여 19.0%의 '제도 개선'이나 1.4%의 '징계'보다 월등히 큰 비중이 있음이 확인되었다. 반면 조치의 실효성에 대한 대답은 <표 9-8>과 같이 다양하게 나왔다. '제도 개선 권고'를 가장 실효성이 크다고 응답한 감사관이 34.5%에 달하여 26.4%가 응답한 '시정 요구'나 '징계'보다 조치 유형 대비 높은 성과를 보이는 조치로 인식되었다. 반면에 '주의'는 7.4%만이 실효성이 크다고 하여 조치 비중에 비하여 저조한 성과를 거두는 것으로 여겨졌다. 실효성에 대한 인식은 기관 유형별로도 의미 있는 차이를 보여 준다. 교육자치단체와 지방자치단체의 경우 '징계'를 가장 실효성이 큰 것으로 응답하여 다른 기관과는 분명한 차이를 보여 주었다.

〈표 9-8〉 기관별 실효성이 큰 유형

기관 유형	시정 요구	주의	고발	징계	환수	제도 개선 권고	기타	합계
공적 단체	18	4	0	13	2	22	0	59
교육자치단체	3	2	1	8	1	1	0	16
국가기관	9	2	1	9	2	19	1	43
정부투자기관	4	1	0	2	0	7	0	14
지방자치단체	5	2	0	7	0	2	0	16
합계	39 (26.4%)	11 (7.4%)	2 (1.4%)	39 (26.4%)	5 (3.4%)	51 (34.5%)	1 (0.7%)	148 (100%)

가장 실효성이 낮은 유형을 묻는 질문에서는 <표 9-9>와 같이 예상대로 '주의'가 전체의 32.6%의 응답을 받았으며, 제도 개선 권고(22.7%), 고발(18.4%), 시정 요구(9.9%), 기타(9.9%), 징계(3.5%), 환수(2.8%) 순으로 나타났다. 기관별로는 별다른 차이점이 없기는 하나, 정부투자기관과 지방자치단체의 경우 다른 기관보다는 상대적으로 고발의 실효성이 더 낮은 것으로 인식되고 있음을 알 수 있다. 교육자치단체는 시정 요구의 실효성이 낮은 것으로 보고 있다.

〈표 9-9〉 기관별 실효성이 작은 유형

기관 유형	시정 요구	주의	고발	징계	환수	제도 개선 권고	기타	합계
공적 단체	5	14	12	3	3	11	6	54
교육자치단체	4	6	0	0	0	3	1	14
국가기관	5	16	6	1	0	10	5	43
정부투자기관	0	6	4	0	1	1	2	14
지방자치단체	0	4	4	1	0	7	0	16
합계	14 (9.9%)	46 (32.6%)	26 (18.4%)	5 (3.5%)	4 (2.8%)	32 (22.7%)	14 (9.9%)	141 (100%)

자체감사 조치가 실효성이 낮을 경우 그 대책으로 적당한 것으로는 <표 9-10>에서 보듯이 전체 41.0%가 '자체감사기구에서 재검사'할 것에 동의하였고, 27.4%는 '감사원에 의뢰,' 18.9%는 '상급기관에 보고,' 3.8%는 '언론에 공개'할 것에 동의하였다. 이는 실효성이 낮더라도 일단은 외부에 맡기기보다는 내부적으로 처리하는 방식을 선호하고 있음을 보여 준다.

〈표 9-10〉 감사의 실효성 확보 대책

구 분	빈도(f)	비율(%)
상급기관에 보고	40	18.9
자체감사기구에 재감사	87	41.0
언론에 공개	8	3.8
감사원에 의뢰	58	27.4
기타	19	9.0
합계	212	100.0

이러한 내부적 처리에 대한 선호는 자체감사 진행 상황의 사후관리제도의 바람직한 운영 방식을 묻는 질문에도 동일하게 나타났다. <표 9-11>과 같이 전체 응답자의 과반이 넘는 53.4%가 '내부적으로만 운영한 후 결과를 공개'할 것을 선택하였으며, 35.8%는 아예 내부적으로만 운영할 것을 요구하였다. 8.1%만이 인터넷을 통한 실시간 공개에 찬성하여 사후관리제도를

도입하더라도 이에 대한 운영은 철저히 내부적으로 이루어지기를 희망하고 있음을 알 수 있다. 이 밖의 소수 의견으로는 사후관리를 평가와 연계하자는 것도 있었다.

〈표 9-11〉 사후관리제도의 바람직한 운영 방식

구 분	빈도(f)	비율(%)
인터넷을 통한 실시간 공개	12	8.1
내부적으로만 운영 후 결과 공개	79	53.4
내부적으로 운영만	53	35.8
기타	4	2.7
합계	212	100.0

5 바람직한 방향

1) 필요성

감사원이 주최한 2006년도 감사관계관 혁신 워크숍에서는 감사 결과의 실질적인 사후관리의 필요성이 제기되었다. 당시 참여하였던 감사관계관들에 의하면 자체감사 결과 비위 공직자에 대하여는 엄중 문책하는 한편 재발 방지를 위한 개선 대책을 마련하는 것이 바람직한데도 "제 식구 감싸안기" 식의 온정적 처리 행태가 지속되고 있는가 하면 제도 개선을 처분 요구한 다음 이에 대한 사후관리를 하지 않아 감사 성과를 확보하지 못하고 있는 등 일회성·단편적인 감사로 근원적인 문제점이 해결되지 못하고 유사 사례가 재발되고 있는 실정이므로 부정부패의 근원이 되는 제도·환경 개선을 위한 '효율적인 자체감사 시스템' 구축이 필요하며 이를 위하여 실질적인 감사 결과 사후관리제도의 필요성을 제기하였다. 몇 가지 사례로서 ○○교육청 본청에서 자체감사를 실시하고 그 결과를 처리하면서 공금 5,600만여 원을 유용한 사실을 적발하고도 고발 조치도 하지 아니하는 등 직무와 관련한 범죄행위 관련자를 미온적으로 처리하는가 하면, ○○광역시 본청에서 ○○구에 대한 자체감사를 실시한 후 보육실 관리운영규정을 마련하도록 처분 요구를 하였으나 지적 사항이 장기간 이행되지 않고 있는데도 내버려 두고 있어 자체감사에 대한 실효성 확보가 미흡하다는 의견이 있었다.

이와 관련하여 감사원이 2003년도에 시행한 지적 사항이 얼마나 집행되고 달성되었는가에 대한 조사 결과는 많은 의미를 던져 준다. 유충흔(2004)에 의하면 2003년도에 감사원이 시행한 지적 사항은 전체 건수가 4,079건에 달하고 이 가운데 징계 및 문책이 150건, 시정이 811건, 주의 1,293건, 권고 및 통보 1,765건 등이다. 문제는 권고 및 통보가 매우 많은 비중을 차지하고 있음에도 이것이 실제로 시행되지 못하고 미결로 남은 비중이 25%(2004년 2월 기준)에 달한다는 것이며, 반면에 시정의 경우에는 4%만이 미결 상태로 남았다는 것이다. 이 같은 결과가 문제가 되는 것은 권고 및 통보는 대부분 제도 개선 등을 다루는 것인 반면, 시정은 구체적인 법규의 위반 등을 주로 대상으로 하기 때문이다.

우리 나라와 달리 미국 GAO의 경우에는 모든 처분 요구를 권고 사항으로 하고 있는데도 그 이행률이 80% 내외에 달한다고 보고되고 있다(유충흔, 2003). 그 이유는 무엇보다도 GAO는 감사 결과 문제점에 대한 개선 방안을 마련하는 과정에서 감사 대상과 충분히 의견을 교환하고 수렴하도록 함으로써 분명하고 실행 가능한 권고안을 마련한다는 것과 권고안의 집행 목표를 설정하고 수년간에 걸쳐 지속적으로 관리한다는 점이다. 아울러 집행 상황을 홈페이지를 포함하여 외부에 철저하게 공개한다는 점도 높은 이행 정도의 원인으로 작용한다.

2) 개선 방안

실증조사에서 살펴본 바와 같이 감사 결과를 처리할 때 단순 법규 위반 위주의 내용은 주로 이행되는 반면 성과 지향적이거나 행정제도의 본질적 개선을 포함하는 내용은 상대적으로 소홀하였다. 제도 개선 등에서 감사기구가 취한 조치를 감사 대상이 잘 수용하는 경우에는 별 문제가 없으나, 그렇지 않고 자주 이의를 제기할 경우에는 그 이유에 대한 철저한 분석이 이루어져야 할 것이다. 감사 조치에 대하여 이의가 제기된 경우에는 감사기구와 감사 대상 혹은 기관장 사이에 활발한 토론과 긴밀한 협의가 이루어져야 한다. 그리고 감사기구가 취한 조치를 이행하도록 건의하는 경우에도 이의 이행에 필요한 기간을 적정하게 설정해 줄 필요가 있다. 즉, 무리하게 짧은 기간을 제시함으로써 불필요하게 감사 대상이나 기관장의 입장을 어렵게 하는 일은 없어야 한다는 의미이다(김명수 · 박준, 1995).

감사 성과를 효율적으로 확보하기 위해서 감사 결과의 사후관리가 주기적으로 실시되어야 한다. 감사 결과 통보에 대해서 주기적으로 그 이행 상황을 점검하고, 이행 수준에 따라서 제재를 가할 수 있는 제도적 장치가 필요하다. 감사 결과 지적 사항에 대한 관리대장을 마련하여 그 이행 성과를 일람할 수 있도록 하여야 하며 감사 결과 통보일로부터 가령 6개월 이내에 이행 조치에 대한 결과보고서를 작성하고 그 결과가 만족스럽지 못할 경우, 재감사를 할 수 있는 근거를 마련하여야 한다. 이러한 제도적 장치가 없다면 감사 권고는 몇 년이 지난 후에 다시 동일한 권고를 되풀이하게 될 것이며, 이렇게 기관들이 이전의 감사 권고를 제대로 집행하지 않음으로 인하여 추가의 감사 비용이 다시 발생하게 된다(Brooks & Praiser, 1995).

감사원은 감사 결과의 실효성 제고를 위한 여러 방안들을 제시하였다(감사원 2004). 감사 실시와 감사 결과 보고 · 처리 단계부터 개선 대안의 집행 일정 등을 검토하거나 관계 기관으로부터 감사 결과, 개선 대안, 집행계획을 받아 적정 여부를 검토하고, 감사 사항별 처분 요구 · 권고 · 통보 사항의 집행 상황을 인터넷에 공개하는 등의 방안이 있으며, 관계 기관별 미집행 내용을 (지방)의회 소관 상임위원회에 제출하여 관계 기관의 예산 결산 심의를 할 때 거론하도록 하거나 처분 요구 · 권고 · 통보 사항의 사후관리에 관한 실지감사를 실시하는 방안 등이 있다. 이 방안들은 모두 나름대로 감사의 실효성 확보를 위하여 효과적인 사후관리 방안이 될 수 있지만 어떠한 방안이 특정 목적을 위해서는 좋은 결과를 가져올 수 있다고 하더라도 제도의 본질에 반하거나 다른 측면에서는 좋지 않은 결과를 가져오는 경우에는 이를 실행에 옮길 수 없다. 자체감사 결과의 사후관리의 경우 그러한 제약 요인과 한계를 각 기관의 특성에 맞게 고려하여야 한다. 감사원이 제시한 각 방안들 중에서 특히 감사 실시 단계부터 개선 대안의 집행 일정 등을 검토하는 것이 가능하다. 감사 개선 대안을 집행하기 위해서는 개선계획 수립, 관계 기구 또는 이해관계인과의 협의, 예산 확보, 법령 개정 등 다양한 조치를 하여야 하는 경우가 많아서 막상 실제 권고·통보 사항의 집행 과정에서는 그러한 조치를 집행하지 못하거나 집행에 착수하였다가 중단하는 경우가 발생한다. 그러한 일을 미연에 방지하기 위해서 감사팀이 개선 대안을 마련할 때부터 감사 대상 관계 기구와 함께 그 개선 대안의 집행에 필요한 사항을 미리 검토하고 사항별 집행 일정을 구상하도록 한 다음 그 내용을 처리안에 기재하도록 하여 장차 사후관리의 기준으로 활용하게 한다. 이를 통하여 감사 실시 단계부터 개선 대안 집행의 난이도를 미리 살펴보고 감사 결과 처리에 참고하는 것이 가능하다.

감사원이 제시한 대안 중 고려해 볼 만한 또 다른 방안은 관계 기관별 미집행 내용을 의회나 지방의회의 각 소관 상임위원회에 제출하여 관계 기관의 예산결산 심의를 할 때 거론하도록 하는 것이다. 감사 대상의 공공사업은 모두 대부분 예산이 수반되므로 감사 결과의 미집행 내용을 지방의회나 의회의 정기회의가 열릴 무렵 이를 관계 기관의 소관 상임위원회에 제출함으로써 소관 상임위원회에서 당해 관계 기관의 예산·결산 심의를 할 때 권고·통보 사항의 미집행 문제가 거론되도록 하여 집행을 간접적으로 강제하는 방안이다. 이 방안은 활용에 제약 요인은 없지만 설문조사에서 보여 주듯이 감사관들이 내부 처리 방식을 선호하는 것에 비교하여 감사기구가 감사의 실효성을 스스로 확보하지 못하고 다른 기관의 힘을 빌려서 확보한다는 비난의 소지가 있다.

다음으로 감사 사항별 처분 요구·권고·통보 사항의 집행 상황을 인터넷에 공개할 수 있다. 감사 대상이 감사기구가 합리적으로 결정하여 권고·통보한 개선 대안을 정당한 사유 없이 집행하지 않고 있는 경우 이해관계인의 집단·시민단체 등이 관계 기관에 개선 대안을 집행하도록 압력을 행사하는 것이 집행에 도움이 될 수 있다. 따라서 감사 사항별로 권고·통보 사항의 요지와 관계 기관의 집행 상황을 각 기관 홈페이지에 올려 국민에게 공개할 수 있다. 이 방안 역시 의회에 제출하는 것과 마찬가지로 활용하는 데 제약 요인은 없으나, 개선 방안에 관하여 감사기구와 감사 대상 간에 의견이 통일되지 않을 경우 어느 한쪽을 일방적으로 비난하게 될 수도 있다. 그러한 부작용을 해소하기 위하여 공개하는 시기와 방식에 대하여는 감사기구에서 별도로 정하고 아울러 잘못된 정보를 제공하는 일이 없도록 집행 상황의 주기적 파악과 자료 수정 방안을 함께 마련하는 한편, 감사기구와 관계 기관에 이견이 있는 사항에 대한 특례도 고려할 수 있다.

끝으로 사후관리의 환류 시스템 구축이다. 자체감사의 주된 기능이 행정수행 결과를 감사를 통하여 평가하고 그 결과를 계획 및 집행 단계로 환류하여 전체적인 시스템의 개선과 발전을 도모하는 기능임을 상기해 볼 때, 주기적인 사후관리를 활용한 환류 시스템 구축이 시급한 과제가 될 것이다. 사후관리를 하는 데 중요한 사항은, 감사가 종합적 감사전략의 맥락에서 전략적 계획에 의하여 결정된 것으로 간주되어야 한다는 것이다. 감사기구의 권고에 대한 사후관리는 무엇보다도 권고의 이행 가능성을 높이기 위함이며, 감사기구의 성과를 평가하는 동시에 감사기구의 학습과 발전을 고무시킴으로써 더 나은 지식과 개선된 업무 수행을 이루는 데 기여하는 것이다. 이를 위하여 감사에 대한 사후관리의 결과는 전체가 공유할 수 있도록 기록되어야 하며 이를 환류 시스템화하여야 할 것이다.

제10장 외국의 자체감사기구

제 1 절 미국의 자체감사기구

미국에서 법령상 최초의 자체감사기구는 1970년 중반 집행기관의 리더십에 대한 의회의 불신을 반영하여 1976년에 설립되었고, 대부분의 자체감사기구는 1978년 자체감사법(Inspector General Act)과 1988년의 개정된 자체감사법(Inspector General Act Amendments)에 의하여 설립되었다. (Newcomer, 1994: 148). 미국의 자체감사관(Inspector General: IG)은 24개의 행정부처와 기타 연방기관에 설치되어 있다.

대통령은 상원의 동의를 받아 자체감사관을 임명한다. 자체감사관은 독립된 단일기구로 감사와 조사의 책임을 맡으며, 각 기관의 장에게 보고하고 그리고 일반적인 감독을 받는다. 자체감사관은 감사에 필요한 정보 및 자료 등에 대한 접근권과 수집권 및 소환권을 갖고 있으며, 자체감사 인력에 대한 포괄적인 임명권도 행사한다. 또한 자체감사관은 감사계획의 수립, 감사의 실시, 감사 결과의 처리와 자료의 소환 등 직무 수행에 관하여 소속기관장의 지휘, 감독을 받지 않고 철저한 독립성을 법적으로 보장받고 있다(박재완, 1997). 자체감사관의 임무(mission)는 ① 기관의 재무거래, 프로그램 운영, 행정 활동을 검토하는 것이다. ② 가능성 있는 범죄와 민사 위배(civil violation)의 진술 혹은 증거를 조사하는 것이다. ③ 기관의 경제적 · 효율적 · 효과적 운영을 증진시키기는 업무를 수행한다. ④ 기관의 규제와 입법을 검토하는 책임이 있다(GAO, 1986: 11).

미국의 환경보호청(Environmental Protection Agency)의 자체감사기구를 살펴보면, 환경보호청에는 1980년 1월 7일에 자체감사관이 설치되었으며, 환경보호청장의 일반적인 감독을 받고, 그리고 환경보호청장에게 감사사항을 보고하여야 한다.

환경보호청의 자체감사기구는 [그림 10-1]과 같이 자체감사관 산하에 자체감사관의 중요한 협력자인 부자체감사관(deputy inspector general)이 있으며, 또한 자체감사관은 주요한 세 개의 부서인 감사국(Office of Audit), 조사국(Office of Investigation), 관리 · 기술평가국(Office of Management and Technical Assessment)을 통하여 자체감사의 임무를 수행한다.

또한 미국의 시정부는 대체로 시헌장에 자체감사기구를 규정하고 있다. 이런 사례로 뉴욕시정부의 자체감사기구를 살펴보면, 강시장 형태인 뉴욕시정부의 자체감사기구는 시장과 시의회를 견제하는 구조로 되어 있다. 주민이 직접 선출하는 시감사관(Comptroller)이 시정부의 모든 수입과 지출, 정책과 프로그램 등에 대하여 독립적인 감사와 통제 기능을 수행한다. 뉴욕 시감사관의 주요 권한은 ① 시의 재무 상태와 관련하여 시의 활동, 재무정책, 계약에 관하여 공익에 관련된다고 판단되면 이에 대한 비판 및 조언을 담당한다. ② 시의 재정과 관련되거나 영향을 미치는 모든 문제에 대하여 회계감사 및 조사, 또한 이와 관련하여 필요시 관계자의 증언을 청취하며, 시가 맺은 계약에 대하여 2년 내에 회계감사를 실시하여야 한다. ③ 시의 모든 기관에 대한 회계감사를 실시할 수 있다. 이를 위하여 감사관은 비밀문서에 접근할 수 있다. ④ 감사관은 시의 재무계약, 시의 공식 구좌, 이자 증식, 기타 시의 매년 수입, 시에서 민간에 제공하는 각종 기금에 대한 지출에 대하여 회계감사를 실시한다. ⑤ 감사관은 시에서 하는 각종 활동이나 시책에 자금이 적정하게 배분되고 목표가 달성되었는지 감사를 실시한다. ⑥ 매년 3월 1일 전까지 시감사관은 전년도의 주요 회계검사에 관한 보고서를 시장과 시의회에 보고하여야 한다. 또한 회계연도 종료 후 4개월

안에 시감사관은 전체적이고 세부적인 세입과 지출보고서를 발간한다. ⑦ 감사관은 자금이 지출이 되기 전에 이에 대한 감사를 실시하며, 감사관의 확인(warrant) 없이는 정당한 지출이 이루어질 수 없다. 자체감사기구의 조직은 4년 임기의 시감사관 산하에 법무감사 담당관(Legal Affairs), 구제 · 탄원 · 계약감사 담당관(Claims/Adjudications & Contract Administration), 제1 감사담당관(First Duputy Comptroller), 정책예산 감사담당관(Executive Deputy Comptroller), 자치단체간 감사담당관(Dept. Comptroller Inter-governmental/Community Relation) 등으로 구성되어 있다. 시의회의 감사위원회는 시장, 시감사관, 시의회 의장이 2명을 추천하고, 시장이 임명하는 민간위원 4명으로 구성되며, 민간위원 중에서 1년 임기의 감사위원회 의장을 선임하여 운영하고 있다(남효채, 2002: 67-68; 안영훈, 2005: 172-174; 김성호, 2006: 20-21).

[그림 10-1] 미국 환경보호청의 자체감사기구도

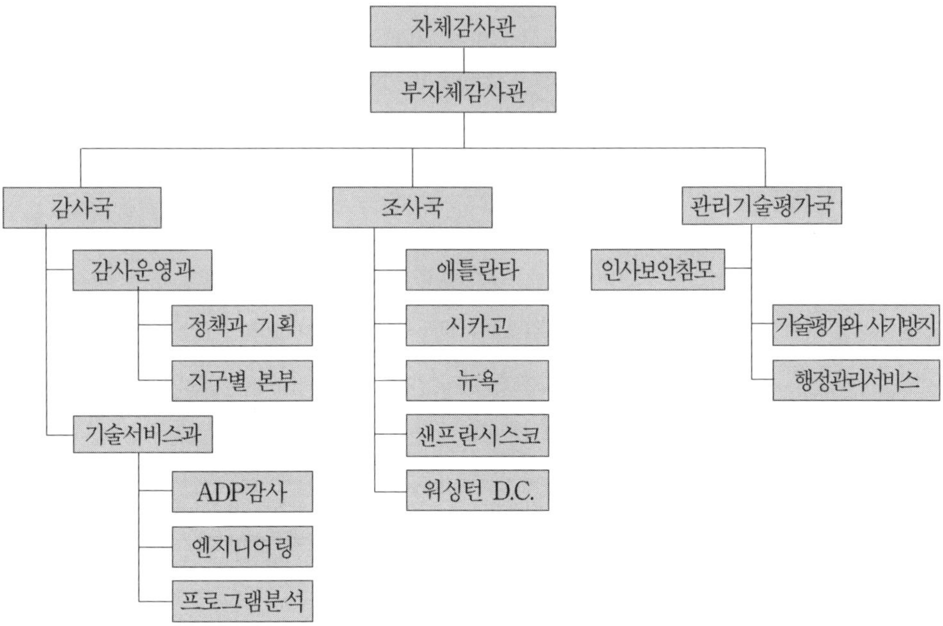

자료: GAO(1986: 11).

제 2 절 영국의 자체감사기구

영국 감사원(National Audit Office: NAO)은 의회를 대신하여 공공지출을 상세하게 조사하며(scrutinize) 그리고 정부로부터 전적으로 독립되어 존재하고, 현재 800여 명의 감사요원이 근무하고 있다. NAO는 모든 정부부처와 기관의 회계에 관한 감사의 책임이 있으며 그리고 의회에 대하여 결과를 보고하여야 할 책임이 있다. NAO 감사원장(Comptroller and Auditor General)은 종신직으로 수상의 제청에 따라 영국 왕이 임명하며, 양원의 합동 결의에 의해서만 해임되기 때문에 신분상의 독립성이 매우 강하다. 감사원장의 역할은 중앙정부의 자금 지출에 대하여 의회에게 보고하는 것이다. 즉 금전적 가치(value for money)의 관점에서 공공기관이 공공자금(public money)을 지출한 것에 대하여 의회에 보고하고, 그리고 매년 수백만의 납세자(taxpayer)의 자금을 절약하게 하는 것이다.

1983년 감사원법(National Audit Act)에 의하여 NAO는 정부 지출에 대하여 경제성, 효율성 그리고 효과성에 의하여 감사하고 보고하여야 한다. NAO는 회계의 잘못 혹은 불법행위(irregularities)가 존재하는지, 또한 기관을 향상시킬 수 있는 관리 서한(management letters)을 작성하여야 한다. 감사원장은 의회에 매년 약 60개의 NAO의 보고서를 제출한다. 하원의 정부회계위원회(Committee of Public Accounts of the House of Commons)가 NAO의 보고서를 검토한다(www.nao.org.uk/home.htm).

감사위원회(Audit Commission)가 잉글랜드(England)와 웨일스(Wales)의 지방정부와 보건행정기관에 대한 감사관을 임명하여야 하는 책임이 있다. 반면에 스코틀랜드(Scotland)와 북아일랜드(Northern Ireland)의 경우, 각 지역의 감사원장(Audit General)이 공공기관의 금전적 가치와 회계에 대하여 각 기관의 의회에 보고하여야 한다.

특히 보건전문가협회(Health Profession Council)의 감사위원회를 살펴보면서 자체감사기구를 이해하고자 한다(www.hpc.uk.org/aboutus/committees/audit). 감사위원회는 협회의 하부위원회이며, 다음과 같은 몇 가지

기능을 수행한다. ① 외부감사관(external auditor)의 관리적 서한(letters)을 검토하고, ② 자체감사의 업무계획을 수립하고, 그리고 업무계획에 관한 적절한 활동을 한다. ③ 협회의 연간보고서와 회계를 검토하고, 그리고 협회에 대하여 적절한 권고를 제시한다. ④ 모든 유형의 위기와 관련하여 위기관리 과정이 적절한지 고려하여야 한다. ⑤ 협회가 위임한 다른 사항도 수행한다.

감사위원회는 협회에서 임명한 6명 이상 감사관으로 구성하며, 이 감사관 중 적어도 한 명의 감사관은 회계사(accountant)여야 하며, 이들 감사관은 협회의 재무와 자원위원회(Finance & Resource Committee)의 구성원이어서는 안 된다. 또한 협회는 감사위원회 감사관 중에 2년 임기의 위원장 1명과 부위원장 1명을 임명한다.

감사위원회 운영에서, 감사위원회 의결정족수(quorum)는 위원회 감사관 과반수 이상의 참석으로 하며, 회의에서의 논의 결과는 거수로 투표하는 다수결 원칙으로 이루어지며, 다만 가부 동수일 경우 위원장이 부가적으로 캐스팅 보트(casting vote)를 가진다.

협회는 감사위원회의 전문성을 제고하기 위한 노력으로 감사위원회 감사관에게 교육과 교육훈련의 기준을 설정하여야 하며, 감사관이 의무를 이행하는 데 도움을 줄 수 있는 교육훈련의 기회를 제공하여야 한다. 감사관들은 협회가 채택한 행동강령(Code of Conduct)을 준수하여야 하며, 나아가 공직 생활의 기준위원회(Committee on Standard in Public Life)가 제시한 일곱 가지 공직 생활의 원칙, 일명 노란 원칙(Nolan Principles)을 준수하여야 한다(Audit Committee standing order). 이들 공직 생활의 일곱 가지 원칙은 ① 무욕(selflessness)-공직자는 오직 공익(public interest)에 의하여 결정하여야 하며, 자신과 가족 및 친구를 위한 재정적 혹은 기타 물질적 이익을 위하여 업무를 수행하여서는 안 된다. ② 청렴성(integrity)-공직자는 공직 의무를 수행하는 데 영향을 미칠 수 있는 외부적 개인과 조직에 대하여 재정적 혹은 다른 의무에 자신을 위치해서는 안 된다. ③ 객관성(objectivity)-공직 임명을 포함한 공공 업무 수행시에 공직자는 실적(merit)에 기초하여 선택하여야 한다. ④ 책임성(accountability)-공직자는 국민에 대하여 자신의 결정과 행동에 대하여 책임져야 한다. ⑤ 공개성

(openness)－공직자는 자신이 취한 모든 결정과 행동에 대하여 가능한 공개하여야 한다. ⑥ 정직성(honesty)－공직자는 공직 의무와 관련한 어떠한 사익(private interests)에 대하여 명확하게 할 의무가 있다. 공익을 보호하는 과정에서 일어나는 어떠한 갈등을 해결할 조치를 취하여야 한다. ⑦ 리더십(leadership)－공직자는 리더십과 사례로 이들 원칙들을 지지하고 증진하기 위하여 노력하여야 한다.

제 3 절 캐나다의 자체감사기구

캐나다 연방정부에 있는 자체감사기구는 재무위원회(Treasury Board)에 대하여 책임을 진다. 재무위원회의 자체감사본부(the Centre of Excellence for Internal Audit: CEIA)는 재무위원회의 자체감사 정책에 따라 각 부처가 자체감사를 향상하고, 그리고 지원하기 위한 위원회 역할을 수행한다. CEIA는 ① 각 부처의 자체감사 기능을 감시하고, 그리고 감독하는 분석과 연락 부서(Analysis and Liaison), ② 채용과 교육하는 일반 부서(Community Development), ③ 감사 도구의 개발을 지원하는 자체감사 기준 및 정책 가이드라인을 제공하는 정책과 특별한 프로젝트 부서(Policy and Special Projects) 등으로 구성되어 있다. 각 연방정부와 기관은 재무위원회 자체감사의 정책에 따라 보편적인 자체감사 기능을 갖추어야 한다. 연방정부에 근무하는 자체감사요원은 350명이며, 465명으로 확대할 계획이다. 또한 캐나다 주정부는 주정부 자체적으로 자체감사기구를 조직한다. 지방정부는 주정부의 창조물이며, 주정부의 자체감사정책에 의하여 결정된다.

이처럼 캐나다 정부는 정부의 신뢰(confidence)를 위하여 강력하고 신뢰할 수 있는 자체감사기구를 유지한다. 캐나다 정부가 자체감사기구의 독립성을 갖추는 것은 위기관리(risk management), 건전한 자원관리(stewardship), 좋은 거버넌스(good governance)에 효과적으로 기여하며, 궁극적으로 공공 부문의 책임성을 강화한다는 시각이다(www.tbs-sct.gc.ca). 또한 연방정부의 정책은 각 부처가 효과적으로 독립적인 자체감사기구를 갖추는 것이다. 연방 부처 자체감사기구의 장은 부처의 장에 의하여 임명된다. 이들의 임명과 해임은 공무원 절차를 통하여 이루어진다. 자체감사기구의 장은 부처 내에 효과적으로 자체감사 서비스를 제공할 책임이 있다. 캐나다 자체감사기구는 부기관장 소속이며, 계선기관으로부터 독립된 위치에 있다. 자체감사기구와 감사위원회는 부기관장에게 보고하여야 한다. 즉 부기관장이 부처의 자체감사기구 업무 영역의 적절성에 전적으로 책임을 진다. 자체감사기구는 전문적 자체감사표준(professional internal auditing standards)에 따라 감사 업무를 운영하여야 한다.

자체감사요원들은 공무원 경쟁시험을 통하여 충원된다. 이들 자체감사요원은 기능적 참모(operational staff)가 아니라 전문가적 감사관(professional auditors)으로 충원되며, 기능적 참모는 훈련을 통하여 감사관으로 전환할 수 있는 기회가 있다. 전문적인 자체감사요원들은 회계학, 감사 관련 자격과 적절한 학문적 배경이 요구된다. 이들 자체감사요원들은 자체감사기구에 항구적으로 근무하도록(a permanent basis) 임용되지만, 공무원들은 제한된 기간 내에 자체감사기구에 근무할 수 있는 기회를 가질 수 있다. 빈번하지는 않지만 자체감사기구에 근무하는 요원과 감사원에 근무하는 요원들 사이에 전출입이 있을 수 있다. 모든 자체감사요원들은 지속적으로 전문성을 개발하여야 한다. 이들 전문성 교육은 중앙에 의하여 규정된 프로그램이 아니라 부처의 관심이다. 하지만 CEIA는 초임 감사요원과 상위직 감사요원에 대한 교육훈련을 개발하고 그리고 교육을 제공한다. 이처럼 캐나다는 자체감사기구에 자격 있는 전문요원뿐만 아니라 충분한 예산을 지원하고 있다.

각 부처의 자체감사기구의 기능은 ① 부처의 위기관리 전략과 실제(department's risk management strategy and practices)에 대한 점검, ② 관리통제의 틀과 실제(framework and practices)에 대한 점검, ③ 의사결정과 보고에 활용되는 정보 제공 서비스에 대하여 명확하고 충분한 서비스를 제공하는 것이다. 재무위원회는 각 부처의 자체감사계획을 가장 위험한 영역인지 그리고 중요한 영역인지를 확정하기 위하여 검토한다. 또한 재무위원회는 각 부처의 프로그램 기간의 승인(approval of program terms) 조건으로서 감사를 수행하도록 요구하고 있다.

제11장 자체감사 관련 주요 이슈

제1절 자체감사인의 윤리

1 윤리성 확보의 이론적 배경 및 법·제도적 장치

공공 부문의 자체감사인은 자신이 갖고 있는 독립성과 권한 및 책임 등으로 인하여 높은 행위 기준, 즉 윤리성의 확보를 요구받는다. 이와 관련하여 윤리강령은 감사인의 일상적인 업무에 대한 지침이 되는 가치와 원칙을 포괄적으로 기재한 것으로서, INTOSAI(1998 & 2001)는 각국의 환경에 적합한 윤리강령의 개발 및 제정을 요구하고 있고 또한 이를 숙지하며 행동하도록 하고 있다. 이에는 공직자의 윤리에 대한 일반적인 요구 사항과 함께 감사인의 고유한 직무상의 의무를 담은 특별 요구 사항을 포함시키고 있다. 따라서 감사인은 청렴성(integrity), 독립성(independence)과 객관성(objectivity), 보안 유지(secrecy)와 업무 능력(competence) 등과 같은 핵심적 개념들로 구체화된 윤리적 요구 사항들을 실천함으로써 자체감사기구의 신뢰성을 제고할 수 있게 된다.

우리 나라 감사원의 경우 '감사인의 생활규범'을 만들어 생활 자세, 근무 자세, 감사 활동 등에서 감사인이 준수하여야 할 기본적인 규범을 제시하고 있으며, 또한 '감사원 직원수칙'과 '실지감사 행동준칙', '직무감찰규칙'(제3조 직무감찰의 준칙) 등이 감사원 훈령 또는 규칙으로 제정되어 있다. 그리고 공공감사기준 제10조(감사 자세) 제1항에 의하면, "감사인은 공인으로서의 책무성(public accountability)을 인식하고 공정성 · 성실성 및 건전한 윤리 의식에 기초한 감사 자세를 견지하여야 한다"고 규정하고 있다. 동조 제3항에서도 "감사인은 수감기관 등에게 위압감이나 불쾌감을 주지 않도록 친절하고 겸손한 자세를 유지하여야 한다"고 규정하고 있다. 이와같이 감사 서비스의 제공에 관한 사항을 규율하는 윤리강령이나 자체감사 행정서비스헌장 또는 이와 유사한 의무 규정의 개발 · 제정 및 이의 실천을 위한 최선의 노력은 반드시 필요하다고 할 수 있다.

2 윤리성 확보에 관한 문제 인식의 실태

1) 윤리강령의 제정 여부에 관한 설문조사 결과

먼저 자체감사인이 준수하여야 할 "감사윤리강령 또는 이와 유사한 규정을 두고 있습니까?"라는 질문에 대하여, <표 11-1>과 같이 그렇다는 응답이 61.1%로 나타났으나 그렇지 않다는 응답도 38.9%를 차지하고 있는 것으로 나타났다.

〈표 11-1〉 자체감사 윤리강령 제정 여부

		빈도(f)	백분율(%)	유효 백분율(%)	누적 백분율(%)
유효	그렇다	93	61.2	61.6	61.6
	그렇지 않다	58	38.2	38.4	100
	총계	151	99.3	100	
결손		1	0.7		
총계		152	100		

2) 윤리강령의 숙지 정도에 관한 설문조사 결과

또한 "감사요원의 감사윤리강령 또는 유사 규정의 숙지 정도는 어떤지"를 묻는 질문에 대하여, <표 11-2>와 같이 매우 충분하다(22.9%)거나 충분하다(62.5%)는 견해가 전체의 85.4%로 지배적이나, 보통(13.5%) 이하 미흡하다(1%)는 인식도 전체의 14.5%를 차지하고 있는 것으로 나타났다.

〈표 11-2〉 윤리강령의 숙지 정도

		빈도(f)	백분율(%)	유효 백분율(%)	누적 백분율(%)
유효	미흡	1	0.7	1	1
	보통	13	8.6	13.5	14.6
	충분	60	39.5	62.5	77.1
	매우 충분	22	14.5	22.9	100
	총계	96	63.2	100	
결손		56	36.8		
총계		152	100		

3) 윤리강령의 준수 정도에 관한 설문조사 결과

그런데 "감사요원의 감사윤리강령 또는 유사 규정의 준수 정도는 어떤지"를 묻는 질문에 대하여, <표 11-3>과 같이 매우 충분하다(33%)거나 충분

〈표 11-3〉 윤리강령의 준수 정도

		빈도(f)	백분율(%)	유효 백분율(%)	누적 백분율(%)
유효	미흡	1	0.7	1.1	1.1
	보통	6	3.9	6.4	7.4
	충분	56	36.8	59.6	67
	매우 충분	31	20.4	33	100
	총계	94	61.8	100	
결손		58	38.2		
총계		152	100		

하다(59.6%)는 견해가 전체의 92.6%를 차지하여 압도적인 의견을 보이고 있는 반면에, 보통(6.4%) 이하 미흡하다(1.1%)는 인식은 전체의 7.4%인 것으로 나타났다.

3 윤리성 확보를 위한 발전 방향

이상과 같은 조사 결과에도 불구하고 자체감사인이 갖고 있는 독립성 및 그로 인한 권한 등으로 인하여 요구받는 행위기준의 확보라는 당위론적 이유에서뿐만 아니라, INTOSAI(1998 & 2001)의 윤리강령 개발 및 제정의 요구 사항과 현행 공공감사기준 제10조에서 규정하고 있는 감사인의 책무성 규정 그리고 기타 감사원 훈령 또는 규칙에 제정되어 있는 규범적 내용에 비추어 보더라도, 감사기구는 자체감사인의 행동을 규율하는 윤리강령이나 헌장 또는 이와 유사한 의무 규정을 개발·제정하고 숙지하며 이의 실천을 위한 방안을 마련하도록 최대한의 노력을 기울여야 할 것으로 본다.

제 2 절 다른 기관과의 협력: 합동 및 교차감사

1 다른 기관과의 협력 필요성

자체감사의 효과성을 높이기 위해서는 다른 기관과 감사정보를 공유하는 것이 중요하다. 유관기관 간에 서로 감사 결과와 우수한 감사 사례를 공유함으로써 자체감사 역량을 높일 수 있으며, 새로운 감사 기법을 학습함으로써 다양한 환경 변화에 효과적으로 대처할 수 있다.

감사대상 업무가 고도의 전문성을 요구하는 분야인 경우에는 자체감사 인력 외에 외부 전문가나 다른 부서 혹은 다른 기관의 감사 인력을 활용하여 감사 팀을 구성할 수 있다. 감사 인력의 다양한 형태 구성은 합동감사와 교차감사의 효과를 높이는 데도 기여할 수 있다. 최근 들어 국제적으로도

사안에 따라 국가 간에 서로 협력하여 감사하는 사례가 발생하고 있다(감사원, 2006).[1]

현재 국회에 상정되어 있는 '공공기관의 감사에 관한 법률안' 제22조(외부 전문가 등의 감사 참여)를 보면 "감사기구의 장은 특정 감사사무에 대하여 전문지식 또는 실무 경험이 요구된다고 인정하는 경우에는 외부 전문가 또는 당해 기관에 소속된 감사인 이외의 직원을 당해 감사에 활용할 수 있다"고 하여 감사 인력 구성의 다양성을 규정하고 있다.

한편, 감사대상 업무의 특성상 합동감사나 교차감사를 실시하는 것이 바람직할 경우가 있다. 합동감사란 자체감사기구와 다른 기관의 감사기구 간에 동일한 감사 사항을 같이 실시하는 것을 말한다. 이 방법은 다른 기관의 감사요원을 감사에 동참케 함으로써 감사 성과도 높이고 자체감사의 감사기법 함양에도 도움이 된다. 교차감사란[2] 같은 종류의 업무를 수행하는 기관으로부터 감사 인력을 지원받아 서로 감사대상기관을 바꾸어 감사함으로써 감사 성과를 높이도록 함과 아울러 기관 간의 좋은 점과 나쁜 점을 비교하여 개선하도록 하는 감사 기법이다. 이 방법은 비교 기법에 의한 실무 향상의 목적과 당해 업무의 지식을 갖춘 감사 인력을 보충할 수 있다는 긍정적인 면이 있다.

일부 지방자치단체의 경우 위생업소 단속 등 규제 행정 등의 교차감사가 가능한 분야에 대하여 상호 협약을 맺어 교차감사를 실시하고 있기는 하나

---

1) 국가 간의 협력감사는 크게 협동감사, 동시감사, 합동감사로 구분할 수 있다. 감사원은 2006년에 중국의 심계서(우리 나라의 감사원에 해당)와 동시감사의 형태로 양국 공동의 관심 사항인 황사방지사업에 대한 감사를 추진하는 규약을 체결하였다.

구 분	내 용
협동감사 (coordinated audit)	2국 이상이 공동 관심 사항에 대하여 관계국 감사원이 별도로 감사하되, 상대국의 감사자료를 상호 활용
동시감사 (concurrent audit)	2국 이상의 감사원이 유사한 감사 사항에 대하여 비슷한 시기에 별도로 감사 실시, 감사 방법 등 공유
합동감사 (joint audit)	2국 이상의 감사원이 단일 감사팀을 구성하여 감사 실시

2) 감사원 홈페이지에서 제공하고 있는 '감사원 공공감사용어집'에서는 교체감사라는 용어를 사용하고 있다.

극히 제한적으로 운영되고 있는 실정이다. 다른 기관과 감사 인력을 교류할 경우에는 감사 인력 교류 기관 간에 필요한 사항에 대한 협약서를 체결함으로써 교류 직원이 인사상 불이익을 받지 않도록 조치하여야 하며, 교류 직원 인건비는 원칙적으로 원소속 기관이 부담하되 파견받는 기관은 필요한 수당 등을 별도로 지급하는 것이 가능하도록 하는 조치들이 미리 이루어져야 한다.

감사를 실시할 때 외부 인력을 활용하는 사례의 대표적인 것으로 지방자치단체의 시민감사관제를 들 수 있다. 시민감사관제는 시정에 대한 시민의 엄정한 감시를 통하여 위법·부당한 사항과 시민들의 고충 사항을 사전에 차단시켜 시민들의 권익을 능동적으로 보호하고 주요 시책 결정에 대한 의견 제시 등을 목적으로 도입·운영되고 있으며, 변호사·회계사·세무사 등 전문 분야에 종사하는 직업인과 전직 공무원, 전업주부, 사회봉사단체 임원들로 각 분야에서 풍부한 경험과 식견을 갖추고 지역사회에 대한 봉사 정신이 투철한 사람들이 참여하고 있다. 용어는 다양하여 대구광역시와 강원도 등은 명예 감사관제, 서울특별시 등은 시민감사관제, 대전광역시 등은 시민 옴부즈만(Ombudsman) 제도 등의 이름을 사용하고 있다.

2 다른 기관과의 협력 현황

다른 기관과의 협력을 크게 네 부분으로 나누어 설문조사 결과를 중심으로 살펴보고자 한다. 우선 다른 기관과의 협력에 대한 전반적인 평가를 알아보고, 다음으로 다른 기관과의 감사정보 공유 실태를 파악한다. 이어서 감사 인력을 구성할 때 다른 부서 인력, 다른 기관 인력 및 외부 전문가의 포함에 대한 현황을 분석한 후, 마지막으로 현재 자체감사기구의 합동감사와 교차감사 실태에 대하여 알아보고자 한다.

1) 다른 기관과의 협력에 대한 전반적인 평가

자체감사기구와 다른 기관과의 협력은 크게 6개의 다른 기관(감사원, 상급기관, 수평적 관계에 있는 다른 기관, 하급기관, 국가청렴위원회, 관련 시민단체)으로 나누어 살펴보았다. 질문은 '○○○과 협력이 잘 이루어지고 있다'는 주장에 대한 동의 여부를 5점 척도로 나누어 물어보았으며, '해당 없음' 항목도 제시하였다. <표 11-4>는 '해당 없음'이라고 응답한 기관들을[3] 제외한 기관 유형별 다른 기관과의 협력에 대한 응답 평균을 보여 주고 있다.

감사원과의 협력이 가장 높은 점수인 3.90을 얻은 반면, 시민단체와의 협력은 2.80으로 가장 낮은 점수를 얻었다. 기관 유형별로 살펴보면, 정부투자기관의 경우 감사원과 국가청렴위원회와의 협력이 높은 점수를 얻은 반면, 수평적 관계에 있는 기관들과의 협력은 가장 낮은 점수를 얻었다. 지방자치단체의 경우 감사원과의 협력이 잘 되고 있는 것으로 평가되었으며, 공적 단체의 경우 감사원 및 상급기관과의 협력이 높은 점수를 얻었다.

〈표 11-4〉 기관 유형별 다른 기관과의 협력 응답 평균

구 분	감사원	상급기관	수평적 기관	하급기관	국가청렴위	시민단체
공적 단체	3.94	3.98	3.48	3.73	3.56	2.86
교육자치단체	3.57	3.42	3.36	3.86	3.50	2.75
국가기관	3.81	3.57	3.22	3.95	3.58	2.90
정부투자기관	4.21	3.79	2.85	3.75	4.14	2.44
지방자치단체	4.00	3.47	3.20	3.75	3.21	2.69
전체 평균	3.90	3.74	3.28	3.83	3.58	2.80

한편, 정보 공유가 가장 필요하다고 인식되는 다른 기관 2개를 선택하라는 질문에 대하여는 <표 11-5>와 같이 감사원이 가장 높은 86%의 응답을 얻었으며, 상급기관과 수평적 관계에 있는 기관은 동일하게 약 38%의 응답을 얻었다. 시민단체를 선택한 기관은 1개 기관에 불과하였으며, 국가청렴위원회라고 응답한 기관도 약 8%에 그쳤다.

3) 감사관과의 협력에 대하여 '해당 없음'이라고 응답한 기관의 수는 12개, 상급기관과의 협력에 대하여는 29개, 수평적 관계에 있는 다른 기관과의 협력에 대하여는 24개, 하급기관과의 협력에 대하여는 40개, 국가청렴위원회와의 협력에 대하여는 17개, 그리고 시민단체와의 협력에 대하여는 53개 기관이 '해당 없음'이라고 응답하였다.

〈표 11-5〉 기관 유형별 감사정보 공유가 가장 필요하다고 인식하고 있는 기관(2개 선택)

구 분	감사원	상급 기관	수평적 관계에 있는 기관	하급 기관	국가청렴 위원회	시민 단체	계
공적 단체	48	34	22	0	1	0	
교육자치단체	8	4	10	6	0	0	
국가기관	41	3	14	13	9	1	
정부투자기관	14	4	4	4	2	0	
지방자치단체	14	10	5	2	0	0	
합계 (유효 백분율)	125 (86.21%)	55 (37.93%)	55 (37.93%)	25 (17.24%)	12 (8.28%)	1 (0.69%)	145 (응답기관)

2) 다른 기관과의 감사정보 공유

다른 기관과 공유한 적이 있는 감사정보를 모두 표시해 달라는 질문에 대한 응답을 기관별로 요약하면 <표 11-6>과 같다. 감사원과의 정보 공유에서는 감사 결과의 공유가 74%로 가장 높았으며, 이어서 감사 사례, 감사

〈표 11-6〉 다른 기관과의 감사정보 공유(복수 응답)

구 분	감사 결과	감사 사례	감사 기법	감사자료	기타	해당 없음	응답기관
감사원	109 (74.15%)	74 (50.34%)	45 (30.61%)	69 (46.94%)	1 (0.68%)	8 (5.44%)	147
상급기관	60 (50.00%)	47 (39.17%)	18 (15.00%)	37 (30.83%)	0 (0.00%)	37 (30.83%)	120
수평적 관계에 있는 기관	15 (14.56%)	40 (38.83%)	12 (11.65%)	20 (19.42%)	2 (1.94%)	45 (43.69%)	103
하급기관	48 (41.74%)	46 (40.00%)	17 (14.78%)	40 (34.78%)	2 (1.74%)	44 (38.26%)	115
국가청렴 위원회	26 (26.00%)	31 (31.00%)	6 (6.00%)	26 (26.00%)	5 (5.00%)	39 (39.00%)	100
시민단체	7 (7.95%)	7 (7.95%)	6 (6.82%)	6 (6.82%)	3 (3.41%)	68 (77.27%)	88

자료, 감사 기법의 순으로 나타났다. 상급기관과의 정보 공유에서는 감사 결과의 공유가 50%로 가장 높았으며, 감사 사례, 감사자료, 감사 기법의 순으로 나타났다. 수평적 관계에 있는 기관과의 정보 공유에서는 다른 기관들과는 달리 감사 사례의 공유가 가장 높게 나타났으며, 감사자료, 감사 결과, 감사 기법의 순으로 나타났다. 하급기관과의 정보 공유에서는 감사 결과와 감사 사례가 중요한 것으로, 국가청렴위원회와의 정보 공유에서는 감사 사례가 중요한 것으로 나타났다. 시민단체와의 정보 공유는 '해당 없음'이 많아 공유된 감사정보에 대한 응답의 중요성이 떨어졌다.

3) 감사 인력의 구성

자체감사기구의 감사 인력을 구성할 때 외부 인력을 포함한 경험이 있는가에 대한 질문에 대해서는 <표 11-7>과 같이 다른 부서 인력의 경우에는 응답기관의 73.6%가 경험이 있다고 한 반면, 다른 기관의 인력을 포함한 경험이 있다고 한 기관은 17.8%에 불과하였다.[4] 한편 외부 전문가를 포함한 경험이 있는 기관은 35.8%였다. 특이한 점은 다른 기관 유형에 비하여

〈표 11-7〉 기관 유형별 감사기구 인력 구성에서 외부 인력 포함 여부

구 분	다른 부서 인력				다른 기관 인력				외부 전문가			
	항상 포함	필요할 경우 포함	포함 하지 않음	계	항상 포함	필요할 경우 포함	포함 하지 않음	계	항상 포함	필요할 경우 포함	포함 하지 않음	계
공적 단체	0	35	22	57	0	5	50	55	1	16	40	57
교육자치단체	0	11	4	15	0	2	11	13	0	3	10	13
국가기관	2	35	7	44	0	12	23	35	1	13	23	37
정부투자기관	0	11	3	14	0	1	13	14	0	5	7	12
지방자치단체	0	12	2	14	0	3	9	12	0	11	4	15
합계 (유효 백분율)	2 1.4%	104 72.2%	38 26.4%	144 100%	0 0.0%	23 17.8%	106 82.1%	129 100%	2 1.5%	48 35.8%	84 62.7%	134 100%

4) 한국환경자원공사의 경우 다른 기관 인력교류는 환경부 및 산하기관 간 2005년 1월 자체감사실 실장 회의시 '감사혁신 방안 과제'로 상정되어 추진되었다. 한국환경자원공사는 환경관리공단과 1명씩 소속기관 종합감사시 1주일간 인력교류를 실시하였다.

지방자치단체가 외부 전문가를 포함한 경험이 아주 높았으며(74.6%), 항상 외부 전문가를 포함하는 기관도 두 개 기관(교육인적자원부, 한국방송공사)이 있었다.

외부 인력을 감사 인력에 포함한 경험이 있는 기관들에게 외부 인력을 포함하여 수행한 대표적인 감사 사례를 알아본 결과, 대형시설 공사나 기관 업무의 특성상 고도의 기술이 요구되는 분야와 정보기술 및 기금 운용 등 전문적인 분야 등의 경우에 외부 인력을 많이 포함하는 것으로 나타났다.

4) 합동 · 교차감사의 현황

합동감사를 실시한 적이 있는가에 대한 설문 응답에서 <표 11-8>과 같이 '실시한 적이 없음'이라고 응답한 기관이 약 71%에 이른다. 간헐적으로 실시하는 기관은 약 21%이며, 정기적으로 실시하는 기관은 약 7%이다. 기관 유형별로 살펴보면, 국가기관의 합동감사가 상대적으로 활성화되어 있다고 할 수 있다. 약 1/4 정도가 정기적으로 실시하고 있으며, 약 1/4이 간헐적으로 실시하고 있다. 이는 합동감사의 많은 사례가 정부 합동감사의 형태로 이루어지고 있기 때문이다. 그 밖에도 시도 종합감사, 추설명절 근무기강 합동감사, 그리고 사회적으로 특별한 관심을 끄는 문제가 발생한 경

〈표 11-8〉 기관 유형별 다른 기관과의 합동감사 · 교차감사 실시 여부

구 분	합동감사				교차감사			
	정기적 실시	간헐적 실시	실시 경험 없음	계	정기적 실시	간헐적 실시	실시 경험 없음	계
공적 단체	0	9	51	60	0	1	58	59
교육자치단체	1	4	11	16	0	4	12	16
국가기관	10	11	24	45	0	1	35	36
정부투자기관	0	4	10	14	0	0	11	11
지방자치단체	0	4	12	16	0	4	12	16
합계 (유효 백분율)	11 (7.28%)	32 (21.19%)	108 (71.52%)	151 (100%)	0 (0.00%)	10 (7.25%)	128 (92.75%)	138 (100%)

우에 합동감사가 많이 실시되었다.

교차감사의 경우는 실시 경험 비율이 합동감사에 비하여 훨씬 낮다. 간헐적으로 실시한 적이 있는 기관이 7.25%에 불과하며 나머지 기관은 교차감사를 실시한 적이 없다. 기관별로 살펴보면, 교육자치단체와[5] 지방자치단체의 경우 간헐적으로 실시한 경험이 있는 기관들이 상대적으로 높은 편이다.

합동감사와 교차감사를 어떤 계기로 실시하게 되었는가에 대한 응답을 살펴보면, <표 11-9>와 같이 자체계획에 의하여 실시하였다고 응답한 기관 비율이 합동감사와 교차감사 모두 약 27%였다. 다른 기관의 요구에 의하여 실시하였다고 응답한 기관은 합동감사가 교차감사보다 훨씬 높았으며, 각각 67%와 약 36%였다.

합동감사를 함께 실시한 기관을 기관 유형별로 살펴보면, <표 11-10>과 같이 국가기관을 제외하고는 대부분이 상급기관과 합동감사를 실시한 것으로 나타났다. 국가기관의 경우에는 수평적 기관과의 합동감사가 50%를 넘

〈표 11-9〉 기관 유형별 다른 기관과의 합동감사·교차감사 실시 계기

구 분	합동감사				교차감사			
	자체 계획	다른 기관 요구	기타	계	자체 계획	다른 기관 요구	기타	계
공적 단체	0	9	0	9	0	0	1	1
교육자치단체	3	1	1	5	2	1	1	4
국가기관	7	13	1	21	0	1	1	2
정부투자기관	0	4	0	4	0	0	0	0
지방자치단체	2	2	1	5	1	2	1	4
합계 (유효 백분율)	12 (27.27%)	29 (65.91%)	3 (6.82%)	44 (100%)	3 (27.27%)	4 (36.36%)	4 (36.36%)	11 (100%)

5) 광주광역시교육청의 경우 본청에서 주관하는 공직기강 점검시 지역교육청(동부교육청, 서부교육청)의 직원을 동수로 차출하여 동부교육청 직원은 서부교육청 소관 학교를, 서부교육청 직원은 동부교육청 소관 학교를 지정하여 본청의 감사관과 함께 감사를 실시하였다.

〈표 11-10〉 기관 유형별 합동감사·교차감사 실시기관

구 분	합동감사					교차감사				
	상급 기관	수평적 기관	하급 기관	국가 청렴위	계	상급 기관	수평적 기관	하급 기관	국가 청렴위	계
공적 단체	7	1	0	0	8	0	1	0	0	1
교육자치단체	1	0	4	0	5	0	1	3	0	4
국가기관	4	12	5	0	21	0	0	1	0	1
정부투자기관	3	1	0	0	4	0	0	0	0	0
지방자치단체	3	0	1	0	4	3	1	0	0	4
합계 (유효백분율)	18 (42.86%)	14 (33.33%)	10 (23.81%)	0 (0.00%)	42 (100%)	3 (30.00%)	3 (30.00%)	4 (40.00%)	0 (0.00%)	10 (100%)

었다. 교차감사를 실시한 기관을 살펴보면 지방자치단체의 경우에는 상급기관과의 교차감사 비율이 높았으며, 교육자치단체의 경우 하급기관과의 교차감사 비율이 높았다.

합동감사를 실시할 때에 주의할 점을 묻는 개방형 질문에 대해서는 다양한 응답이 나왔다. 합동감사에 참여하는 기관이 상하로 수직적인 관계에 있다고 하더라도 감사 업무 수행시 자체감사기구가 단순히 보조적인 역할을 하는 것이 아니라 충분한 의사소통을 통하여 실질적인 합동감사가 되도록 하였으면 좋겠다는 근본적인 제안이 있었다. 또한 이미 감사한 사항에 대한 중복감사가 되지 않도록 하여야 하며, 무엇보다도 감사를 함께 실시하는 기관 간, 감사요원 간 명확한 역할 분담이 있어야 한다고 하였다. 이와 함께 감사대상기관의 성격을 충분히 파악하고, 감사 준칙을 성실히 지켜야 한다는 의견도 제시되었다.

3 다른 기관과의 협력의 바람직한 방향

자체감사를 수행하는 과정에서 다른 기관과의 협력은 감사의 효과성을 높이는 데 중요한 역할을 한다. 감사 대상 업무 중에는 다른 기관과의 협력을 통한 필요한 인력의 교류가 감사의 효과를 높이는 데 꼭 필요한 경우가

있다. 다른 기관과의 협력이 활성화되기 위해서는 다음의 방향으로 지속적인 노력이 있어야 할 것이다.

첫째, 자체감사기구의 감사정보 공유에 대한 필요를 체계적으로 파악하는 작업이 선행되어야 한다. 기관의 성격과 유형에 따라 공유를 필요로 하는 감사정보의 우선순위가 다르다. 설문 결과에서도 나타났듯이 감사원 및 상급기관과는 감사 결과 공유가 가장 높았으며, 수평적 기관이나 하급기관과는 감사 사례 공유가 가장 높았다. 따라서 이러한 기관들의 필요를 좀더 체계적으로 파악하고 맞춤형 정보 공유가 될 수 있도록 다양한 제도적 장치가 마련되어야 한다.

둘째, 감사 인력 구성시에 외부 인력의 활용과 그 효과를 높일 수 있도록 하여야 한다. 다른 부서 인력의 활용은 어느 정도 되고 있으나 다른 기관이나 외부 전문가의 활용은 아주 낮은 실정이다. 물론 감사의 특성상 모든 분야에 외부 인력을 활용하기는 어려우나, 전문적인 분야에 대한 감사에서는 외부 인력을 적극적으로 활용하고 이들이 실질적으로 감사의 효과성 확보에 기여할 수 있도록 지원하여야 한다. 이를 위해서는 자체감사기구의 자발적인 노력과 의식 전환이 선행되어야 한다.

셋째, 합동감사와 교차감사의 필요성에 대한 인식 전환과 함께 실질적인 감사 수행이 이루어질 수 있도록 대책을 마련하여야 한다. 합동감사와 교차감사는 자체감사기구의 입장에서는 다소 부담스러울 수 있다. 따라서 합동감사와 교차감사를 통하여 효과를 거둘 수 있도록 감사를 함께 실시하는 기관 간, 감사요원 간 명확한 역할 분담이 되어야 하며, 모두가 감사의 주체로서 참여할 수 있도록 충분한 의사소통이 이루어져야 한다.

넷째, 감사정보의 공유를 위한 다양한 통로를 마련하여야 한다. 감사직원 워크숍을 통하여 감사 사례 및 감사 기법, 새로운 감사 기법 개발 등이 공유되어야 하며, 기관간 간담회를 통하여 의사통로 확보와 업무 협조 체제를 구축할 수 있도록 지원하여야 한다. 감사요원 파견 및 순환근무 활성화도 다른 기관과의 협력과 감사정보 공유를 활성화시킬 수 있는 중요한 수단이 될 수 있다.

제 3 절 예산관리

1 예산 확보의 적정성과 집행의 적절성에 관한 논의

자체감사 활동에 필요한 예산편성은 자체감사기구의 독립성 확보와 밀접히 관련된 것으로서, 수감기관 등 이해 관계 기관으로부터 예산상의 제한에 의한 간섭을 배제하기 위한 재정상의 독립성 확보 장치가 필요하다. 따라서 자체감사기구는 독자적인 적정 예산을 어느 정도 충분히 확보하여 자체감사 업무의 독립성이 보장될 수 있도록 하여야 한다.

공감법 제24조(감사 활동에 대한 예산편성 등)의 제1항에 따르면 "중앙행정기관 및 지방자치단체의 감사 활동에 관한 예산의 편성에 대하여는 감사기구의 독립성이 최대한 존중되어야 한다"고 규정하고 있다. 제2항에도 "감사인에게는 예산의 범위 안에서 감사활동비를 지급할 수 있다"라고 규정하고 있다. 이는 자체감사기구의 소요예산이 독립적인 감사 활동 수행에 필요한 만큼 적정 수준으로 충분히 배정·확보되도록 하여야 함을 규정한 것이라고 볼 수 있다. 또한 여기에는 감사의 특성상 자체감사 활동에 필요한 최신의 감사장비(예를 들면, 감사에 필요한 무선 인터넷 노트북, 고성능 녹음기, 비디오카메라 등)도 확보될 수 있도록 예산이 배정되어야 한다.

예산집행의 적절성은 자체감사 계획과 예산의 긴밀한 상호 연계의 필요성에 그 주된 근거를 둔 것이다. 자체감사기구는 합리적인 자체감사의 계획을 수립하고 이를 위한 집행예산이 감사 활동의 내용과 구체적인 연계성을 갖도록 하여야 하며 또한 예산집행상 실책으로 인한 계획과 예산의 괴리가 발생되지 않도록 예산집행의 효율성, 시기적절성 등 예산집행상의 적절성을 이룰 수 있는 예산관리 체계를 확립하여야 할 것이다.

예산과 직접 연계된 규정은 아니지만 공감법 제12조(감사계획의 수립 등)에 따르면, 감사기구의 장은 감사를 체계적·효과적으로 수행하기 위하여 감사계획을 수립하여야 한다는 규정을 명시하고 있다.

2 예산 확보의 적정성과 집행의 적절성에 관한 문제 인식의 실태

1) 예산 확보의 적정성 및 예산집행의 적절성에 관한 설문조사 결과

"예산 확보의 적정성 및 예산집행의 적절성 정도"를 묻는 질문에 대하여, <표 11-11>과 같이 적정하다(23.5%)와 매우 적정하다(2%)는 의견이 전체의 25.5%를 나타내고 있는 반면에 보통(49.7%) 이하 미흡하다(20.8%)와 매우 미흡하다(4%)는 인식이 전체 감사기구의 74.5%를 차지하고 있는 것으로 나타났다.

〈표 11-11〉 예산 확보의 적정성 및 집행의 적절성 정도

구 분		빈도(f)	백분율(%)	유효 백분율(%)	누적 백분율(%)
유효	매우 미흡	6	3.9	4	4
	미흡	31	20.4	20.8	24.8
	보통	74	48.7	49.7	74.5
	적정	35	23	23.5	98
	매우 적정	3	2	2	100
	총계	149	98	100	
결손		3	2		
총계		152	100		

2) 감사장비 확보의 적정성에 관한 설문조사 결과

또한 감사 활동의 특성상 감사 활동에 필요한 "감사장비 확보 정도"를 묻는 질문에 대하여도, <표 11-12>와 같이 적정하다(24.8%)와 매우 적정하다(2.7%)는 의견이 전체 응답자의 27.5%를 나타내고 있는 반면에 보통(38.9%) 이하 미흡하다(26.8%)와 매우 미흡하다(6.7%)는 인식은 전체 응답의 72.5%나 차지하는 것으로 나타났다.

〈표 11-12〉 감사장비 확보의 적정성

구 분		빈도(f)	백분율(%)	유효 백분율(%)	누적 백분율(%)
유효	매우 미흡	10	6.6	6.7	6.7
	미흡	40	26.3	26.8	33.6
	보통	58	38.2	38.9	72.5
	적정	37	24.3	24.8	97.3
	매우 적정	4	2.6	2.7	100
	총계	149	98	100	
결손		3	2		
총계		152	100		

3) 예산 내역의 현실성에 관한 설문조사 결과

그리고 "예산 내역의 현실성" 여부를 묻는 질문에 대하여, <표 11-13>과 같이 적정하다(27.5%)와 매우 적정하다(2.7%)는 의견이 전체의 30.2%를 나타내고 있는 반면에 보통(40.9%) 이하 미흡하다(24.2%)와 매우 미흡하다(4.7%)는 인식은 전체 응답자의 69.8%를 차지하고 있는 것으로 나타났다.

〈표 11-13〉 예산 내역의 현실성

구 분		빈도(f)	백분율(%)	유효 백분율(%)	누적 백분율(%)
유효	매우 미흡	7	4.6	4.7	4.7
	미흡	36	23.7	24.2	28.9
	보통	61	40.1	40.9	69.8
	적정	41	27	27.5	97.3
	매우 적정	4	2.6	2.7	100
	총계	149	98	100	
결손		3	2		
총계		152	100		

3 예산 확보의 적정성과 집행의 적절성을 위한 발전 방향

이상과 같은 조사 결과는 수감기관 등으로부터 예산상의 제한에 인한 간섭을 배제하기 위해서나 또는 관련 법규정상의 이유에 의해서라도, 자체감사기구의 소요 예산이나 감사 활동에 필요한 감사장비가 독립적인 감사 활동의 수행에 필요한 만큼 적정 수준으로 충분히 확보 및 배정되어 재정상의 독립성이 최대한 존중될 수 있도록 더욱 노력할 필요성이 있음을 시사한다고 볼 수 있다.

한편 예산집행시의 적절성 강화는 자율성 및 신축성 확대의 필요를 낳게 하는 반면에, 지나친 자율성 및 신축성 확대는 예산집행에서 오용 또는 남용의 문제를 낳을 수 있는 폐단이 있다(오석홍, 2004: 765-66). 따라서 자체감사기구는 예산집행의 적절화를 위하여 필요한 자율성과 신축성은 확대하되, 다른 한편으로는 지나치게 자율성과 신축성을 추진하려는 데서 발생할 수 있는 예산관리제도의 오용 또는 남용 문제의 방지 방안이 마련되어야 한다.

그 일환으로서 자체감사요원의 책임 의식 강화, 외부 회계검사 등의 방안 마련을 들 수 있다. 특히 자체감사요원의 책임 의식 준수와 관련된 근거 규정 중 하나로 공무원 행동강령 준수 제7조(예산의 목적외 사용 금지), 즉 "공무원은 여비·업무추진비 등 공무 활동을 위한 예산을 목적 외의 용도로 사용함으로써 소속기관에 대하여 재산상 손해를 가하여서는 아니 된다"라는 규정을 두고 있다. 그리고 다른 한편으로 자체감사기구는 예산집행시에 예산관리·운용에 관한 재무제표의 신뢰성 및 재무 건전성 확보를 위한 외부 회계검사의 도입 및 실시도 검토해 볼 필요가 있다고 본다.

제 4 절 평가를 통한 감사품질관리

1 개념적 정의

감사품질에 대한 기존 연구는 대개 민간회사 내 회계감사에 치중되어 있다. 데안젤로(DeAngelo, 1980), 팜로스(Palmrose, 1988), 프란시스와 윌슨(Francis & Wilson, 1988), 김문철과 황인태(1998), 최관과 백원선(1998) 등이 대표적인데, 예를 들어 데안젤로(L. DeAngelo)는 감사품질을 피감사 대상의 회계 시스템에서 오류를 발견할 수 있는 가능성과 발견된 오류를 보고할 가능성의 결합 확률로 정의하여 감사 기술 능력과 독립성의 결합으로 보고 있다. 이 연구는 감사의 규모가 크면 독립성이 증가하고 따라서 감사의 품질이 높아진다고 주장하였다. 김문철과 황인태 역시 감사인의 유형에 따라 감사품질에 차이가 있는가를 조사하여 감사의 규모와 감사품질 사이에 유의적인 관계를 발견하였다. 팜로스(Z. Palmrose), 프란시스(J. Francis)와 윌슨(E. Wilson) 역시 민간 영역에서의 감사품질의 영향 요인을 피감사 기업의 대리비용으로 파악하였다. 그러나 공공감사에서의 감사품질에 대한 선행 연구는 현재 찾아보기 어렵다.

민간 영역과 유사하게 공공감사 결과도 신뢰되고 수용되어 실제 활용되기 위해서는 여러 요소가 고려되어야 하겠지만 무엇보다도 체계적인 분석과 평가에 기반을 둔 내용상의 품질(content quality)을 확보하여야 한다. 이를 위해서는 공공감사조직 내 품질관리제도(quality management system)가 도입되어 제대로 운영되어야 함은 당연한 이치이다. 감사원에서도 GAO의 예를 들어 감사 결과의 객관성, 신뢰성, 타당성을 확보할 수 있도록 품질을 관리하는 것을 중요시하여 감사계획 수립부터 실시와 보고서 작성까지 감사의 모든 단계에 걸친 품질관리 전략을 제시하고 있다. GAO(2005)가 품질관리의 원칙으로 제시한 것으로는 첫째, 감사의 품질은 감사 결과의 사후적 점검만이 아닌 감사의 모든 과정에서 관리되어야 한다는 것이고, 둘째, 품질관리의 개념에는 감사의 신뢰성 확보를 위한 품질자문(quality assurance)과 품질통제(quality control)가 포함되어 품질자문은 "감사팀 외부에서 높은 수준의 성과감사 품질을 확보할 수 있도록 점검하고 조언하는 활동"을 말하며, 품질통제는 "감사팀 내부와 상급 결재 라인에서 감사의 품질을 높이도록 감독하고 조정하는 활동"으로 구분하였다. 셋째, 통제는 꼭 필요한 정도에 그쳐야 한다고 강조하였다.

실제적으로 모든 성과감사 사항마다 당해 감사의 품질을 점검하고 감사 운영 등 필요한 사항에 대하여 감사계획 단계부터 조언하고 자문할 수 있도록 해당 감사팀과는 독립된 성과감사 품질자문단을 필요시 구성·운영함으로써 감사의 품질을 확보하도록 한다고 했는데, 이의 구성은 성과감사 사항별로 관련 지식과 경험이 있는 외부 전문가 2인과 당해 성과감사 사항과 직접적인 관련이 없는 국장 또는 과장 중 그 분야에 상당한 경험이 있는 사람 1인 등 3인으로 규정하였다. 성과감사 품질자문단을 구성할 때에는 관련 사안에 대하여 정통하고, 독립성과 객관성이 있으며, 충분한 경험과 신뢰성을 지니고, 필요한 시기에 도움을 받을 수 있는 사람을 선정하도록 하였다. 성과감사 품질자문단의 개입 단계와 역할로는 실시계획의 확정 전에는 핵심 질문(감사초점), 접근 방법, 판단 기준의 적정성 검토와 방법론에 대한 자문을 담당하고 감사 중 논란이 되는 문제가 생겼을 경우는 해결 방법에 대한 자문, 보고서 초안 작성 후에는 성과감사 결과, 결론과 보고 체제의 적정성 검토와 수정 의견 등을 담당하는 것을 원칙으로 삼았다. 그 밖에도 필요할 때마다 감사팀은 수시로 자문단의 도움을 받을 수 있다고 규정하고 성과감사 품질자문단은 회의나 서면으로 의견을 개진하며 자문 내용을 문서화하여야 한다고 하였다.

그러나 감사기구 내 조정기구를 개편하여 체계화하고 관련 규정을 정비하는 등의 제도적 정비가 필요함에도 불구하고 이를 전체 자체감사기구에서 활용하기란 현실적으로 용이하지 않다. 이를 극복하기 위하여 자체감사의 품질을 확보하기 위한 차선책으로 성과지표의 개발을 통한 내부 혹은 외부의 평가를 수행할 수 있다. 즉 감사가 제대로 되었는지 또 그 결과로 어떠한 긍정적 효과가 야기되었는지를 검토하여야 한다는 의미이다. 감사도 공적인 자원을 사용하는 한 그 자원의 사용을 통하여 국민에게 어떤 편익과 비용을 야기하였는지를 설명할 의무가 있다. 이것은 감사의 국민에 대한 책무성 이행의 본질이라고 하겠다. 특히 자체감사에서 중요시하는 성과감사의 결과는 재무·합법성 감사의 경우와는 달리 개별적 거래에서의 부적정성을 지적하고 거기에 따라 얼마의 금액을 환수하는 등 즉시적인 금전적 편익을 가져오지는 않는다. 경제·능률성감사의 경우 다음 단계에서의 낭비를 예방하는 효과를 기대하거나 효과성감사의 경우 불필요한 사업이나 업무를 중단시키고 좀더 효과적인 사업이나 업무에 자원을 투입하도록 유도함으로써 장기적으로 커다란 편익을 가져올 수 있다. 이러한 감사의 효과에 대한 평가는 적어도 다음 단계의 감사를 더욱 효율적으로 수행하기 위한 중요한 방안의 하나가 될 것이다. 그리고 이러한 과정은 감사를 종결하는 논리적 귀결이기도 하다.

2 관련 규정

1999년 12월에 개정된 감사원훈령 제223호 자체감사의심사및평가등에관

〈표 11-14〉 자체감사 결과 심사 항목 및 배점

심사 항목	배점	세부심사 요소	심사 결과 평점		
			상	중	하
감사계획	25점	• 당원의 감사 활동 방향 및 감사 실시 지침의 반영도(10) • 감사 준비의 적정성(5) -예비조사 실시, 감사중점별 체크리스트 작성 등 • 감사반 편성의 적정성 -기간, 사무분장의 적정성 -전문·기술인력 차출 등 활용 여부	20점 이상	13~19점	13점 미만
감사 활동	10점	• 표본 추출의 타당성(5) • 감사 인력 가동률(5)	8점 이상	5~7점	5점 미만
감사 성과	45점	• 건수, 금액 인원 등 적출 실적(15) • 주기능, 주임무의 제도 개선 기여도 • 취약 분야 및 취약 업무 척결 실적 • 새로운 비리 유형의 발굴 실적(10)	36점 이상	24~35점	24점 미만
감사 결과 처리	20점	• 감사 결과 처리의 적시성, 공정성(15) • 모범 사례의 발굴 및 전파·우대 조치	16점 이상	11~15점	11점 미만
합계	100점				

〈표 11-15〉 자체감사기구 운영 평가 항목 및 배점

심사 항목	배점	세부심사 요소	심사 결과 평점		
			상	중	하
기관장의 관심 정도	20점	• 기관장의 자체 정화 의지(10) -기관장의 자체 정화 방침 -이권 부서 인사관리 실태 -감사 부서 품의 사항 반영도 • 자체감사 활동 지원(10) -장비, 활동비 등의 지원 -포상 등 인사상 우대 조치 -감사 관련 애로 사항 지원 등	16점 이상	11~15점	11점 미만
독립성	30점	• 연간 감사계획 적정성(10) -사항 수 및 선정된 사항의 우선순위 등 • 감사 활동 수행 능력(10) -인원 수의 적정성 및 전문·경력자 확보 여부 -요원 교체 빈도 및 적기 교육훈련 등 • 감사 활동 및 결과 처리의 독립성(10) -감사 부서 근무가 인사상 불이익으로 작용 여부 -압력·청탁에 의한 취약인물 비호(감사 제외) 여부 -처분 종류의 부당 변경 유무 등	24점 이상	16~23점	16점 미만
예방지도 활동	20점	• 일상감사의 내실성(10) -실시 종류, 방법 및 성과 등 • 비리 예방 활동의 적정성(10) -기강 점검, 감사 사례 전파 등 • 자체감사기구 이외의 기관에서 적발된 비리 및 사건·사고의 발생빈도(5)	16점 이상	11~15점	11점 미만
감사 기강	30점	• 감사책임자의 지휘 능력(통솔력, 청렴도 등)(10) • 감사요원의 기강(성실성, 적극성, 청렴도 [금품 수수, 이권 개입, 압력, 청탁 등])(10) • 감사 부작용(감사경비 갹출, 지적 사항 불문 비율, 자료 과다 징구 등)(10)	24점 이상	16~23점	16점 미만
합계	100점				

한규정 제4장은 자체감사 기구 운영 실태의 평가를 규정하고 있다. 감사원은 자체감사 활동의 내실화를 도모하기 위하여 자료분석이나 점검 등의 방법에 의하여 자체감사기구의 운영 실태를 매년 정기적으로 평가한다. 평가항목 및 배점은 <표 11-15>와 같다.

자체감사에 대하여 기관별 종합평가는 자체감사 결과의 심사 자료와 자체감사기구 운영 실태의 평가 자료를 토대로 실시하는데 기관별 종합평가는 국가기관, 지방자치단체(시·도 및 시·도 교육청), 정부투자기관 및 공적 단체로 구분하고, 이를 다시 자체감사 대상 업무의 양 및 난이도, 기관의 특성과 산하기관 수 등을 고려하여 상대적 비교가 가능한 기관 군으로 세분하여 평가한다. 자체감사 결과의 기관별 심사는 담당국장이 감사 사항별로 수시 심사한 심사 결과 평점을 종합평가 시점에서 기관별로 합산한 후 총점을 감사 항수로 나누어 기관별 평균 심사 점수를 도출한다. 자체감사기구 운영 실태 평가는 매년 기관별로 점검 또는 자료 분석 등을 실시하여 평가한다. 기관별 자체감사기구 활동 실적 종합평가는 자체감사 결과에 대한 기관별 평균 심사 점수의 60%와 자체감사기구 운영 실태 평가 점수의 40%를 합산하여 계산한다. 기관별 종합평가는 기관의 업무 특성, 감사대상 산하기관 수 등을 고려하여 상대적 비교가 가능한 비교기관군을 설정하여 평가하되 비교기관군(群)은 따로 정하며 우수기관 및 부진기관 결정은 비교기관군별(群) 순위에 의하되 전체 순위를 고려하여 결정한다. 그 결과 우수기관 등을 선정하고 자체감사 우수 직원은 우수감사 사항으로 결정되거나 우수기관으로 평가된 기관의 직원 및 소속 국장이 특별히 공적을 인정하여 추천하는 직원 중에서 자체감사 활동 실적이 우수하거나 새로운 감사 기법의 개발 등으로 자체감사 업무의 발전에 기여 또는 기타 자체감사 요원으로서의 사명감이 투철하고 업무를 성실히 수행하여 타의 모범이 되는 것을 종합적으로 고려하여 선정한다. 자체감사 활동 실적 우수기관 및 직원은 감사원 내의 '자체감사활동평가위원회'에서 연 1회 심의·결정하며, 필요한 경우 특별한 사유 없이 감사 활동 실적이 전년도보다 크게 저하된 기관이나 기타 예방 감사 활동 등이 미흡하여 대형 사건·사고가 자주 발생한 기관을 대상으로 자체감사 활동 부진기관을 결정할 수도 있다. 자체감사 우수기관 및 직원을 선정하였을 때에는 이를 소속 기관장에게 통지하고 감사관계관 회의시에 공표하며, 우수기관 및 직원에 대하여는 감사관계관 회의시에 감사원장 표창 또는 상금, 기타 부상을 수여한다.

3 해외 사례

2003년 개정된 미국 정부감사기준에 의하면 감사조직은 지정된 임무의 모든 국면에서 독립성과 객관성이 유지되는지, 업무를 계획하거나 수행할 때, 그리고 그 결과를 보고할 때 전문가적 판단이 수반되고 있는지, 유능하고 필요한 전문적 능력과 지식을 가지는 직원에 의하여 업무가 수행되는지, 감사조직의 품질관리 시스템이 전문적 기준에 적합하다는 합리적 확신을 제공할 수 있도록 설계되고 적용되고 있는지에 대하여 독립적인 동료평가(peer review)를 주기적으로 실시함으로써 그에 대한 의견이 공표될 수 있도록 하는 것 등을 보장할 책임이 있다는 것을 명기함으로써 품질관리의 중요성을 인지하였다. 미국 정부감사기준이 제시하는 품질관리와 확신(Quality Control and Assurance)은 아래와 같다.

1) 일반 기준(조항 3.49)

품질관리와 확신에 관계된 일반 기준은 "미국 감사원 정부감사기준(GAGAS)에 따라 감사 및 입증 업무를 수행하는 감사조직이 적절한 내부 품질관리 시스템을 가져야 하고, 외부로부터의 동료평가를 받아야 한다"는 것이다.

2) 품질관리 시스템(조항 3.50)

감사조직의 품질관리 시스템은 감사 및 입증 업무에 적용하여야 할 기준에 부합된다는 합리적 확신을 그 조직에 주기 위한 조직 구조, 채택된 정책, 절차 등을 모두 포함한다. 감사조직의 내부 품질관리 시스템은 여러 기준들에 관계된 정책이나 절차들이 적절하게 설계되고 효과적으로 적용되는지를 지속적으로 모니터링하기 위한 절차를 포함하여야 한다.

3) 내부품질관리 시스템의 성격과 범위(조항 3.51)

감사조직의 내부 품질관리 시스템의 성격과 범위는 감사조직의 크기, 직원과 감사 부서에 허용된 운영 자율권의 정도, 업무의 성격, 조직 구조, 비용·편익에 대한 적절한 고려 등과 같이 많은 요소들에 의존한다. 따라서 개별 감사조직에 의하여 설치된 시스템은 그 시스템의 문서화에 대한 필요나 그 범위에 따라 다양할 것이다. 그렇지만, 각각의 감사조직은 품질관리 시스템이 그 조직의 정책이나 절차에 부합되는지를 설명하기 위하여 이를 적절하게 문서화하여야 한다. 그러한 문서화의 형식이나 내용은 판단의 문제이다. 준수 여부에 대한 문서화는 그러한 실행 모니터링 절차나 감사 및 입증 업무에 적용되는 적합한 기준에 부합된다는 합리적 확신을 감사조직에 주기 위하여 만들어진 동료평가가 품질관리 정책 및 절차에 대한 감사조직의 준수 정도를 평가할 수 있을 정도로 충분한 기간 동안 보관되어야 한다.

4) 감사 및 입증 업무(조항 3.52)

GAGAS에 따라 감사 및 입증 업무를 수행하는 감사조직은 그 조직으로부터 독립된 검증자에 의하여 최소한 3년에 1번씩 그들이 수행한 감사 및 입증 업무에 대하여 외부의 동료평가를 받아야 한다. 외부의 동료평가는 적용하여야 할 전문가적 기준에 부합되었다는 합리적 확신을 감사조직에 제공하기 위하여, 검증 기간 동안 검증을 받는 감사기구의 내부 품질관리 시스템이 적합한지와, 품질관리 정책 및 절차가 준수되었는지를 결정하여야 한다. 감사조직은 동료평가 결과에 기초하여 필요한 개선·보완 절차를 취하여야 한다.

5) 외부 동료평가팀의 멤버(조항 3.53)

외부 동료평가팀의 멤버는 다음의 요구 사항을 충족하여야 한다.

첫째, 각각의 검증 팀 멤버는 GAGAS와 검증되는 업무에 관계된 정부환경에 대한 현행 지식을 가지고 있어야 한다.

둘째, 각각의 검증 팀 멤버(GAGAS에서 정의된 바와 같이)는 검증을 받는 감사조직, 그 직원 및 외부 동료평가 대상으로 선택된 감사와 입증 업무로부터 독립적이어야 한다. 검증 팀이나 검증 팀의 멤버는 그 감사조직에 대하여 가장 최근의 동료평가를 수행한 감사조직에 대한 검증을 하는 것은 허용되지 않는다.

셋째, 각각의 검증 팀 멤버는 동료평가를 수행하는 방법에 대한 지식을 가지고 있어야 한다. 그러한 지식은 직무 수행 과정에서의 훈련이나, 여러 훈련 과정, 또는 양자의 결합된 방법에 의하여 얻을 수 있다.

6) 동료평가(조항 3.54)

동료평가는 다음의 요구 사항을 충족하여야 한다.

첫째, 동료평가는 관련된 모니터링 절차, 감사 및 입증검사 보고서, 감사 및 입증 조서, 그리고 기타 필요한 문서(예를 들어, 독립성 관련 서류, 채용·성과평가·직무지정 정책의 준수에 관계된 인사관리 파일) 등을 포함한 감사조직의 내부 품질관리 정책 및 절차에 대한 검증을 포함하여야 한다. 그 검증은 관련된 품질관리 정책 및 절차의 이해도나 준수 여부를 평가하기 위하여 검증을 받는 감사조직 내의 여러 계층에 있는 직원과의 인터뷰를 포함하여야 한다.

둘째, 검증 팀은 검증을 위한 감사나 입증 업무를 선택할 때 다음의 접근 방법 중 하나를 사용하여야 한다: ① GAGAS에 따라 피검증 감사조직에 의하여 수행된 업무 중 몇 개 영역에 걸쳐 있는 부분에 대한 감사나 입증 업무 선택, ② GAGAS에 따라 수행된 하나 또는 그 이상의 업무를 대상으로 품질관리 요구 사항을 따라야 하는 피검증 감사조직의 업무 중 몇 개 영역에 걸쳐 있는 부분에 대한 감사나 입증 업무 선택

셋째, 동료평가는 피검증 감사조직의 품질관리 시스템이 제대로 이행되었는지를 결론짓기 위한 합리적 기초를 제공할 정도로 충분히 포괄적이어야 한다. 검증 팀은 동료평가 절차를 효과적으로 마련하기 위하여 피검증 감사조직의 모니터링 노력의 적정성 및 결과를 고려하여야 한다.

넷째, 검증 팀은 외부 동료평가의 결과를 통보하는 보고서를 작성하여야 한다. 그 보고서는 검증의 제약 조건을 포함하여 검증의 범위를 적시하여야 하고, 피검증 감사조직의 감사나 입증 업무에 대한 품질관리 시스템이 적정하고, 검증 대상 기간 동안 잘 적용되었는지에 대한 견해를 표명하여

야 한다. 그 보고서는 피검증 감사조직이 따라야 하는 전문가적 기준을 기술하여야 한다. 그 보고서는 또한 의견의 어떤 수정이든 그 이유를 기술하여야 한다. 의견을 수정하여야 될 어떤 문제가 있을 때, 검증자는 피검증 기관이 적정한 행동을 할 수 있도록 하기 위하여, 동료평가 보고서나 별도의 의견서에 적발 및 권고 사항의 자세히 기술된 내용을 보고하여야 한다. 작성된 보고서가 수정된 보고 내용에 따라 발표된다면, 의견서에서 그 내용을 논급하여야 한다.

7) 업무 수행 약정 체결 사항(조항 3.55)

GAGAS에 따른 업무 수행 약정을 체결하려고 하는 감사기구는 최근의 외부 동료평가 보고서나 의견서 및 약정 기간 동안에 받은 어떤 종류의 후속 동료평가 보고서나 의견서를 감사나 입증 업무 약정을 체결하려고 하는 부서에 제공하여야 한다. 외부 동료평가 보고서나 의견서에 있는 정보는 감사나 입증 업무 서비스를 획득하는 데 종종 영향을 준다. 다른 감사조직의 업무 결과에 의존하는 감사인은 그 감사조직의 동료평가 보고서나 의견서 사본을 요구하여야 하고, 감사조직은 동료평가 보고서나 의견서 사본을 요구받은 때는 이를 제공하여야 한다.

8) 보고서의 공개(조항 3.56)

정부 감사조직은 또한 그들의 외부 동료평가 보고서를 적정한 감독기관에 보내야 한다. 요청을 받을 경우, 동료평가 보고서나 의견서가 적기(適期)에 국민에게 공개되는 것도 또한 권고된다.

INTOSAI 감사기준과 윤리강령(Code of Ethics)도 높은 수준의 감사를 확보하는 것이 중요하기 때문에 감사 성과의 증진을 위한 감사 품질보장 프로그램(quality assurance program)에 특별한 관심을 가져야 한다고 기술한다. INTOSAI 감사기준(2004)에 따르면 감사기구는 품질 보증을 위한 내부적 절차가 만족스럽게 운용되었는지 여부를 확인하고, 감사보고의 질을 확인하며, 품질 개선과 문제점의 재발 방지를 위한 시스템을 확립하여야 한다. 품질 보증은 높은 수준의 감사 활동을 성취하기 위하여 감사원이 수립한 정책, 시스템 및 절차와 관련이 있다. 품질 보증은 또한 일상적 감사 업무에서의 준수 사항과도 관련이 있다. 2.1.27항은 (a) 감사품질을 보장하기 위하여 마련된 절차가 성공적으로 운용되고 있는지 여부 확인, (b) 감사보고서의 품질 확보, (c) 감사의 개선과 문제점 재발의 방지 대책 마련이 중요하다고 보고 있다. INTOSAI(2004)에 따르면, 감사의 품질 보장 문제가 감사 시행 과정에 포함되어야 하며 심지어 감사의 계획 단계에서도 감사에서 다룰 문제점이 실제적으로 중요한 것인지, 그리고 잘 정의되었는지 확인하기 위하여 품질자문 시스템이 긴요하게 활용될 수도 있다고 한다. 감사의 품질 수준은 일반적으로 감사의 목표, 문제점, 주요 점검 사항, 감사 대상 분야의 선정 과정에서 결정되며, 감사가 추진되기 위해서는 일정한 요건이 충족되어야 하므로 감사계획 수립 및 이와 관련한 의사결정 과정에서 감사의 품질에 대한 정례적인 평가가 이루어진다. 감사의 주요 점검 사항, 필요한 정보, 기본계획을 정의하기 위한 치밀한 준비는 필수적 요소이다.

INTOSAI 감사기준(2.1.27항)에서 감사기구는 감사의 질 확보를 위한 시스템과 절차를 확립하여야 한다고 말하고 있다. 이 때 사전(ex ante) 조정과 사후(ex post) 조정을 구분한다. 사전 조정은 동료의 검토, 전문가 패널, 전문가 위원회, 현업의 관련 전문가, 분석 기법 등을 통하여 현재 진행중인 업무의 질을 조정하는 것이다. 사후 조정은 보고서로부터 어떠한 교훈을 얻을 수 있고, 보고서가 이해관계자로부터 어떻게 받아들여지고 있으며, 보고서로부터 어떠한 이익을 얻고 있는가를 확인하기 위하여 발행된 보고서를 독립적인 시각에서 검토하는 것이다. 일부 감사기구는 과학자와 과학단체를 사후 평가에 개별적으로 활용하기도 한다.

4 감사품질관리 실태

감사품질의 향상을 도모하기 위한 자체감사기구의 내부평가와 외부평가에 관련하여 감사 담당자들을 대상으로 한 설문조사 결과 먼저 기관 내부의 평가는 <표 11-16>과 같이 과반 이상(78.8%)의 기관이 실시하고 있지 않음을 알 수 있다. 특히 지방자치단체의 경우 단체장에 대한 견제로서의 감사기구의 성격 때문인지 조사 대상 단체 중 고작 한 단체에서만 평가를 실시하고 있는 것으로 조사되었다. 33개의 국가기관 중 12개 기관이 자체

〈표 11-16〉 자체감사에 대한 내부평가 실시 여부

기관 유형	실시하고 있다	실시한 적이 없다	합계
공적 단체	13	47	60
교육자치단체	4	12	16
국가기관	12	33	45
정부투자기관	2	12	14
지방자치단체	1	15	16
합계	32(21.2%)	119(78.8%)	151(100%)

감사에 대한 내부평가를 시행한 것으로 조사되어 다른 기관보다 상대적으로 많음을 알 수 있다. 33개의 국가기관 중 12개 기관이 자체감사에 대한 내부평가를 시행한 것으로 조사되어 다른 기관보다 상대적으로 많음을 알 수 있다.

자체감사에 대한 내부 평가의 주체, 주기, 목적을 묻는 질문에는 기관에 따라 매우 다양한 응답이 나왔다. 내부평가의 주체는 본부나 본청의 감사관실, 성과관리담당관실, 자체감사실 혹은 감사법무담당관, 부실 과세 관련 T/F팀, 심지어는 외부 전문가에 의하여 이루어지고 기간 역시 비정기적, 격년, 1년, 반기별(1월, 7월)로 통일된 기준이 없다. 목적 역시 천차만별로서 부서평가 및 제도 개선, 행정감사규정에 의한 분석평가, 업무평가, 지적사항에 대한 재발 방지 및 예방, 팀별 성과관리 및 평가 결과의 피드백, 직무성과 평가 형식의 성과급 지급, 감사혁신, 감사 효율성 제고, 분기별, 부실 과세 방지, 감사계획 반영 및 감사요원의 전문성 향상 등으로 조사되었다.

이렇게 다양한 평가 형식과 내용은 다른 기관에서도 동일하게 나타난다. 조사 대상 47개 기관 중 13개 기관이 실시하고 있는 공적 단체의 경우에서도 기획조정실, 경영혁신팀이나 혁신기획실, 경영평가팀 혹은 성과관리팀, 감사위원회, 감사 부서 및 상임감사 등 여러 평가 주체로 나뉘고, 이 중에서 특이하게 일반 직원이나 피감사인에 의한 평가도 실시하는 것으로 조사되었다. 횟수는 거의 1년에 한 번이 대부분이고 감사 직후나 반기별로 하기도 한다.

평가의 목적으로는 감사 업무 수행의 적정성 평가, 업무성과분석 및 반영을 통한 내실 있는 감사 업무 추진, 자체경영평가, 적절한 보상을 통한 동기부여 및 경력관리 활용, 차기 연도 감사계획 수립 시 활용, 연간 감사계획의 이행 정도의 파악, 본부부서(감사기구 포함) 업무의 질(내부고객 서비스 등) 향상, 문제점 발굴 및 개선, 지원 업무 전반에 점검을 통하여 불합리한 제도의 개선 등이다. 교육기관이나 자체단체의 경우는 자체감사기구 내에서 감사관에 의하여 감사 결과를 평가하는 것으로 조사되었는데 이는 감사품질을 확보한다는 평가의 근본 목적을 고려한다면 큰 의미를 부여하기가 힘들다. 자체감사 관련인을 대상으로 감사만족도 조사를 한 적이 있는지에 대한 응답에서도 내부평가와 유사하게 대다수의 기관(81.98%)이 실시한 적이 없다고 하였으며 지방자치단체는 한 군데도 실시하지 않았다. 27개 기관만이 실시하여 18.2%만이 만족도조사를 한 것으로 나타났다.

그렇다면 자체감사의 품질을 높이기 위한 별도의 평가 필요성을 알아보기 위하여 <표 11-17>과 같이 기관 내부의 평가, 감사원의 별도평가, 상급기관의 평가 등으로 나누어 조사해 보았다. 먼저 기관 내부에 의한 평가에 대하여는 52.7%가 동의하거나 전적으로 동의하고 있으며, 27.1%가 보통의 의견을 표시하여 전체의 18.8%의 부정적인 의견보다는 긍정적인 답변이 높은 것으로 나타났다. 감사원에 의한 평가는 자체평가보다는 낮은 지지를 받았으나 그래도 과반 이하가 부정적인 응답을 보여 적극적인 반대는 하지

〈표 11-17〉 평가의 필요성

구 분	자체평가	감사원평가	상급기관평가
전혀 동의 않음	5(3.5%)	16(11.3%)	21(16.0%)
동의 않음	22(15.3%)	33(23.4%)	36(27.5%)
보통	39(27.1%)	58(41.1%)	39(29.8%)
동의함	47(32.6%)	18(12.8%)	13(9.9%)
전적으로 동의함	29(20.1%)	9(6.4%)	2(1.5%)
해당 없음	2(1.4%)	7(5.0%)	20(15.3%)
합계	144(100.0%)	141(100.0%)	131(100.0%)

않는 것으로 보인다. 감사원에 의한 평가를 동의하거나 전적으로 동의한 19.2%와 중립적인 41.1%의 응답자까지 합하면 60.3%가 부정적이지 않은 응답을 하였다. 물론 자체감사관들이 이에 대하여 전적으로 적극적인 응답을 한 것은 아니지만 외부기관에 의한 평가임에도 불구하고 감사원에 의한 평가에 대하여 예상보다는 부정적이지 않은 시각을 가지고 있는 것으로 판단할 수 있다. 반면에 상급기관에 의한 평가는 이보다 더 부정적이다. 43.5%가 동의하지 않거나 전혀 동의하지 않고 있으며, 오직 11.4%만이 동의하거나 전적으로 동의하였다. 이는 자체감사관들이 선호하는 평가 방식은 기관 내부에서의 평가, 감사원에 의한 평가, 상급기관의 평가 순으로 확인되었다.

다음으로 현재 감사원에서 실시하는 자체감사 운영 실태 평가에 대하여 어느 정도 알고 있는지를 묻는 질문에서 <표 11-18>과 같이 응답자 중

〈표 11-18〉 감사원의 자체감사 운영 실태 평가에 대한 인식

구 분	빈도(f)	비율(%)
절차, 지표, 일정 등 자세히 알고 있다	41	27.3
어느 정도 알고 있다	79	52.7
시행 여부만 알고 있다	25	16.7
전혀 모른다	3	2.0
기타	2	1.3
합계	150	100.0

〈표 11-19〉 실적 우수기관에 대한 바람직한 인센티브

구 분	빈도(f)	비율(%)
일정 기간 감사원 감사 면제	105	39.0
감사관에 대한 개인 인센티브 제공	83	30.9
기관 표창	81	30.1
합계	150	100.0

52.7%가 어느 정도 알고 있다고 답하였으며, 절차 및 지표, 일정 등 전반적인 내용에 대하여 자세히 알고 있다는 응답도 27.3%가 나와서 이미 감사원 평가에 대한 인지도는 높은 것으로 이해된다. 16.7%는 시행 여부만 알고 있으며, 2.0%만이 전혀 모른다고 응답하였다.

자체감사 실적 우수기관을 대상으로 감사원에서 제공하는 인센티브로 가장 바람직한 것을 선택하는 질문에는 <표 11-19>에서 보듯이 일정 기간 동안 기관의 감사원감사 면제, 감사관에 대한 개인적 인센티브 제공, 기관 표창이 각각 39.0%, 30.9%, 30.1%로 고르게 응답하여 인센티브의 종류에 대해서는 특별히 두드러지는 선호가 없는 것으로 보인다.

끝으로 감사원과 같은 외부기관에서 자체감사 운영 실태에 대하여 평가할 경우 가장 우려되는 점으로는 <표 11-20>과 같이 42.4%의 자체감사관이 자체감사의 독립성 저해를 꼽았으며, 27.1%가 주관적 지표로 인한 평가 결과에 대한 승복 여부가 불분명하다는 것을 택하였다. 23.7%는 과도한 평가로 인한 업무 과중을 우려하였으며, 5.1%가 형식적인 평가를 우려하였다. 그 밖에도 기관 간 비교평가의 문제점을 우려한 의견도 있었다. 이 결과는 자체감사의 특징에 미루어 외부평가가 자체감사의 독립성에 영향을 미치게 되는 것을 우려하는 것이 일견 당연한 것일 수도 있으므로 그만큼 외부평가의 객관성이나 정밀성을 높이는 것으로 이런 우려를 예방하는 것이 가능하다.

〈표 11-20〉 외부평가의 우려되는 점

구 분	빈도(f)	비율(%)
자체감사의 독립성 저해	50	32.9
형식적 평가	6	3.9
과도한 평가로 업무 과중	28	18.4
주관적 지표로 인한 결과 승복 불분명	32	21.1
기타	2	1.3
합계	118	100.0

5 바람직한 방향

1) 감사품질관리의 필요성

선진국의 경우 감사품질을 확보하기 위한 별도의 품질 보증 체계 또는 수행된 감사 프로젝트를 평가하기 위한 제도를 마련하고 있다. 그러나 이를 한국에 적용하기에는 시기적으로나 비용면에서 부담이 될 우려가 있으므로 이에 대한 대안으로 현재 감사원에서 시행하는 자체감사기구평가 및 운영평가를 개선할 필요가 있다.

2) 개선 방안

감사품질을 확보하기 위해서는 선진국에서와 같이 별도의 자체감사 품질관리제도를 마련하는 것도 고려해 볼 수도 있다. 그러나 그렇게 될 경우 각기 역량이 다른 기관들이 감사에 대한 평가를 어떻게 관리할지에 대한 기준과 측정이 자의적일 수 있다. 기관별로 상이한 자원과 상황을 고려해 보면 감사조직이나 운영에 대한 외부의 평가가 객관적이라면 그것으로도 충분히 품질 제고의 효과가 있을 수 있다. 문제는 어떤 방식으로 평가를 하느냐는 것이다. 감사관을 대상으로 한 설문조사에서도 내부기관에 의한 자체평가를 가장 선호하였으나 이에 대한 비용이나 역량의 문제들을 극복하기 위해서는 기존 감사원에 의한 외부평가를 더욱 발전시키는 방안이 있다. 이미 감사원에 의한 평가에 대하여 일선 자체감사관들이 형식과 내용에 대하여 잘 숙지하고 있으므로 현 평가모형의 객관화와 정밀성을 높이는 방향으로 보완하는 것이 가능하다.

감사원 평가연구원(2006)이 지적한 바와 같이 기존의 감사원에서 시행하고 있는 자체감사기구의 감사 활동과 운영평가는 비교적 정교한 모형임에도 불구하고 몇 가지 문제점을 내포하고 있다. 무엇보다도 이원화된 '자체감사 결과'와 '감사기구 운영'평가는 평가 항목의 중복을 야기한다. 특히 지표를 선정할 때 내부 감사 활동에서 감사 원리, 감사 기준, 감사윤리 등에 대한 고려가 부족하며, 감사기구의 책임자나 관리자가 전체 감사 활동을 효율적으로 관리하고 있는지에 대한 평가 항목이 미흡한 것이 사실이다. 또한 자체감사기구 업무가 성과감사 강화 등으로 감사환경이 변화됨에 따라 평가 항목 간 가중치가 조정될 필요가 있다. 평가의 운영 측면에서도 감사평가원(2006)은 '자체감사 결과' 심사의 경우 각 국(局)별로 이루어지므로 국 간에 평가의 일관성 확보가 어려우므로 이를 개선하기 위해서는 자체감사기구의 여건 차이나 평가 항목별 평가 착안 사항의 구체화가 필요하다는 것을 지적하였다. 이를 극복하기 위하여 지표 선정과 항목 조정, 가중치 적용 등의 기술적인 수정과 보완이 필요하다.

지금까지의 감사 성과를 나타내는 지표는 주로 지적 건수·금액·인원 등의 양적인 것으로서 감사 조치의 양을 기계적으로 비교하는 데에는 도움이 되었으나 감사의 효과성에 대한 평가는 드물었다. 감사품질의 향상을 목적으로 한 평가라면 행정의 내용과 관련하여 감사기구가 제시한 의견들이 얼마나 수용되었고 시기별(단기, 중기, 장기)로 어떠한 효과를 거두었는지를 측정하고 평가하는 것이다. 이 과정에서 감사평가의 피드백이 필요하게 된다. 피드백이란 단순히 어떤 견해나 결과를 알려 주는 것에서 그쳐서는 아무 의미가 없으며, 이것이 실제로 효과성을 증진시킬 수 있도록 행정에 대한 투입과 과정을 변화시킬 수 있는 힘을 갖추어야만 한다. 그러기 위해서는 무엇보다도 감사기구 스스로가 자신이 행한 감사 결과가 어떠한 영향과 효과를 미쳤는가에 관심을 가져야 한다. 이러한 관심을 끌어내기 위한 평가지표 개발이 선행되어야 할 것이다. 질적인 측정이 가능하도록 예컨대 단순 빈도가 아닌 개선 효과가 큰 감사를 차별화하는 지표를 개발하고 매년 이를 측정하는 방안을 모색할 필요가 있다.

아울러 감사평가의 실효성을 증진하기 위해서는 감사 결과 평가시에 성과 향상 유인 장치가 마련되어야 한다. 우수기관에 대하여는 차기 외부감사를 생략할 수도 있으며 측정 결과와 예산편성 등을 연계할 수도 있다. 다행히 감사관들은 특정 종류의 인센티브에 대하여 거부감이 있는 것이 아니므로 신축적으로 운영될 수 있다. 제도 개선을 통하여 절감된 예산의 일정 비율을 감사기구에 배당하는 식의 감사성과 배당제를 도입하는 방안도 고려할 수 있을 것이다.

참고 문헌

국내 문헌

감사원. (1997). 공공감사기준. 감사원규칙 제137호.

———. (1999a). 감사원규칙.

———. (1999b). 공공감사기준(감사원규칙 제137호).

———. (2003a). 미국 정부감사기준(2003년 개정안).

———. (2003b). INTOSAI 감사기준.

———. (2004). 「정책사업 평가를 위한 성과감사 실무지침」.

———. (2005a). 「미국 감사원(GAO)의 감사운영 분석보고서」.

———. (2005b). Questionnaire of the SAI.

———. (2005c). 「정책사업의 평가를 위한 성과감사 편람」.

———. (2006a). 「공공기관의 감사에 관한 법률안」.

———. (2006b). 「자체감사기구 운영 실태」.

———. (2006c). 「2006년도 감사관계관 혁신 워크숍 자료」.

———. (2006d). 「황사방지사업에 대한 한국 감사원과 중국 심계서의 협력감사 추진규약」 내부자료.

———. (2006e). 「e-감사시스템 사용자 지침서」.

———. (2007). 「공공감사용어집」.

감사원 평가연구원. (2006). 「자체감사기구 성과지표 개발」. 서울: 감사원 평가연구원.

강정석. (2005). 「정부혁신과 감사의 연계화 방안」. 서울: 한국행정연구원.

공병천 · 김실수. (2005). 「평가와 감사의 연계 방안」. 서울: 한국행정연구원.

곽준열. (2000). 자체감사의 활성화 방안–지방자치단체 자체감사의 독립성 확보 방안을 중심으로, 「감사논집」, 5.

권형중. (2005). 'e-감사시스템' 구축 및 기대 효과. 「계간감사」, 87(3).

김동성 · 강혜정. (2000). 「지방정부의 성과감사제도에 관한 연구」. 수원: 경기개발

연구원.
김명수. (1998). 21세기 바람직한 국가감사의 체계와 발전전략. 감사원, 감사원 개원 50주년 기념 대토론회.「감사50년 회고와 전망」.
———. (1998). 공공감사의 주요 쟁점과 방향.「한국행정연구」, 7(3): 5-14.
———. (2002). 공공감사와 반부패.
김명수 · 박준. (1995).「공공감사론」. 서울: 대영문화사.
김문철 · 황인태. (1998). 감사의 품질 차이가 전기 손익 수정에 미치는 영향.「회계학연구」, 23(2): 1-26.
김성준 · 문호승 · 홍성모. (2005). 감사원 시스템 감사의 발전 방향 모색: 미국 GAO의 감사품질관리 혁신 경험을 중심으로.「한국행정학회 2005년도 동계학술대회 발표논문집」.
김성호. (2006). 외국 감사제도의 운영 실태.「지방자치」, 10월호: 18-21.
김영수 · 김병회. (2004). 정보시스템 환경하에서 새로운 회계감사 접근 방법에 대하여,「회계연구」, 9(2).
김익식 외. (1995).「지방자치단체의 자체감사 기능 효율화 방안」. 서울: 한국지방행정연구원.
김진영. (1996). 전사감사, 이렇게 실시하였다,「계간감사」, 46.
김태윤. (1998). 성과감사의 운영 방향과 원칙.「한국행정학보」, 32(1): 97-112.
김홍식. (1996). 지방자치단체에 대한 자체감사의 개선을 위한 정책연구.「한국행정논집」, 18(4): 753-769.
남영호. (2003).「감사진단 실무」. 서울: 세명서관.
남효채. (2002).「지방정부 자체감사제의 개선모형 연구」. 박사학위 논문. 영남대학교 대학원.
대한민국전자정부. (2005). 전자감사 체계 구현. http://www.korea.go.kr/portal/egov/ AA160_service04.jsp.
류춘호. (2005). 공공감사와 감사 수용성(Auditing Acceptance)에 관한 연구.「한국행정학회 2005년도 동계학술대회 발표논문집」.
문호승. (2005). 감사원의 전략적 성과관리 시스템(BSC) 구축 · 운영.「계간감사」, 88: 38-43.
박재완. (1997). 공공부문 생산성의 공공감사의 합리화 방안. 최광 · 임주영 편.「공공부문 생산성 제고를 위한 연구(Ⅲ)」. 125-282, 서울: 한국조세연구원.
———. (1998). 공공감사 체계의 효율화.「한국행정연구」, 7(3): 15-35.
백운조. (2002). 감사정보 종합분석시스템 구축계획.「계간감사」, 73(1).
변진식. (2003). 정보시스템 구축과 내부 감사 제어에 대한 고찰.「한국 컴퓨터정보학회지」, 11(1).

부패방지위원회. (1993). 「자체감사 활성화 방안」. 서울: 부패방지위원회.
———. (2001). 「지방자치단체 예산 낭비 실태 및 감사 방안」. 서울: 부패방지위원회.
서울시 감사관(2006). 「신감사 시스템의 효율적 정착을 위한 감사정보 포탈 구축·운영」 내부자료.
성용락. (2004). 성과감사의 수행 과정 및 방법론. 「계간감사」, 84: 75-88.
송건섭. (2002). 자체감사시 공공감사기준의 적용 한계와 정책 방향. 「한국행정논집」, 14(4): 1109-1133.
———. (2002). 지방자치단체 자체감사의 감사 준거와 방향. 「한국사회와 행정연구」, 13(3): 185-206.
송기국. (2006). 감사운영의 혁신에 관한 소고. 「계간감사」, 89: 36-40.
신언성. (1997). 최고 감사기구의 전산감사 발전 방향. 「계간감사」, 52.
신정완. (2006). 정부합동감사 거부는 적법 타당한가. 「지방자치」, 10월호: 28-32.
심광호. (2005). 공공감사학 정립을 위한 과제. 「한국행정학회 2005년도 동계학술대회 발표논문집」.
안영훈. (2005). 지방자치단체 감사 체계 개선 방안. 「감사논집」, 10: 157-184.
안용식 외. (2003). 사이버 행정감사 모델 연구: 사학기관 회계감사를 중심으로. 서울: 한국교육학술정보원.
오석홍. (2004). 「행정학」. 서울: 박영사.
오영균. (2005). 지방자치단체 감사시스템 개선에 관한 연구: 공공감사에 관한 법률(안)을 중심으로. 「한국사회와 행정연구」, 16(2): 321-340.
오영균·김용훈. (2006). 분권적 지방감사 체제 구축에 관한 연구. 「한국사회와 행정연구」, 17(2): 191-208.
유충흔. (2004). 감사 결과 실효성 제고 방안: 권고·통보 사항을 중심으로. 「계간감사」, 83: 145-150.
이규환. (2006). 한국 감사제도의 문제점. 「지방자치」, 10월호: 22-25.
이영균. (1996). 감사인력 정예화 방안에 관한 연구. 「감사논집」, 창간호: 310-341.
———. (1998). 내부통제로서의 감사와 외부통제와의 연계성 확보 방안. 「한국행정연구」, 7(3): 36-61.
———.(2007). 「행정학」. 서울: 조명문화사.
이영균·이균범. (1998). 자체감사의 효율성 제고에 관한 연구: 공기업 자체감사요원에 대한 설문조사분석을 토대로. 「한국지방자치학회보」, 10(1): 137-167.
이윤재. (1996). 지방자치단체의 성과감사. 「경영논집」, 12(1): 1-30. 충남대학교 경영경제연구소.
이종원·배진수·장지호. (2005). 「자체감사기구에 대한 효율적인 평가기준 및 지표 개발」, 가톨릭대학교 정부혁신・생산성연구소.
이주희. (1998). 지방자치단체 자체감사기관의 독립화에 관한 연구. 「한국지방자치학회보」, 10(3): 29-44.
장시영. (1993). 시스템감사의 개념과 감사대상 분야에 관한 고찰. 「사회과학」, 32(2): 127-142. 서울: 성균관대학교 사회과학연구소.
장태범・김문오. (2004). 감사실무 차원의 e-감사시스템의 활용 기법. 「감사실무 차원의 e-감사 시스템의 활용기법」. 감사원 연구논문집.
전윤철. (2006). 2006년 신년사: 국민의 꿈과 희망을 실현시키는 감사원. 「계간감사」, 89: 4-9.
정기섭. (1997). 지방자치단체 자체감사 실태와 개선 방안: 회계감사 기능을 중심으로. 「한국지방자치학회보」, 9(4).
정부혁신지방분권위원회. (2006). 「참여정부의 전자정부」.
정세욱. (2004.7). 지방자치단체의 감사체계 연구: '공공감사에관한법률안'을 중심으로. 「지방감사제도 개선 토론회 자료집」.
조익순・이만우・정석우. (2003). 「신회계감사」. 서울: 박영사.
최관・백원선. (1998). 감사인의 유형과 감사품질: 감사보수와 감사 시간을 중심으로. 「회계학연구」, 23(2): 49-75.
최유성. (1998). 지방자치단체 자체감사제도의 개선 방안. 「한국행정연구」, 7(3): 81-113.
하복동. (2005). 감사원 혁신 추진 실태. 「계간감사」, 87: 32-39.
하상군. (2004). 지방자치단체의 자체감사 기능 개선 방안. 「지방행정연구」, 18(2): 91-115.
한국전산원. (2000). 외국의 정보시스템 감리 관련 제도 조사연구. NCA IV-RER-00060/2000.12.

공공기관의 감사에 관한 법률안. 2006.
http://www.korea.go.kr/portal/egov/AA160_service04.jsp.
부산광역시 행정감사규칙.
서울특별시 행정감사규칙.
행정감사규정. 1962. 1974. 1982. 1989. 1998.

국외 문헌

APHSA. (2003). *Single Audit Survey Report*. OMB Circular A-133.

ASOSAI. (2003). 「IT 감사지침」. 아시아최고회계감사기구.

Ball, Rob. (1998). *Performance Review in Local Government*. Brookfield, Vermont: Ashgate Publishing Company.

Brooks, Richard C. & David B. Pariser. (1995). Audit Recommendation Follow-Up Systems: A Survey of the States. *Public Budgeting & Finance*, 15(1): 72-84.

Callahan, Kathe. (2006). Elmer Boyd Staats and the Pursuit of Good Government. *Public Administration Review*, 66(2): 159-166.

Cardy, Robert L. (2004). *Performance Management: Concepts, Skills, and Exercises*. Armonk, NY: M. E. Sharpe, Inc.

DeAngel, L. (1981). Auditor size and audit quality. *Journal of Accounting and Economics*(December): 183-199.

Department of Health.(2002). *Internal Audit Standards for the National Health Service*. United Kingdom: Department of Health.

Francis, J. & E. Wilson. (1998). Auditor Changes: A Joint Test of Theory Relating to Agency Costs and Auditor Differentiation. *The Accounting Review*(October): 663-682.

Heffron, Florence. (1989). *Organization Theory and Public Organizations: The Political Connection*. Englewood Cliffs, New Jersey: Prentice Hall.

Herbert, Leo. (1979). *Auditing of Performance of Management*. Belmont, California: Life Learning Publications.

Inspector General Act of 1978.

Institute of Internal Auditors. (2004). *The International Standards for the Professional Practice of Internal Auditing (Standards)*. http://www.theiia.org/index.cfm?doc_id=124

INTOSAI. (1998). *Code of Ethics and Auditing Standards*, Vienna: INTOSAI.

———. (2000). *The INTOSAI IT Journal*. No. 11.

———. (2001). *Code of Ethics and Auditing Standards*. http://www.intosai.org/Level3/Level3/Guidelines/3_AudStandComm/3_CodEth_AudStand2001_E.pdf

———. (2004). *Symposium on the Independence of Supreme Audit*

Institutions, Vienna: INTOSAI.

INTOSAI. Auditing Standards Committee, (2004). *Implementation Guidelines for Performance Auditing Standards: Standards and guidelines for performance auditing based on INTOSAI's Auditing Standards and practical experiences.*

Kast, Fremont E., & James E. Rosenzweig. (1985). *Organization and Management: A Systems and Contingency Approach.* New York: McGraw-Hill Book Company.

Knighton, Lennis M. (1967). An Integrated Framework for Conceptualizing Alternative Approaches to State Audit Programs, *The Federal Accountant*, XX(1).

Light, Paul C. (1993). *Monitoring Government: Inspectors General and the Search for Accountability.* Washington, DC: Brookings Institution.

Meigs, Walter, O. Ray Whiltington, & Robert F. Meigs. (1982). *Principles of Auditing.* Homewood: Richard D. Irwin Inc.

Miekatrien Sterck, Bram Scheers & Greet Bouckaert. (2005). *The modernization of the public control pyramid: international trends.*

Newcomer, Kathryn E. (1994). Opportunities and Incentives for Improving Program Quality: Auditing and Evaluating. *Public Administration Review*, 54(2): 147-154.

NHS (2005). *NHS Audit Committee Handbook(Gateway ref: 5706).* London: NHS.

Office of the Auditor General of Canada. (1981). *An Approach to Comprehensive Auditing.*

Palmrose, Z. (1988). An Analysis of Auditor Litigation and Audit Service Quality. *The Accounting Review*(January): 55-73.

President's Council on Integrity and Efficiency. (1993). *Quality Standards for Inspections.*

Public Works and Government Services Canada. (2005). *Final Audit Survey Report: Audit of Financial Commitments and Forecasting.* 2004-713.

Rourke, John T. (1978). The GAO: An Evolving Role. *Public Administration Review*, 38(3): 453-457.

Sperry, R., T. Desmond, K. McGraw, & B. Schmitt. (1981). *GAO 1966~1981: An Administrative History*, Washington, D. C., U.S. General Accounting Office: 56-58.

State of California Office of Auditor General. (1980). *Comprehensive Manual.*

Sterck, Miekatrien Bram Scheers & Greet Bouckaert. (2005). *The modernization of the public control pyramid: international trends.*

U.S. GAO. (1986). *INSPECTORS GENERAL: Compliance With Professional Standards by the EPA Inspector General.* Washington, DC: GAO.

———. (1988). *Government Auditing Standards.*

———. (1993), *An Audit Quality Control System: Essential Elements,* GAO/OP-4.1.6.

———. (1994), *Dimensions of Quality,* GAO/QTM-94-1.

———. (2002). *Single Audit Act Effectiveness Issues.* GAO-02-877T.

———. (2002). *Survey of CFO Act Agencies.* GAO-02-376.

———. (2003), *Government Auditing Standards(Yellow Book).*

———. (2004), *GAO Policy Manual.*

———. (2005), *21st Century Challenges: Reexamining the Base of the Federal Government,* GAO-05-325SP.

http://www.intosai.org/Level3/Guidelines/3_AudStandComm/3_CodEth_AudStand2001_E.pdf

Wheat, Edward M. (1991). The Active Auditor: A New Player in State and Local Politics. *Public Administration Review,* 51(5): 385-392.

Wholey, Joseph S. & Harry P. Hatry. (1992). The Case for Performance Monitoring. *Public Administration Review,* 52(6): 604-610.

Zamir, Yitzhak. (1995). Internal Audit and Political Appointment. in A. Friedberg, B. Geist, N. Mizrahi, & I. Sharkansky, *Studies in State Audit,* 136-142, Jerusalem: State Comptroller's Office.

http://www.hm-treasury.gov.uk/documents/financial_management/governance_government/pss_aud_gias.cfm

-Good practice guidance: audit strategy

-Good practice guidance: reporting

-Good practice guidance: the consultancy role of internal audit

-Good practice guidance: the role of internal audit-resource based financial

-Good practice guidance: the role of internal audit-resource budgeting

-Good practice guidance building a cooperative assurance relationship between internal audit, departmental gateway coordinatiors and centres of excellence

-Good practice guidance co-operation between internal and external auditors

-Good practice guidance the lead Government department and its role-guidance and best practice
-Government internal audit standards 2001.
-Internal audit training and development handbook.

www.bcauditor.com
www.hpc.uk.org/aboutus/committees/audit/
www.oag-bvg.gc.ca
www.tbs-sct.gc.ca
www.transparency.org

찾아보기

ㅂ

ㅅ

ㅇ

ㅈ

ㅊ

저자 소개

(가나다 순)

김명수(金明守)

미국 State University of New York at Albany에서 행정학 박사학위를 취득하고, 한국외국어대학교 행정학과 교수, 교무처장, 사회과학대학 학장, 부총장 등을 역임하였으며, 현재 한국외국어대학교 명예교수로 있음. 주요 경력으로 한국정책분석평가학회 회장, 한국정책학회 회장, 감사원 정책자문위원, 서울시 투자기관 경영평가단장을 역임하였으며, 현재 감사원 평가연구원 자문위원장, 평가포럼 공동대표, 한국행정학회 공공감사연구회 회장으로 활동함. 주요 관심 분야는 공공감사, 정책분석 및 평가, 반부패 전략 등이며, 주요 저서로는 「정책평가와 공공감사 그리고 정부개혁과 반부패」(2007), 「공공정책평가론」(2003), 「공공감사론」(공저, 1995) 등이 있고, 주요 논문으로는 The Performance Monitoring System in the Korean Government(1997), Causes of Corruption and Irregularities(2000), 성과중심 국정운영전략 수단으로서의 성과점검과 성과평가(2005) 등 다수임.

이영균(李永均)

미국 Temple University에서 정치학 박사학위를 취득하고, 감사원 감사교육원 교수를 역임하였으며, 현재 경원대학교 사회과학대학 행정학과 교수로 재직하고 있음. 학회 및 정부 활동으로 현재 한국정책분석평가학회 편집위원장 및 (사)경인행정학회와 공공감사연구회에 총무이사를 맡고 있으며, 국방부 자체평가위원, 감사원 특별조사본부 자문위원, 성남시 인사위원 등으로 활동하고 있음. 주요 관심 분야는 공공감사와 평가, 인적자원관리 및 정부혁신 등이며, 주요 저서로는 「정보사회론」(공저, 1999), 「행정학(2007)」 등이 있고, 주요 논문은 한국행정학회보, 한국정책과학학회보, 한국공공관리학회보, 한국지방자치학회보, 한국행정연구, 한국행정논집 등에 게재되어 있음.

이희선(李熙善)

미국 University of Pittsburgh에서 정책학 박사학위를 취득하고, 현재 한양대학교 행정학과 교수로 재직하고 있음. 주요 경력으로 한국정책분석평가학회 총무 및 연구이사와 운영부회장, 한국정책학회 총무이사 등을 역임하였고, 현재 정부혁신지방분권위원회 전문위원, 행정자치부 자문위원으로 활동함. 주요 관심 분야는 조사방법, 정책분석, 계량분석, 사회복지, 정보체계 등이며, 주요 저서로는 「공공정책의 결정요인분석」(공저, 1993), 「객관식 조사분석방법론」(공저, 2000), 「정책분석・평가론」(공저, 2003), 「정책분석론」(공역, 2005) 등이 있고, 주요 논문으로는 효율적인 사회복지서비스 전달체계에 관한 쟁점: 복지사무소 설치안을 중심으로(1998), National Public Pension Policy in Korea: An Issue of Future Financing・Scheme(1998), 21세기 한국복지정책의 방향과 과제(2000), 한국과 미국의 전자정부 평가체계 비교연구(2005), 정책분석의 통합적 접근과 정책분석보고서의 개발(2006) 등 다수임.

장지호(張志豪)

미국 University of Missouri- Columbia에서 정치학 박사학위 취득하고, 현재 한국외국어대학교 행정학과 조교수로 재직하고 있음. 현재 한국행정학회 총무위원과 한국정책과학학회 홍보위원장을 맡고 있으며, 책임운영기관 종합평가단 평가위원 및 지방분권혁신위원회 로드맵과제 사례분석위원을 겸하고 있음. 주요 관심 분야는 제도주의, 정부와 기업, 중소기업정책 등이며, 최근 논문으로 Public Support for Market Reforms in Nine Asian Countries: Divergence of a Market-based Economy(2006), 산업정책으로서의 R&D 지원: 유형별 비교분석(2007), Trust, Risk Perception, and Policy-making in Drinking Water Problems(2006), 우리나라 중소기업 지원 프로그램의 현황과 문제점 고찰: 기술혁신 관점(2006) 등이 있음.

정윤수(鄭允秀)

미국 University of Pennsylvania 와튼스쿨에서 정책학 박사학위를 취득하고, 현재 명지대학교 사회과학대학 행정학과 교수로 재직하고 있음. 주요 경력으로 한국정책학회 연구부회장, 한국행정학회 연구위원장, 감사원 지방재정자문위원, 국무조정실 정보화평가위원을 역임하였고, 현재 정보통신부 자체평가위원, 정부산하기관 경영평가단 위원, 여성부 정책분석・평가자문위원으로 활동하고 있음. 주요 관심 분야는 정보화정책, 복지행정, 정책분석 및 평가이며, 주요 저서로는 「국가, 시민사회, 정치민주화」(공저), 「사회복지조사론」 등이 있고, 주요 논문으로는 공공부문 지식관리의 효율적 추진을 위한 정책과제(2001), 규제순응 확보를 위한 규제다원주의적 접근(2004), 사회복지서비스의 통합적 제공에 관한 실증분석(2006) 등 다수임.

자체감사론

펴낸날 / 제1판 제1쇄 2007년 9월 20일
제1판 제2쇄 2008년 8월 5일
지은이 / 김명수 외
펴낸이 / 임춘환
펴낸곳 / 도서출판 대영문화사
주소 / 서울 용산구 청파동 1가 178-2 ㊐ 140-869
등록 / 1975년 12월 26일 제3-16호
전화 / (02)716-3883, (02)714-3062
팩시밀리 / (02)703-3839
우체국 온라인 / 011353-02-009106

ISBN 978-89-7644-249-9

〔값 10,000원〕